講談社選書メチエ

753

鷹将軍と鶴の味噌汁

江戸の鳥の美食学《ガストロノミー》

菅豊

MÉTIER

目次

終章　野鳥の味を忘れた日本人

序章

鳥の味にとりつかれた美食家たち

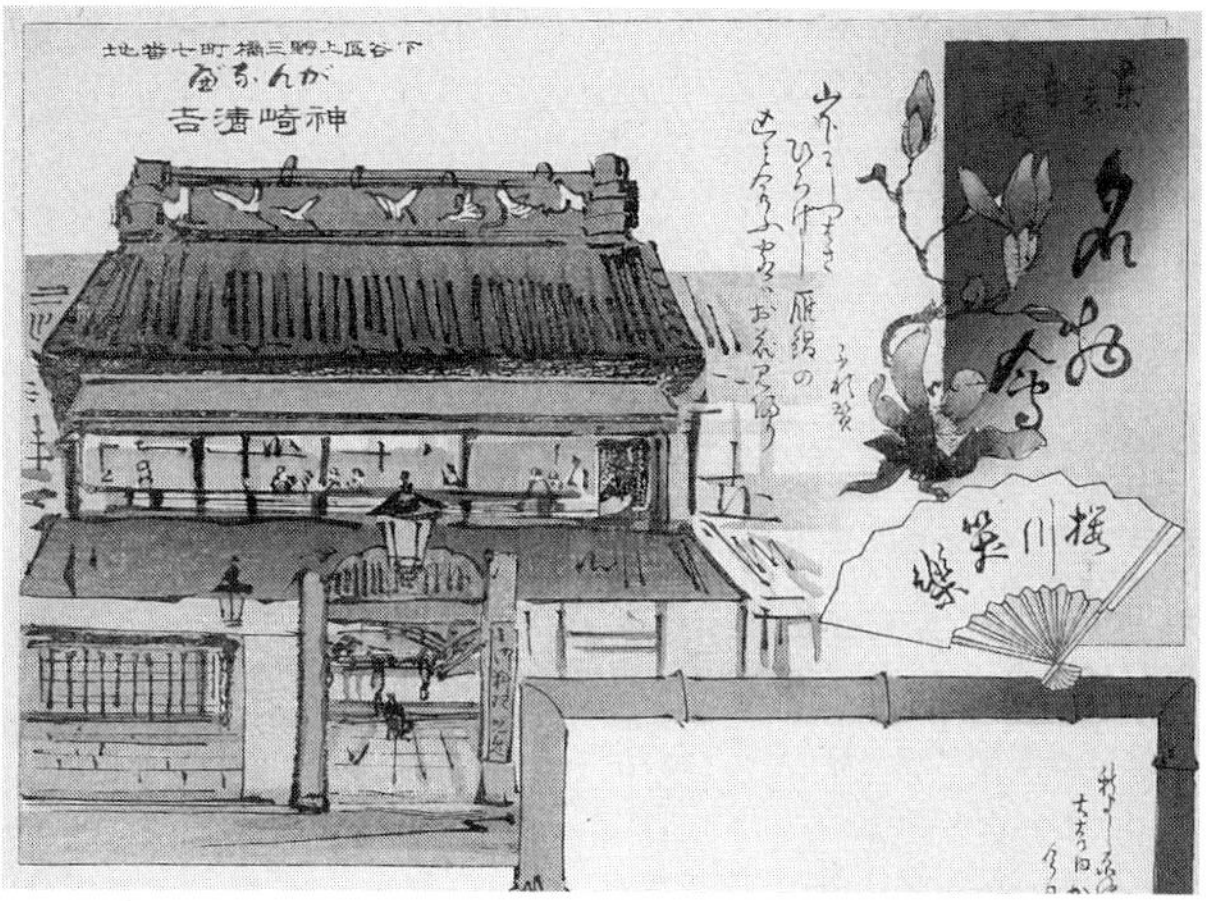

山下の雁鍋屋の店構えを描いた錦絵。画中に「下谷区上野三橋町七番地　がんなべ　神崎清吉」とあり「山下に　つはさ（翼）ひろげし　雁鍋の　込みあう客は　お花見帰り」と詠まれている。『がんなべ神埼清吉』〔部分〕（東京都立中央図書館特別文庫室所蔵）

鳥の美食学《ガストロノミー》――なぜ鳥を食べる文化を主題とするのか？

ほんの少し前まで、日本列島に住まう人びとは「鳥食の民」であった。

こう表現すると、多くの日本人は驚くことであろう。そして、いや「魚食の民」だ、とすぐさま反論するに違いない。確かに、日本では魚を食べる文化、すなわち魚食文化が発展してきた。世界的にもその名が轟いている鮨や刺身を例に挙げるまでもなく、日本の料理「和食」に使う食材のなかで魚が占める地位は、ほかの動物たちに比べてすこぶる高い。歴史を辿ってみても、日本人の食における魚の消費量や利用頻度は、間違いなく鳥に比べ高かったはずである。食べる量が多かっただけではない。さらに食べる魚の種類も季節、地域ごとに多彩で、魚種ごとの旬をしっかりと把握し、それぞれに合わせた多種多様な料理法を編み出してきた。

それではなぜ、日本の食文化を理解する上で欠かすことができない魚ではなく、鳥を食べる文化、すなわち鳥食文化、とりわけ野鳥をめぐる食文化を本書の主題とするのだろうか。それは鳥が、食のみならず政治や経済、社会、儀礼などをめぐって、魚やほかの動物たちには見られないような、複雑で高度な文化の複合体を形作っていたからである。実は、日本の食文化を理解するだけではなく、もっと大きな日本文化そのものを理解する上で、鳥は欠かすことができない重要な動物だった。

かつて上流階級において、野鳥たちは単なる食材ではなく権威を示す威信財であった。そしてそれを用いて階級社会の身分秩序を確認し、その結び付きを強めていた。そのため、古代の天皇や貴族をはじめとして、織田信長や豊臣秀吉、徳川家康、そして江戸幕府の歴代将軍や大名といった権力者たちは、野鳥を自ら狩るとともに、その獲物を積極的に食べ、そして人びとに分け与えていたのである。

一方、庶民たちも上流階級に負けず劣らず、野鳥を貪欲に食していた。階層を超えた多くの人びとが野鳥を食べることをこよなく愛し、その味の虜になっていたのである。かつて野鳥は、美味なる高級食材であるとともに、大衆料理の食材であり、儲かる商品であり、心のこもった贈答品であり、滋養を保つ薬であり、さらに階級を確認する社会的指標であり、そして政治を動かす道具であった。

本書では、いまでは不思議なくらいにすっかり忘れ去られてしまった日本の野鳥の食文化が、いまでは想像もできないくらいに大きな発展を遂げていた様相を丹念に掘り起こしてみる。とくに多彩な野鳥料理が食べられ、その味が庶民にまで届いた鳥食文化の爛熟期である江戸時代の「江戸」を中心に考察する。そこには鳥を権威の源泉とした徳川将軍や大名、中・下級武士、そして裕福な江戸町人や文人墨客を含んだグルマン、そのグルマンに至高の鳥料理を振る舞う庖丁人《ほうちょうにん》、それらに正規の野鳥を販売する公認の鳥商人、幕臣と手を組んだ俠客の鳥商人、さらに鳥商売のうま味に群がる密売人や贋物の鳥を売りさばく詐欺師、それらのアウトローを厳しく取り締まる役人、その手先となる密通者、また鳥を捕らえ江戸に供給する村の猟師や密猟者など、実に多彩な人びとが登場する。そのいずれもが、江戸の鳥の美食を支えた主役たちである。

この鳥食文化の歴史は、単なる食物史や料理史にとどまらず経済史、政治史、法制史、儀礼史、環境史、資源管理史といった日本の多様な歴史と関わっている。日本、とくに江戸において高度に発達した野鳥をめぐる文化複合体は、社会のさまざまな位相と絡まり合っている点で、世界に名だたる鳥食文化を継承したフランスや中国と比肩する、いやそれを凌駕する文化成熟度をもっていた。

料理をめぐる歴史や政治、社会や経済、そして文化の多局面を考究し、その全体像を考える総合的な学知を「美食学《ガストロノミー》」というが、本書はまさに日本の野鳥をめぐる美食学《ガストロノミー》を追究したものである。そこでは、私たちの先祖がかつて愛した野鳥の味を、いま私たちが忘却するに至った歴史、すなわち日本における野鳥をめぐる食文化の興隆と衰退の歴史――鳥食の日本史――を辿りながら、野鳥をめぐる食文化の全体像を明らかにする。

鴨肉入りの卵かけご飯――討ち入り前に鴨をくらった赤穂浪士たち

忠臣蔵で有名な大石内蔵助《おおいしくらのすけ》たち赤穂浪士は、吉良邸討ち入り前の腹ごしらえに、カモ（鴨）を食べたという。美食家としてその名を轟かせた時代小説家池波正太郎の随筆のなかに、その記事がある。元禄一五年一二月一四日（一七〇三年一月三〇日）、赤穂浪士のうち、三分の一ほどが日本橋矢ノ倉の堀部弥兵衛、安兵衛父子宅へ集まることになっていた。堀部家に到着した大石たちは討ち入りの身支度に取りかかったが、そのとき安兵衛の親友である細井広沢《こうたく》が激励のため生卵を携えてきたという。堀部家の女たちは台所で討ち入り前の「最後の晩餐」の手配りをしていたので、ちょうどよい。

　用意した鴨の肉を焙って小さく切ったのへ、つけ汁をかけまわしておき、一方では大鉢へ生卵をたっぷりと割り込み、味をつけたものの中へ、鴨肉ときざんだ葱を入れ、これを炊きたての飯と共に出した。

このほかに、かち栗や昆布、鴨と菜の吸い物なども出したらしいが、内蔵助をはじめ一同は、何よりも鴨肉入り生卵をかけた温飯《ぬくめし》を大よろこびで食べたという。現代《いま》から約三百年ほど前の日本人が、生卵をこのようにして食べていたことがわかったのも、私が時代小説を書きはじめてか

らのことだ。（池波　二〇〇三、一六一）

赤穂浪士たちは、「鴨肉入り生卵をかけた温飯」を食べて討ち入りを敢行した、と池波は述べている。残念ながら、池波はその史実を証する典拠を示していない。その証拠を求めて赤穂浪士たちにまつわる義士伝を漁ってみたところ、そのなかに関連する記述をいくつか見つけることができた。

宝永元年（一七〇四）に書かれた『赤穂精義《あこうせいぎ》参考内侍所《さんこうないしどころ》』では、討ち入りの夜、門出を祝うということで、堀部弥兵衛が酒肴を出したことが書かれてあるのみで、鴨肉入りの卵かけご飯については触れられていない。一方、享保四年（一七一九）作の『赤城義臣伝《せきじょうぎしんでん》』では、大石内蔵助の隊下二四人が堀部宅に会し、最期の酒宴となったところで、カモを賞味する場面が描かれている。弥兵衛の妻は「女ながらも心《こころ》剛断（剛胆）」で、人びとの門出を祝おうということで、出陣の礼に従って「勝ち」に通じる縁起のよい「搗栗《かち》」と、「喜ぶ」に通じる「こぶ＝昆布」を準備した。そして仇の首を取り、名を取る（名声を得る）ようにと「菜鳥《なとり》の吸物（鳥と菜っ葉の吸い物）」を作るためにカモを調理し、浪士たちをもてなしたという。ただしこの料理は、あくまでカモの吸い物であって、鴨肉入りの卵かけご飯ではない。

さらに時代が下った嘉永六年（一八五三）作の『赤穂義士伝《あこうぎしでん》一夕話《いっせきわ》』には、ある日、浪士たちが堀部宅で会合しているときに、細井広沢がやってきて袖から卵数個を取り出し、酒肴とするために贈ったというくだりがある。これは、討ち入り直前の記事ではなく、またそこにはカモも登場しない。

いくつかの義士伝を瞥見しただけでは、池波の「鴨肉入り生卵をかけた温飯」の出所は判明しなかった。もしかすると、それは食い道楽の池波が、いくつかの義士伝の描写に喚起されて発案した創作料理なのかもしれない。いずれにせよ、それを実際に味わったことがなくとも、それが美味しい食べ物であるということを、池波の文章から感じ取ることができるであろう。ただし現代日本人が、この料理の本当の味を、リアルにイメージできるかというと、いささか怪しいのではなかろうか。

「吾輩」は雁鍋が食いたい

野鳥料理をその作品に登場させた小説家は、この池波正太郎に限らない。野鳥がまだ普通に食べられていた明治時代の文豪たちは、いまよりもっと野鳥の味に親しみ、その味に魅了されていたため、作品のなかに数多くの野鳥料理を登場させている。

たとえば、雁鍋《がん》。それはマガンやヒシクイなどガンの仲間の肉とネギとを、一緒に鍋で煮ながら食べる料理で、秋から冬にかけての季節料理であった。現在はマガンやヒシクイなどのガンの仲間を狩猟することは法律で禁止されているため、当然、その鍋を食べることはできない。しかし明治時代には、冬になると東京の庶民が無性に食べたくなるような美食であり、冬の風物詩でもあった。

現在の東京都台東区上野恩賜公園の下、上野駅から御徒町駅に向かう一帯、古くは山下と称する場所に、明治末まで雁鍋を食わせる店があった。江戸時代から続く「山下の雁鍋」という名店である。上野の山下は、一八世紀の末まで岡場所（幕府非公認の遊女屋）で栄え、それが廃絶されて以後も見世物小屋が立ち並んで、曲馬、軽業師、講釈、浄瑠璃、茶屋などで賑わっていた。そこは江戸っ子たちが集まる、遊興空間であった。

江戸時代後期には、相撲の番付に見立てて江戸の料理屋をランキングした「料理番付」が摺られたが、そのなかに「山下がん鍋」の文字が見える。料理番付では東西に分け、大関を筆頭として関脇、

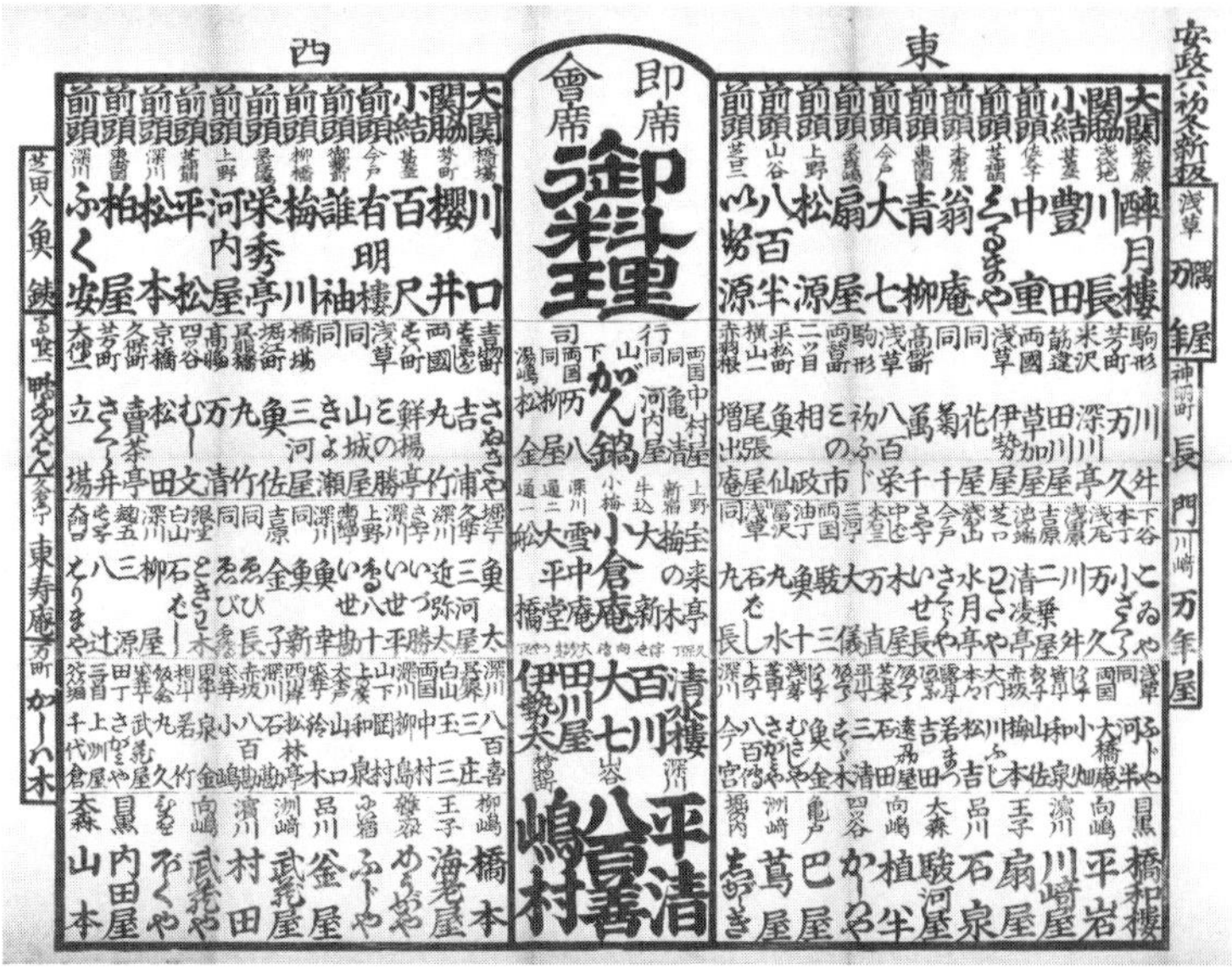

図１　料理屋の番付。行司中央には「山下がん鍋」、勧進元（下から２段目）には「大恩寺前 田川屋」、最下段勧進元中央には「山谷八百善」、西の番外には「馬喰一鴨なんばん」といった鳥料理を出す名店が名を連ねている（『即席会席御料理 安政六初冬新板』、東京都立中央図書館特別文庫室所蔵）

小結、前頭の順に優劣を競っている。それは、いまのミシュランガイドのように庶民に受けて、大いに流行った。『即席会席御料理』（図１）という料理番付には有名料理屋が名を連ねており、この雁鍋屋はその番付の中心の行司役として別格扱いされていた。それほどの名店である。

山下の雁鍋は、数多くの明治の文豪を虜にしていた。夏目漱石も、その雁鍋に魅了された者のひとりである。漱石の代表作『吾輩は猫である』に、この山下の雁鍋が登場する。

　ある日の午後、吾輩は例の如く椽側《えんがわ》へ出て午睡《ひるね》をして虎になった夢を見た。主人に鶏肉を持って来いと云うと、主人がへえと恐る恐る鶏肉を以て出る。迷亭（「吾輩」の主人の友人――引用者注）が来たから、迷亭に雁が食いたい雁鍋へ行って誂《あつ》らえて来いと云うと、蕪の香の物と、塩煎餅と一所に召し上がりますと雁の味が致しますと例の如く茶羅《ちゃら》ッ鉾《ぼこ》を云うから、大きな口をあいて、うーと唸《うな》って嚇《おどか》してやったら迷亭は蒼《あお》くなって山下の雁鍋は廃業致しましたが如何取り計いましょうかと云った。夫なら牛肉で勘弁するから早く西川へ行ってロースを一斤取って来い、早くせんと貴様から食い殺すぞと云たら、迷亭は尻を端折《はしょ》って馳け出した。（夏目　一九〇六、一三一―一三二）

日本の文学史上に燦然と輝く名作『吾輩は猫である』の主人公「吾輩」は、雁鍋に目がなかったようだ。昼寝の夢のなかで、それを所望するほどである。そして、「吾輩」にとって、ガンの肉は、鶏肉やウシのロース肉にも勝るものであった。文中で、山下の雁鍋が廃業したと述べられているが、漱石が同書執筆中の明治三九年（一九〇六）に百年近く続いた山下の雁鍋は、その歴史の幕を閉じている。

漱石は、『吾輩は猫である』完成の翌年、一九〇七年から『東京朝日新聞』に『虞美人草《ぐびじんそう》』を連載したが、そこにまたもや山下の雁鍋の名前を登場させている。それどころか、物語の流れから脱線して「雁鍋はとくの昔に亡くなった」（夏目　一九一三、二五五）と、ストーリーとは関係のない一文を入れているほどである。漱石は、そこまでして、雁鍋を失った愛惜の念を伝えたかったのである。ちなみに、『吾輩は猫である』には、カモとネギを蕎麦に入れた「鴨南蛮」も登場する。

「山下の雁鍋」と明治の文豪たち

さて次に、大作家・森鷗外。彼もまた山下の雁鍋に親しみ、自分の作品にその名を登場させた作家のひとりである。長編小説『雁』では、主人公である東京大学医学生が「寂しい無縁坂を降りて、藍染川のお歯黒のような水の流れ込む不忍の池の北側を廻って、上野の山をぶらつく。それから松源や雁鍋のある広小路、狭い賑やかな仲町を通って、湯島天神の社内に這入って……」（森　一九一五、八）と、散歩する道すがら、山下の雁鍋を何気なく登場させる。この主人公と同じく東京大学医学部で学んだ鷗外にとって、大学にほど近い上野山下の雁鍋屋は、馴染み深い店だったのだろう。

ここで鷗外が、主人公の散歩道の道順を説明する目印として、この雁鍋屋を使用しているのは興味深い。つまり、少なくとも東京人ならば、山下の雁鍋はその名を出せば、どこのことかぴんとくるくらいに、有名な店であったということである。いまの東京でいうならば、銀座四丁目交差点の和光本館時計塔とか、渋谷駅前のハチ公像といったところか。明治三〇年（一八九七）発行の東京の鳥瞰図『東京一目《いちもく》新図』に、著名な会社や名所旧跡とともに「カンナベ」の文字が見えるように、それは上野界隈のランドマークであった（図2）。

鷗外はまた、その作品『渋江抽斎《しぶえちゆうさい》』の登場人物にも、この山下の雁鍋で酒を飲ませ、世を罵《ののし》らせている（森　一九四九a、二四七）。その執筆時には、すでに山下の雁鍋は店じまいして一〇年ほど経っていたけれども、鷗外はその思い出を作品のなかで蘇らせた。鷗外もまた漱石と同じく、山下の雁鍋の味を惜しんでいたに違いない。ちなみに、鷗外は『里芋の芽と不動の目』（森　一九四九b、二六七）で、漱石と同じく「鴨南蛮」を登場させた。時代を同じくする漱石と鷗外との二人は、どうもガンやカモを、同じく堪能していたようである。

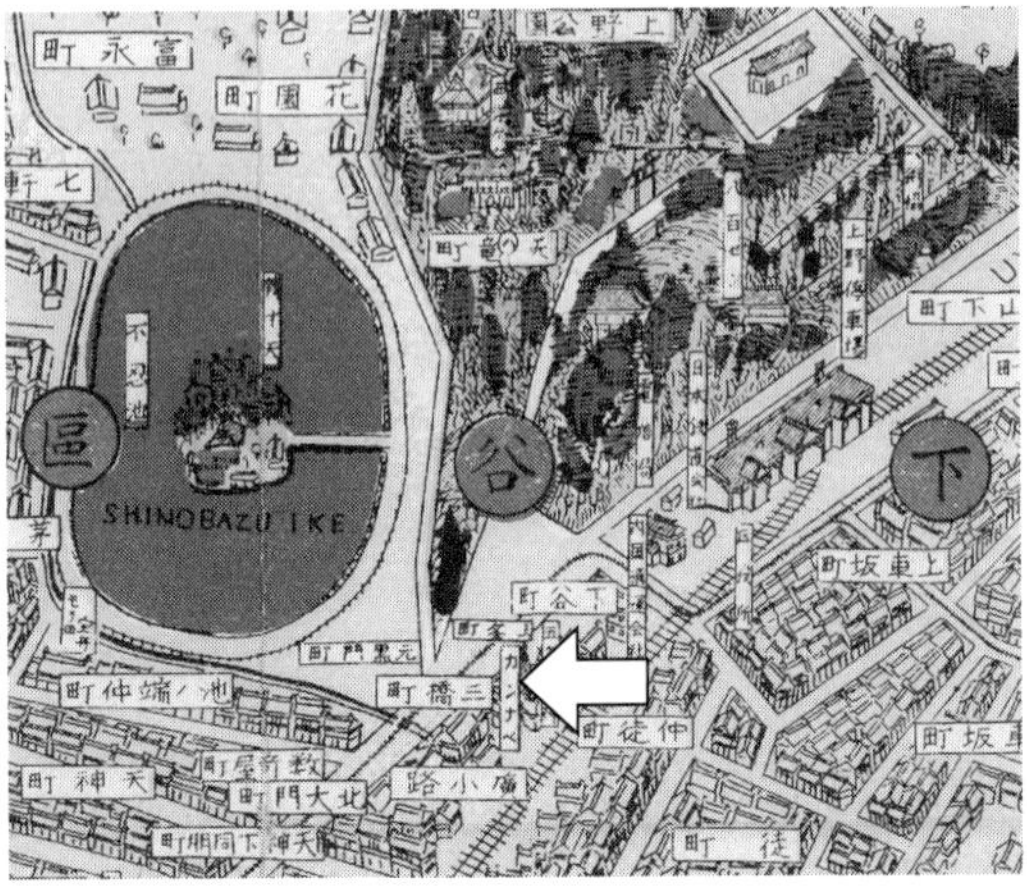

図２　上野山下の雁鍋屋が描かれた地図。中央下（矢印）に「カンナベ」の文字がみえる（『東京一目新図』〔部分〕、国際日本文化研究センター所蔵）

山下の雁鍋は、さらに泉鏡花や岡本綺堂など錚々たる作家たちの作品にも登場する。中里介山の一大スペクタクル『大菩薩峠』の「十市中騒動の巻」にもその名が登場し、盗賊がんりきの百蔵が娘軽業一座の女棟梁お角と一緒に、「山下の雁鍋へ来て飲みながら」（中里　一九三九、一七九）話をしている。介山自身もその味を堪能し、一杯ひっかけたことがあるのだろう。

江戸から明治への転換期に落語の中興の祖として活躍した三遊亭円朝が創った、上野界隈を舞台とする「大仏餅」などの三題噺は、「場所《ところ》は山下の雁鍋の少し先に、曲る横丁がありまする……」（三遊亭　一九二八、三五八）といった感じで、噺の冒頭を切り出している。山下の雁鍋は、その名を出せば客はたちどころに上野をイメージできるという便利な目印であった。

失われた江戸時代からの名物

夏目漱石と親交が厚かった俳人正岡子規も、山下の雁鍋を気にかけていた者のひとりである。子規は、上野に近い根岸に住んでおり、その家には漱石や鷗外など山下の雁鍋を愛した文学仲間も雲集していた。子規は、その死の二日前までの日々を綴った随筆集『病牀六尺《びょうしょうろくしゃく》』に、「上野の入口へ来ると三層楼の棟の所に雁が浮彫にしてある。それは有名な『雁鍋』である」（正岡　一九四七、五九）と書き記している。この雁鍋とは、もちろん山下の雁鍋のことであり、その店構えは豪勢で大きな鬼瓦が載った三層の楼閣、そして棟木には店のシンボルであるガンの彫刻があしらわれていた（本章扉の図を参照）。病床のなかで子規は、いつの日か、また雁鍋を味わうことを願っていたのかもしれない。

白樺派の志賀直哉は、夏目漱石がその才を認めた作家である。夏目が目をかけた志賀は、ガンではなくカモを食した文豪であった。志賀や武者小路実篤などの白樺派の文化人たちは、同じく白樺派の柳宗悦（民藝運動を起こした思想家）の別荘があった千葉県我孫子《あびこ》に移住し、居を構えた。そこは手賀《てが》沼《ぬま》に近い風光明媚な土地であった。後述するが、手賀沼はガンやカモを江戸・東京に供給する有数の産地であった。そのためか、志賀の作品のなかに、カモを購入する光景が描かれている。

大正七年（一九一八）執筆の『十一月三日午後の事』という短編小説で、主人公は柴崎というところ（現・千葉県我孫子市）の「鴨屋」にカモを買いに行っている。ただ、「朝丁度《ちょうど》東京へ出した（出荷した――引用者注）ところ」（志賀　二〇〇五、九三）だということでカモがおらず、その代わりに鴨屋はオシドリを勧めてきた。主人公はそれを断り、やはりカモを所望して、鴨屋の近所の仲間から取り寄せてもらった。それを家に持って帰り、隣の農家に絞めてもらった。

この小説は、志賀が我孫子に住んでいるときの実体験をもとに書かれたものであろう。カモ産地である手賀沼周辺農村の水鳥商いの様子が、朧気《おぼろげ》ながら理解できる。この手賀沼は、ガンの産地でもあったから、山下の雁鍋のガンも、ここから来ていたのかも知れない。

山下の雁鍋は、大正三年（一九一四）に書かれた『下谷繁昌記』でも、「雁鍋（三橋町）」として「都下に古くより、堂々と雁鍋を以て標榜するものは此の家にして、而《しか》して、遠く江戸時代よりの名物なりしを、今之を失ひたるは、惜みても余りあり」（明治教育社編　一九一四、二三二）と、愛惜されるほどであった。

数々の文学作品に登場した山下の雁鍋には、後ほど野鳥をめぐる江戸の食文化を語るなかで再登場してもらうことにして（第三章参照）、ここではひとまず、雁鍋、そしていまでは法律で捕ることが禁じられているガンなどの野鳥が、明治の文豪といった美食家たちにこよなく愛されるとともに、東京市民にも愛される名物であったことを覚えておいて欲しい。しかし、この鳥を食べる文化に関する百年前の記憶は、現在、忘却の彼方へと消え去ってしまった。

鳥肉は鶏肉か？

日本の普通のスーパーマーケットや肉屋には、鶏肉は普通にあっても、それ以外の鳥の肉を見かけることは滅多にない。また飲食店を見渡しても、そこで提供される鳥肉は鶏肉に極端に偏っている。鶏肉以外の鳥肉を出す飲食店はあるものの、鶏肉しかメニューにない飲食店に比べると、やはりその数は圧倒的に少ない。居酒屋の定番である「焼き鳥」や「鳥の唐揚げ」のほとんどは鶏肉だし、水炊きや寄せ鍋にする鳥肉も鶏肉である。

日本では、「とりにく」といえば「鶏肉」（関西では「かしわ」と呼ぶ）を意味するように、現代日本人の食生活においてニワトリが鳥（肉）の代表となってしまった。しかし、このように鶏肉が鳥肉を代表するようになったのは、実はそれほど古いことではない。一般の日本人が、ニワトリ以外の鳥を

写真2

写真3

写真1

写真1　第二次世界大戦直後（1940年代末〜50年代初頭）、東京築地の老舗鳥卸売・鳥藤で売られていたカモ（https://austin.as.fsu.edu/items/show/621）

写真2　カモの種類で値段が異なる（https://austin.as.fsu.edu/items/show/848）

写真3　鳥肉屋ではカモの他、スズメやツグミなどの野鳥、ウズラの卵などが売られていた（https://austin.as.fsu.edu/items/show/853）

※GHQ天然資源局野生生物課長オリバー・オースティン撮影。いずれもフロリダ州立大学所蔵

食べなくなったのは、ここ五〇年くらいのことである。東京の築地でいまも鳥肉を商う老舗鳥卸売鳥藤《とりとう》の店先にも、第二次世界大戦後のしばらくの間、カモやスズメ、ツグミなどの野鳥が並べられていた（写真1、2、3）。

いまでも食通向けのカモの肉（そのほとんどがアイガモやアヒルの肉）や、健康志向派向けのオーストリッチ（ダチョウ）肉を販売するこだわりの肉屋も、もちろんないわけではないが、あまり一般的だとは思えない。鳥を食べることが伝統的に栄えてきた関西、とくに古都京都には老舗のカモ鍋料理店が数多くあるし、また京の台所・錦市場の鳥肉専門店には、冬場、カモやアイガモ、スズメが店先に並べられている。だが、その光景は日本のなかでは一般的とはいえないだろう。

一方、世界を見渡せば、現在の日本と比べて遥かに多くの種類の鳥たちが市場を賑わす国がある。たとえばフランス。マルシェ（市場）に行けば、ブタやウシ、ヒツジなどの家畜肉が所狭しと並べられ、それらとともにニワトリはあたりまえのこと、丸のままのアヒルやウズラ、ホロホロ鳥などの家禽が売られている。また狩猟が解禁される秋から冬にかけてカモやライチョウ、ハト、ヤマシギ、ヤマウズラなどの野鳥が、ジビエ専門店の店先に羽つきのまま並ぶ。マルシェでは多種類の野鳥と家禽がともに販売され、そしてそれらを買い求めるフランス人たちは、その鳥類を自ら捌き、調理する知識と技術をもち、さらにそれらを堪能する食文化を保持し続けているのである。

さらに、お隣の中国。ほんの少し前まで、市場ではニワトリとともにアヒルやウズラ、ハトなども普通に売られていた。それらは生きたまま販売されており、客はそれを生きたまま家に持ち帰って調理し、まさに絞めたての新鮮な鳥を味わうことができた。しかし、SARSや鳥インフルエンザの流行が社会問題化して以降、それは大きく制限され、都市部において生きた食用鳥の販売はほとんど姿を消した。

いま、食べてよい野鳥

このような国々と比べると、日本で食べられる鳥の種類は、極端に少ないように感じられるかもしれない。ところが、実はいまの日本において二八種もの野鳥たちを狩猟し、食べることができるのである（表1）。もちろん、狩猟鳥は狩猟免許を取得した者が、許可された区域や方法で、限られた狩猟期間（北海道では毎年一〇月一日から翌年一月三一日、北海道以外では一一月一五日から翌年二月一五日、狩猟期間や狩猟鳥は都道府県によって若干異なる）に、限られた捕獲数だけ捕ることができるのであって、誰でも、いくらでも捕ってよいというわけではない。また、狩猟鳥のなかにはカワウやカラスのように、一般的には害鳥扱いされ、食用ではなく駆除するために捕獲されている鳥もいる。しかし、そのカラスすら茨城県の一部では食用にされている。

狩猟は行われているものの、実際には日本の一般の市場には、そのような野鳥はほとんど流通して

カワウ
ゴイサギ
マガモ
カルガモ
コガモ
ヨシガモ
ヒドリガモ
オナガガモ
ハシビロガモ
ホシハジロ
キンクロハジロ
スズガモ
クロガモ
エゾライチョウ
ヤマドリ（コシジロヤマドリを除く）
キジ
コジュケイ
バン
ヤマシギ
タシギ
キジバト
ヒヨドリ
ニュウナイスズメ
スズメ
ムクドリ
ミヤマガラス
ハシボソガラス
ハシブトガラス

表1　日本で狩猟することができる28種の野鳥（2021年5月現在。都道府県によって若干異なる）

いない。それらを味わえるのは狩猟免許をもった一握りの狩猟者かその関係者、あるいはそれを店に出した料理屋の客くらいで、普通の人びとの口にはなかなか入らない。ただ普通の現代日本人は、そのような野鳥の肉が流通しないことに何の不便も感じないし、それを買い求め家庭の食卓に上らせたいとも、あまり考えていないだろう。むしろ、それを食べるとなると、かなり困惑、躊躇してしまうのではないだろうか。

万が一、羽がついた丸のままの野鳥を、誰かからもらったとする。野鳥の羽をむしり取り、その胴体を切り捌き、部位ごとに美味く味付けする調理法を知らない人は、まな板の上に鎮座する鳥を眺めながら、どう処理してよいものやら呆然と立ちつくすしかない。そういう人にとっては、野鳥肉がどんなに美味しいものであっても、まさに宝の持ち腐れとなってしまうのである。しかし、かつては野鳥を捌き、調理できる人びとが、この日本にも数多く存在した。

野鳥の味の違い

本書で主として取り扱うカモ目カモ科、すなわちガン・カモ類の鳥たちは、秋に大陸から日本へ飛来し、越冬して春になって大陸へと帰っていく季節的な渡り鳥である（季節移動をしない留鳥であるカルガモを除く）。マガモなどの一部は、本州中部以北の山間部や北海道の平野部などでも繁殖するが、基本的に夏の集中地であるシベリアなどの大陸部がガン・カモ類の繁殖地である。大陸から渡ってきた鳥たちは、冬場の数ヵ月間、日本で過ごしている。

ガン・カモ類の鳥のうち、マガモ（*Anas platyrhynchos*）やカルガモ（*Anas zonorhyncha*）、コガモ（*Anas crecca*）など比較的中・小型の水鳥、いわゆる「カモの仲間」を総称して、本書では「カモ」

と表記する。あたりまえだが、カモという鳥の分類学的な「種」はない。本書では分類学上の区分である「種」と、一般的な区分である「種類」という表現とを使い分けている。

カモという表現は総称であり、それはいくつかの「種」の集合体である。日本人の日常生活では、このカモという一般的な呼称が定着している。しかしカモと呼ばれる鳥には、たくさんの分類学的「種」がいることは、あまり意識されていない。マガモやカルガモ、はたまたオナガガモ（*Anas acuta*）やヒドリガモ（*Anas penelope*）の「種」別の肉の味を区別できる人は稀だろう。カモを食べるときに、「種」の違いを認識して食べ分ける現代日本人は、ほとんどいない。

ところがカモが「種」によって味が異なることを知り、食べ分ける人が、かつての日本には確かにいたのである。たとえば大正から昭和にかけて宮内省（現・宮内庁）に勤めた鷹匠は、「鴨の肉のうまさは、小鴨《こがも》、真鴨《まがも》、尾長《おなが》、カルガモといった順で、それ以外の鴨、特に海に来る鴨は、魚を食べているせいか、臭くてうまくない。やっぱりうまいのは穀類で育った小鴨、そして真鴨」（花見　二〇〇二、一三六）であると述懐している。

現在では、野生種であるマガモを家禽化したアヒルやアイガモの肉を、カモの肉だと単純に思っている日本人が多い。それはそれで美味ではあるが、野生ではないのだから、それらを本来はカモの肉とは呼ぶことができない。ただ現実には日本では、アヒルやアイガモといった家禽の肉が、カモ肉と通称され流通している。高級フランス料理のレストランで、毎年、カモを堪能するセレブリティでも、それが本当に野生のカモの肉なのか、家禽のアヒルなのか、さすがに区別がつかないだろう。

写真４　オオハクチョウ　福島市の阿武隈川にて。中司隆由撮影

写真５　タンチョウ　釧路市郊外にて

現代日本人が食べられなくなった鳥たち

上述したように、現在、日本では二八種の鳥類の狩猟が許可されているが、この区分も分類学的「種」にもとづくものである。そのうちマガモ、カルガモ、コガモ、ヨシガモ、ヒドリガモ、オナガガモ、ハシビロガモ、ホシハジロ、キンクロハジロ、スズガモ、クロガモの一一種が、一般的にカモと総称される鳥類である。現在、カモを食べる場合、原則的にそれら野生の一一種のどれかの種を食べていることになるが、実際はそれらは市場に多く流通していないため、カモと称したアヒルやアイガモを日本人はカモだと思って食べているのである。トモエガモ（*Anas formosa*）のように、かつて食用とされていたが、いまではその狩猟を禁じられているカモの仲間も数多くあり、古い時代にはもっと多くのカモの「種」が食べられていた。

カモと同じくガン・カモ類のなかでオオハクチョウ（*Cygnus cygnus*）、コハクチョウ（*Cygnus bewickii*）、マガン（*Anser albifrons*）、ヒシクイ（*Anser fabalis*）など、大型の水鳥、いわゆる「ガンの仲間」は、一般に「ガン」と総称される。ガンはカモに比べ立派な体軀をしており、カモよりも食

写真7　マガン　宮城県伊豆沼にて。楠田守撮影

写真6　マガモ　志木市柳瀬川にて。中司隆由撮影

いごたえのある鳥たちであったが、しかしそれらガンの仲間はすべて、いまでは狩猟を禁じられた、食べることのできない野鳥である。

　ガンやカモの仲間とともに、江戸時代の日本人が食していた水辺の鳥、とくに湖沼や河川など内陸の水面に棲んでいた鳥類を含めて、本書では水鳥と総称する。すなわちガンやカモの仲間を中心に、タンチョウ（*Grus japonensis*）やナベヅル（*Grus monacha*）、マナヅル（*Grus vipio*）などのツル（鶴）の仲間、さらにゴイサギ（*Nycticorax nycticorax*）やアオサギ（*Ardea cinerea*）などのサギ（鷺）の仲間、カイツブリ（鳰《にお》）の仲間などを水鳥には含んでいる。それらもかつて口にされていたが、いまでは食べられない。ただゴイサギだけは、いまでも狩猟鳥であるが、それを食べたことがある人は、カモを食べたことがある人に比べて、圧倒的に少ないことであろう。

　以上の水鳥たち以外に、本書にはいまでも食べることができるキジやスズメ、そしていまでは食べることができなくなったヒバリやツグミ、野生のウズラなどの陸鳥も登場する。ウズラなどは、平成二五年（二〇一三）に狩猟鳥から除外されたばかりである。ほんの最近まで野生のウズラを食べることができたが、数が激減したために、その狩猟は禁じられた。いま私たちは、ウズラといえば、飼育された家禽のウズラの肉を食べているのである。

日本では野鳥をめぐる食文化は、江戸時代にその隆盛を極めた。江戸時代に、野鳥の捕獲技術は確立し、流通システムは完備され、その統制システムも精緻化された。そして日本の料理史上、最もバラエティーに富んだ鳥料理を生み出していた。その時代は間違いなく、日本の鳥食文化のクライマックスである。ただし、豊かな鳥料理と鳥食文化が、この江戸時代に突然生み出されたのかというと、そうではない。実は、江戸時代に鳥食文化の百花繚乱が見られた背景には、数千年にもわたる日本の鳥食文化の歴史が横たわっている。したがって、江戸時代の鳥料理を解説する前に、その前史を、少し振り返っておかねばならない。

第一章

鳥料理の源流

京料理から江戸の料理へ

奥は、真魚箸（まなばし）と庖丁で鳥を捌く男。手前は、鳥の内臓を取る男。『酒飯論絵巻』〔部分〕（ダブリン、チェスター・ビーティ・ライブラリー所蔵）

1　日本人はいつから鳥を食べていたのか？

日本列島での最初の鳥食

日本列島に住んでいた人びとの鳥を食べた痕跡を辿ると、その歴史は古く縄文時代にまで遡ることができる。動物考古学の研究成果によれば（新美　二〇〇八、二二六―二五二）、一万年以上前の縄文早期の遺跡からすでに鳥の骨が出土している。縄文時代の遺跡で出土した鳥骨は、本州以南ではカモ類とキジ類が共通して多い。とくにカモ類の骨の出土数が最も多く、全体の二九・三パーセントを占めている。カモ類の骨は、縄文時代の全国各地の遺跡から発見されている（新美　二〇〇八、二三一）。このカモ類とキジ類の二つの種類で縄文遺跡から出土した鳥骨全体の約五割にも上り、それ以外にガン類、ウ類などの水鳥、さらにカラス類とワシ・タカ類の骨なども出土している。

ここでは鳥の名前を「類」という形で、大括りに表現しているが、それは、出土した骨の大きさや形状の情報だけでは、鳥の生物学的な種を細かく同定し、区別するのが困難なためである。たとえば、ここでカモ類という形で括られた範疇には、マガモやカルガモなどの数十種ものカモ目カモ科の仲間たちが含まれる可能性がある。そのため、縄文時代には一五類以上もの多様な鳥たちが捕獲され、食されていたが、生物種レベルで細かく数えれば、その数はさらに増えるはずである。日本列島に住む現代人に比べて、やはり縄文人は非常に多種類の鳥を食べていたということである。

弥生時代から古代の鳥利用

ところが弥生時代（およそ紀元前三世紀から紀元後三世紀中頃まで）になると縄文時代と比べ、遺跡から出土する鳥骨が少なくなる。また、時代が下った古墳時代になるとさらに、その数は減少するという。そして縄文時代に多かったキジ類の出土が少なくなり、ガン・カモ類が出土鳥骨の大部分を占めるようになる。ガン・カモ類に混じってツル類の出土が目立つようになることから、水田耕作にともなって人びとが低湿地へ活動の中心を移したことが推測されている（新美　二〇〇八、二三六）。

弥生時代の鳥食文化を考える上で重要なのは、家禽の代表ともいえるニワトリの骨の出土が確認できることである。ニワトリは日本に元々いた鳥ではなく、古い時代に日本列島にもたらされた移入種である。いまでも東南アジアの森に分布する野鳥・赤色野鶏《セキショクヤケイ》（*Gallus gallus*）が、そのニワトリの祖先であり、東南アジアで人の手によって改良され、家畜化されてニワトリという家禽になり、その後、大陸を伝わり朝鮮半島を経て、弥生時代に日本へと伝わったと考えられている。

いまでこそ日本における鳥食文化の主役の座に就くニワトリではあるが、当時の出土量はガン・カモ類などに比べて圧倒的に少なかった。そのことから、ニワトリは元来、食用ではなく鳴き声で朝の到来を告げる「時告《ときつ》げ鳥」として利用されたことが推測されている（新美　二〇〇八、二三七）。

ただ、一〇世紀に編まれた『延喜式』には、ニワトリの食用後に服さなければならない物忌みについての記事があるから、平安時代にはその食用はほぼ定着していたと思われる。またその時代には、野鳥を食べる文化も、支配者であった朝廷の食文化のなかに深く根づいていた。たとえば、延喜一一年（九一一）に、山城、大和、摂津、河内、和泉、近江という京都に近い六ヵ国が交替で、朝廷に献上する食べ物である「贄《にえ》」を負担する「六箇国日次御贄《ろっかこくひなみにえ》」が定められた。そこでは朝廷に献上するが整えられた。

平安時代以降、天皇・貴族を中心とする朝廷文化のなかで、その食の内容や調理法、食べ方の礼式

「魚鳥《ぎょちょう》（魚と鳥）」が列挙されており、それによればキジやハト、ウズラ、カモ、タカベ（漢字「高戸」、コガモの古称）、小鳥（鳥名不詳）が山城、大和、河内、近江の国々から、また「卵子《たまご》」が河内と摂津から貢進されており、京都（朝廷）と周辺地域が鳥という生産物を通して結ばれていた事情を知ることができる（大山　一九八八、二二五四―二二五五）。

殺生禁断と鳥食

古代から中世にかけて、神仏の殺生禁断（生き物を殺すことの禁止）の教えに基づいて、漁業や狩猟などの殺生を全面的に禁止しようとした動きが起こる。とくに仏教へ熱心に帰依した信心深い権力者の治世には、仏教勢力が大いに政治的な力を伸ばし、その教えを積極的に社会に流布していた。そのような理念的、宗教的な規範は、この時期の鳥食文化に影響を与えている。

たとえば平安時代、仏教を深く信仰し出家した白河法皇は、殺生禁断策を急進的、かつ過激に推し進めている。一二世紀初頭、この法皇の命によって、贄が停止され、洛中で小鳥を飼う者は放生《ほうじょう》（動物を放すこと）を強制され、鳥を捕らえる者が逮捕された（苅米　二〇一五、六七）。このような治世では、鳥を表立って食べることはなかなか困難であったろう。

しかし、そういう宗教や権力ですら、野鳥を食べたいという人びとの食欲を、抑え込むことはできなかった。いや、そもそも権力者たちの多くが、野鳥を食べることを愛し、野鳥を食べることによって権威を獲得していたのだから、そう簡単に鳥食を諦めることなどできなかったのである。

食文化史に詳しい原田信男によれば、日本における肉食禁忌の萌芽は弥生時代後期に見られ、律令国家の時代に仏教の教えや稲作との関連で肉食を忌む傾向が強まり、さらに中世に肉を穢《けが》れとする意識が徐々に浸透し、そして江戸時代にそのような肉食忌避の観念が最高潮に達したという。しかし、肉食がまったく行われなかったわけではなく、実際にはさまざまな場面で食されてきた。また、牛馬などの家畜に比べ野生の獣肉は穢れが少なく、とくに鳥類やウサギなどの小動物であれば、かなり一般的に食されていた（原田　二〇〇九、四四―四五）。つまり鳥類の肉は、食べやすい肉だったのである。そのため、多種多様な鳥たちが日本人の胃袋に収まってきた。

中世京都における野鳥の生産と流通

中世の京都やその周辺地域には、京の人びとの胃袋に収まる野鳥を捕獲する人びと、そしてそれを流通させる人びとが存在した。中世には、天皇家や有力神社に供する山野河海の多様な産物や食品を、生産したり捕獲したりすることを任務とする供御人《くごにん》と呼ばれる人びとがいた。彼らの一部がそういう野鳥の捕獲、そして流通に、まずは携わっていたようだ。供御人たちは、産物を貢納する代わりに諸役を免除され、余剰産物の販売や販売権の独占が認められていた。彼らは、内膳司《ないぜんし》という官庁に属し、宮中の食事を司った御厨子所《みずしどころ》という部署によって監督されていた。

一三世紀の鎌倉中期、この御厨子所は、京の三条大路以南の魚鳥や野菜、菓子の販売業者（「三条以南魚鳥精進菓子已下《いげ》交易之輩」）たちを「御厨子所供御人」として管轄していた。その供御人のなかには、魚を進献する生魚供御人や、レンコンを進献する蓮根供御人、タケノコを進献する竹子供御人などとともに、鳥を進献する「鳥供御人《とりくごにん》」も含まれていたのである（奥野　二〇〇四、一一七）。

一三世紀から一四世紀にかけての御厨子所関連の文書には、「鳥供御人」以外に「鯉鳥供御人」「魚鳥供御人」などの表記も見られる。それらは、魚と鳥という産物を一緒に取り扱っていた（大山　一九八八、二七四）。この場合、鳥は単なる鳥ではなく、内水面に飛来するガン・カモ類などの水鳥であることが推察される。内水面の河川湖沼はコイなどの魚類の漁場であるとともに、カモなど水鳥の猟場なのである。つまりそこで活動する漁師は猟師でもあった。この供御人たちがどこで魚鳥を捕獲し、あるいは入手していたのか詳《つまび》らかではない。しかし、畿内には魚鳥の豊富な河川湖沼、低湿地が至るところにあるので、その供給地には事欠かなかったことであろう。なかでも琵琶湖は、京の都へ水鳥をもたらす最重要な供給地と考えられる。

朝廷に奉仕した供御人とともに、有力神社に属し、神饌を調進することを条件に生業の特権を得た集団を供祭人《ぐさいにん》（供菜人）というが、彼らも水鳥捕獲に一役買っていた。一一世紀に下賀茂神社の支配下に入ってその供祭人となった琵琶湖・堅田《かたた》（現・滋賀県大津市）の住民たちは、琵琶湖での漁業と舟航に関し特権を有し、さらに湖上で鳥猟を行ってきた。江戸時代の文書ではあるが、この堅田の「魚鳥猟師《ぎょちょうし》」どもは、春夏秋は漁業を行い、冬より初春まで「流し黐鳥猟《もち》」を行っていたという記録が残っている（横倉　一九八八、三九）。この流し黐の猟は、琵琶湖沿岸で黐縄、黐バエなどと呼ばれる狩猟方法で、琵琶湖で鳥猟が禁じられる昭和三〇年代まで継続された。

黐縄猟は、鳥黐《とりもち》をフジ蔓につけ湖面に流して、遊泳するカモやガンなどの水鳥を絡め取る狩猟方法である。鳥黐は、モチノキやヤマグルマの樹皮をたたき潰し、繊維質を水洗いして残った粘着性物質で、それは日本の鳥猟で普通に使われていた素材である。全国各地で、竹竿や縄、竹ひごなどに鳥黐をつけて、さまざまな鳥類を粘り着け、捕獲していた。それは、現在でこそ鳥猟では用いることが禁じられているが、第二次世界大戦直後まで全国各地で広く用いられてきた。

鳥商売の特権化

さて、鳥供御人を管轄する御厨子所は、のちに内蔵寮《くらりょう》に管轄が移る。元弘三年（一三三三）に注進された『内蔵寮領等目録《くらりょうりょうとうもくろく》』には「一　鳥供御人毎年四十鳥」とあり、鳥供御人たちは一年に四〇羽の鳥を献納することにより、鳥商売の特権が許された。さらに時代が進むと、供御人は「座」という同業者集団を組織する。それは供御人と同じく、貢納の対価として得られた特権をもとに独占的な営業を行った。鳥供御人たちは、「鳥座《とりざ》」という排他的な同業者集団を構成した。室町時代天文年間（一五三二〜五五）の京都には三条座、五条座、七条座という鳥商売を行う「鳥三座《とりさんざ》」があり、この三座以外には、いかなる商人も同種の営業をすることができなかったという（豊田　一九八二、三四一）。このうち三条座は、先に紹介した御厨子所供御人が変化したものである。

この鳥商売はかなり儲かる、うま味のある商いだったようだ。天文一三年（一五四四）、祇園社に奉仕することで果物売買を独占していた犀鉾神人《さいのほこじにん》（神社に属し特権を得た商人）たちが、鳥三座の専売権を侵してまで、鳥を販売するという暴挙に出た。そのため、鳥三座はこの由々しき行状を、室町幕府に訴え出ている。鳥商売をめぐって訴訟沙汰にまで発展したのである。

鳥三座は、ガンやキジ、ツルなどの鳥類を販売するほか、オオカミやサル、ウサギ、キツネ、タヌキ、カワウソなどの獣類の肉も取り扱っていた。さらに興味深いことに、それら動物に加えて鳥黐までもが、鳥三座で販売されていた（豊田　一九八二、三四一）。つまり、鳥三座は、狩猟に不可欠な生産手段（鳥黐）の供給経路と、狩猟で捕獲された鳥の供給経路を手中に収めることにより、当時の野

図3　鳥売（『三十二番職人歌合』、国立国会図書館所蔵）

鳥流通を基盤から支えていたのである。なお鳥黐に関しては、それを専売とする「鳥餅（鳥黐）座」までもが組織されており、黐縄猟など鳥黐を用いた狩猟が、当時、盛況であったことがうかがえる（豊田　一九八二、二一四）。

中世には、鳥類の小売商も存在した。一五世紀末に編纂された『三十二番職人歌合《しょくにんうたあわせ》』には、鳥を入れた籠を天秤棒で担いで売り回る「鳥売」が描かれている（図3）。この鳥売と先に紹介した鳥三座との関係は不明である。この歌合には、先端に鳥黐をつけた竹竿で小鳥を捕獲する「鳥指《とりさし》（鳥刺）」の姿も描かれている。

2　中世の鳥料理

鎌倉時代の素朴な鳥料理

一三世紀末に著されたとされる、宮中や公家の食事に関する故実を記した『厨事類記《ちゅうじるいき》』は、日本で最も古い料理書のひとつとされている。それには、配膳法や食器、食事の所作に関する式法が詳しく記されている。ただ同書では食器の寸法や並べ方、使用する食材の部位などの作法には、うるさいほどこだわるのに対し、調理法に関してはかなり簡単な記述しかない。
この『厨事類記』を見る限り、一三世紀頃、宮中料理という高級であるはずの料理は、いまと比べてかなり簡素なものであった。江戸時代と異なって、大豆醬油がまだ登場していないこの時代の味付けは酢、酒、塩、醬《ひしお》、あるいは「色利《いろり》（大豆やカツオを煎った汁）」という種々の調味料に頼っていた。それらを食膳に並べて、食べるときにつけたりかけたりして、自分の好みで味を調えていた。
中世初頭の料理書では、禁忌や作法に細かくこだわっているわりには、肝心の味付けや調理法にはそれほど頓着していない。レシピ①にあるように、鳥料理で見れば干し肉、刺身、焼き物、汁ものといったところが紹介されるだけである。鎌倉時代の料理書に見られる鳥料理は洗練されておらず、複雑さに欠けているといわざるを得ない。

【レシピ①　鎌倉時代の鳥料理】

鳥醬《とりびしお》　醬《ひしお》は、現在でも、秋田の「しょっつる」、石川の「いしる」という魚を原料にした醬、すなわち魚醬が有名である。また伊豆諸島の御蔵島では、数十年前までオオミズナギドリの内臓を塩蔵発酵した鳥醬を作っていた。醬油が普及する江戸時代以前には、魚を原料とする魚醬や、鳥を原料とする鳥醬が調味料として用いられていた。鳥醬は、鳥料理の調味料として、江戸時代まで使われているが、江戸時代には調味料の主役の座を、味噌や大豆醬油に譲ることになる。そのため、江戸時代の料理書に登場する鳥料理と、鎌倉時代の鳥料理とでは、相当に味が異なっていたことが推察される。

干鳥《ほしどり》　『厨事類記』には、鳥肉の乾物である「干鳥」が登場する。この頃には、鳥のなかでもキジが多用されていたようで、キジ肉に塩をつけずにそのまま乾燥させ、削ったものが供されていた。干鳥は、一〇世紀に書かれた『うつほ物語（宇津保物語）』にも、「雲雀《ひばり》の乾鳥《ほしどり》」などと、その名が登場することから、古代からの古い調理法であることがわかる。それは保存食ともなったのであろう。

生鳥《なまどり》　『厨事類記』には、生のキジも「生鳥」として登場する。それは、生の肉を細切りにしただけの「鱠《なます》」であった。魚と同じく、鳥も刺身という形で生食されていた。鶏肉は現在でも生食されることもあるが、この時代には魚と同じく、鳥の生食は普通のことだった。江戸時代の料理書にもキジやカモ、ガン、ニワトリなどの、いわゆる「鳥刺し」が登場する。現在、食中毒の危険性が取り沙汰され、鳥の生食愛好家は少々肩身の狭い思いをしているが、鳥の刺身は長い年月、日本で食べ継がれてきた伝統食といえる。刺身としては、「臎《ひたれ》」という脂肪の多い尻の部位の肉も、平造りにして食していた。肝心の味は不明であるが、酢、酒、塩、醬、色利などの調味料につけて食べていたことは推測に難くない。臎は「あぶらじり」とも呼ばれ、いまでいうボンジリやテールの周辺部であり、それを生食することは、現代人にはいささか想像しがたい。刺身は、ゆでていた可能性もある。

キジの脚　焼き物などにもされた。

鳥臛汁《とりのあつものじる》　「臛《かく》」は肉の入った汁を意味し、鳥臛汁は、皇子の袴着《はかまぎ》の儀式（現在の七五三の祝い）などで用いられている。

室町時代初期の鳥料理

時代が下って室町時代に入ると、多くの書物に鳥料理が登場するようになる。そこから鳥料理の種類が徐々に増え、その調理法が少しずつ発達した過程が読み取れる。

一四〜一五世紀の南北朝後期から室町初期に、武士の子弟向けに編纂されたと推測される『庭訓往来《ていきんおうらい》』には、大名や高家（格式の高い家）をもてなす饗応料理に使う食材が書かれている。そこには魚や野菜などとともに、シカやイノシシ、タヌキ、イルカなど獣肉類も記載されている。武士たちは獣肉類を重要な賓客をもてなす料理に用いていたのであり、その場面では殺生禁断の教えはそれほど厳格には遵守されていない。肉食忌避の拘束力は、公家よりも殺生人である武士では緩かったのであろう。

同書には、もちろん鳥肉についても言及されている。キジやガン、カモ、トキ（漢字で「鴾」と書かれている、古称は「つき」）、ククイ（ハクチョウの古称）、ウズラ、ヒバリ、水鳥（鳥名不詳）、山鳥（ヤマドリか）一番《つがい》（雌雄のひと組）という九種類以上もの野鳥が食されていた。現在、日本ではその野生種が絶滅し、世界的に見ても一千数百羽しか生存しない貴重なトキも、当時の宴会を賑わすご馳走だった。このような生鳥に加えて、干鳥、鳥醬といった鳥の加工食品も、同書には記載されている。すでに述べたように、干鳥は乾燥させた鳥の肉で、とくにキジが用いられていた。また鳥醬は鳥を原料として塩蔵し発酵させた醬である。『庭訓往来』では鳥醬には、とくに小鳥を用いたとある。鳥を塩漬けにした発酵食であるから、それには独特の香りとうま味があったことであろう。ちなみに、一五世紀の初め、天皇の食事には「大鳥」はハクチョウ、ガン、キジ、カモ、「小鳥」はウズラ、ヒバリ、スズメ、シギが供せられていたという（中澤　二〇一八、九八）。

『庭訓往来』では、仏教の法会である大斎《たいさい》で使う食品が書かれており、「平茸《ひらたけ》雁煎」「鴨煎」といった料理名が記載されているが、その詳細は不明である。キノコとガンやカモの肉を煎った料理であろうか。そうだとすると、江戸時代の料理書に登場し、またこの後さらに紹介する「皮煎《かわいり》」によく似ている。江戸時代の鳥料理のいくつかは、この時代には生み出されていたのである。

室町時代の鳥料理のレシピ

室町時代になると、日本料理の定番である本膳料理という饗応料理が萌芽する。本膳料理とは、種々のご馳走の載った膳が、しきたりに則って順々に出される式正料理《しきしょう》（正式、本式の料理）であり、格式高いフルコース料理である（熊倉　二〇〇七）。中世に起こった本膳料理は、江戸の食文化が栄えた文化・文政期（一八〇四〜三〇）に確立した。それは、作法や形式にこだわって儀式化され、決まり事が多く堅苦しいが、しかし、ハレの日を演出する荘厳な料理である。いまの茶懐石をさらに形式化、様式化したものと考えればわかりやすいだろう。そのような様式化するハレの食事が生み出される室町時代の食文化のなかで、洗練された鳥料理も生み出された。

室町時代も時代が下ると、かなり手が込んだ鳥料理が作られるようになる。当時の料理書に記録されたレシピから、鳥料理のレパートリーがかなり広がっていたことが理解される。室町時代には、後述するように、料理人たちの流派がいくつも形成されたが、その代表が四条流であり、その極意は一五世紀末に料理書『四條流　庖丁書《しじょうりゅうほうちょうがき》』として纏《まと》め上げられた。この料理書には、いくつもの鳥料理が解説してある。また、『武家調味故実《ぶけちょうみこじつ》』（一六世紀初頭成立）、『庖丁聞書《ほうちょうききがき》』（一六世紀後期成立か）、『大《おお》草殿《くさどの》より相伝之《そうでんの》聞書《ききがき》』（一六世紀中期成立か）などの中世料理書にも、多くの鳥料理が記載されている（レシピ②）。

【レシピ②　室町時代後期の鳥料理】

皮煎《かわいり》　「煎」、すなわち「煎り焼き」、あるいは「煎りもの」は、鍋のなかで炙り焦がすようにして焼いたり、水気がなくなるまで煮つめたりする調理法である。皮煎は、鳥の皮を煎り焼きにして、味付けした料理。これは江戸時代の料理書にも登場するメジャーな鳥料理である。ガンの皮煎ならば、必ず「木ノコシメヂ（キノコ・シメジ）」を入れるものだという。もし、皮以外に何も入れなければ「素皮煎《すかわいり》」

と呼ぶ（『四條流庖丁書』）。皮煎の場合、肉のつかない皮だけを用いるのが本来のあり方である。皮煎には、ガン以外にもハクチョウやヒシクイなども用いたようで、脂がのった鳥皮を煎って脂を出し、皮がじゅうじゅうとはじけているところにキノコを加え、そして味付けという手順であろうか。これに火が通ったら、最後に「香頭《こうとう》」、すなわち薬味を料理に載せて皮煎の完成。香頭は、「吸い口」という形で江戸時代、そして現代まで継承されている。いまでは汁ものに香りを添え、味を引き立てるためにネギやアサツキ、ミョウガなどの吸い口を載せるが、この時代の魚や鳥の肉は鮮度の問題もあり、臭いを紛らわせる必要があった。そのために、柚子《ゆず》の薄切りなどが夏場には用いられていた。江戸時代の料理書でも皮煎の吸い口には柚子が用いられている。ハクチョウ、ヒシクイ、ガンの皮煎の場合、「へぎ生姜（生姜の薄切り）」を香頭とするとされている（『四條流庖丁書』）。和食には元来、動物油を使った料理が少なく、とくにこの時代には脂っ気のある料理は少なかっただろうが、ことこのガン・カモ類の皮煎に関しては、焼きつけると食材からたっぷりと脂が滲み出てきたはずである。肉料理の醍醐味ともいえる脂肉を味わえるこの料理は、伝統的な和食では珍しい料理だといえよう。この水鳥の皮煎料理は、現代人にとっても美味であるに違いない。ただ、残念ながら、肝心の味のベースに関しては、まったく説明されていない。すでに述べたように、現代日本で主流の調味料である醬油が、普及し定着するのは江戸時代のことであるから、ここでは前述の『厨事類記』に記載された、塩や醬といった調味料の味を想像するしかない。江戸時代初期の皮煎は、出汁《だし》や生垂《なまだ》れ（垂れ味噌の一種）を使って味付けしてあるところから、同じ皮煎とはいっても、その味はかなり異なっていたのであろう。

鳥の引垂《ひったれ》焼　「引垂」とは、手羽とともに抜き取った鳥の胸肉である。キジの引垂焼を焼くときのコツは、身のなかに赤身が少しある程度、すなわち半生の段階で切り分けること。いわゆる鳥胸肉のソテーをレアに仕立てたものが、引垂焼である。この鳥の焼き物は、自然と味が酸っぱく感じることが多く、酒をかけて焼くと必ず酸っぱくなるという。そのため四条流では水をかけた後に塩をかけて焼く（『四條流庖丁書』）。

鳥の串焼《くしやき》　現代料理でも見られる串に刺した焼き鳥

と、よく似た料理法の登場である。もちろん、江戸時代にも存在した歴史のある料理。鳥の串焼は、上記の引垂（胸肉）を串に刺して炙り、「中の汁（脂か）」を押し出しながら、クルミをねばねばと擦りつけ、乾くほどまで炙って、斜めに切って完成（『四條流庖丁書』）。いまの焼き鳥にかなり近いが、クルミをつけるなど一工夫がなされている。

差味《さしみ》　すなわち刺身。一三世紀末の『厨事類記』にも登場した鳥料理である。『四條流庖丁書』には、刺身のさまざまな盛りつけ法とともに、『厨事類記』には詳しく書かれていなかった、調味料と薬味が記載されている。この頃の鳥の刺身は山葵酢《わさびず》につけて食べるものであった。さらに蓼《たで》が出る季節には、その葉を酢で摺りのばした「青酢《あおす》（蓼酢《たです》）」も、鳥になかなか合うものとされた。蓼酢はいまでもアユの焼き物などに使う調味料であるから、その香り立つ味は現代人でも容易に想像できるであろう。鳥の刺身は、江戸を経て、現代まで引き継がれている。

キジやヤマドリの荒巻　塩蔵、塩漬けの鳥。これも刺身にされていた。キジなどを冬場に捕って大量の塩をまぶし、薦《こも》で巻いて保管しておく。季節はずれの夏場に、この荒巻からしっかりと塩に漬かった塩辛い鳥肉を取り出す。それを湯引きにし、冷まして薄く切る。「フクサ盛」という盛りつけにして、これも蓼酢でいただく（『四條流庖丁書』）。「御湯漬《おゆづけ》」に載せてもよい。湯漬は、飯を湯につけたもので、現代でいうお茶漬けのようなもの。塩漬け鳥は、お茶漬けの添え物といったところだろうか。その塩分も相まって、さぞかしご飯が進んだことであろう。鳥の塩漬けもまた鳥刺しと同じく、江戸時代まで継承される鳥料理、あるいは鳥の保存法である。

羽節《はぶし》あえ　羽節とは羽の根元のこと。この羽節を細かくたたき、引垂《ひったれ》（胸肉）の身を細身にし、焼いて白くし、薄く調理して山葵を和える（『武家調味故実』）。同時代に書かれた武家の故実書『宗五大草紙《そうごおおぞうし》』では、「はぶしあへ」にはキジの羽節を細かくたたいて、酢を煮立てたものを、五、六度もしたたらせ、後に山葵を入れるとある。

鴫壺《しぎ》　「つけなすび（ナスの漬け物の意か）」のなかを刳りぬいて、シギ（チドリ目シギ科の鳥）の身を調理したものを入れる。柿の葉で蓋をして藁の芯で結びつけることもある。石鍋に酒を入れて煎る

（『武家調味故実』）。ナスを壺に、柿の葉を蓋に見立てた、なかなか風流な料理である。現在、「鴫焼き」という日本料理が存在するが、それはこの鴫壺という料理の系譜に連なると考えられる。鴫焼きはナスを香ばしく焼いた味噌田楽のことであるが、いまでは面白いことにシギ肉どころか鳥肉類を使わない。江戸時代にはすでに、鴫焼きは鳥肉抜きの料理に変化していたようである。

醤煎《ひしおいり》　骨などすべてを抜き取って、醤の汁にする（『武家調味故実』）。魚や鳥をまず「摺醤《すりびしお》」にしておく。摺醤とは、生の魚鳥を細かく摺って、塩をふり酒をかけ塩辛（醤）にしたもの。垂れ味噌を煮立てて魚鳥を入れ、一泡煮立てたところに、湯引きをした山芋を加える。柚子の皮を添え物として載せる（『庖丁聞書』）。醤がこの時代の主要調味料であることは、すでに触れた。摺醤はペースト状の調味料である。

ハクチョウの磯辺和え　ハクチョウの引垂（胸肉）の皮を薄く削いで、火に炙って白くし、小アユに似せて細長く調理し、「ひほのなます（アユの稚魚のなます）」に和える。紅葉を「かいしき（掻敷）」にして、その上に盛って、さらにその上に「くろあし（黒足、ハクチョウの脚）」を切って置く（『武家調味故実』）。ハクチョウの脚は、必ずしも食べたわけではなく、装飾の一種と考えた方がよい。この時代、料理を飾るものとしてその鳥の脚が一緒に盛られることがあった。また掻敷《かいしき》とは、季節感や清潔感を醸し出すために料理の下に敷いたり、添えたりする葉や紙で、現代の日本料理でも使われている。当時の掻敷には、ヒバやナンテン、ユズリハなどの常磐木《ときわぎ》（常緑樹）の葉を使い、吉事には葉を表に、凶事には葉を裏にしていた（『四條流庖丁書』）。焼き鳥や焼き魚の掻敷には、ヒバを用いるともある（『大草殿より相伝之聞書』）。

ガンのももぎ煎り　「ももぎ」とは、「ももげ（朏・鳥臓）」で鳥の内臓、とくに胃袋を意味する（平野訳　一九八八、五五）。ガンのももげの内側の皮を薄く削って、細く割って薄く広くのばす。酒と塩を入れてよく和えて、皮煎のように石鍋で煎る。塩を少し多く入れて、通常の皮煎よりもきつめに煎る。取り上げるとき、「かぶち（かぼす）」の酢をかけて出す。この料理の汁は、塩辛くてよくない（『武家調味故実』）。この料理は内臓食、いわゆるモツ料理なので、念入りに火を通していたようである。江戸時代には、ツルのももげの吸い物も食されていた。

ガンの生皮と肝の和え物　ガンの生皮と肝臓を酒に入れて和える。「くろ血（静脈血か）」を出してから和える。「きび（気味、匂いや味などの風味）」がよい。また、「あかき（赤みがかったの意か）」がよい（『武家調味故実』）。この料理は、生の鳥皮の肝和えである。周知の通り、ガン・カモ類を家禽化したアヒルやガチョウの肥育した肝臓は、フォアグラとしてフランス料理の重要食材であるが、日本では野生の鳥の肝臓が食されていた。

青がち汁　「青搗《あおがち》」とは、主としてキジの内臓を入れて作った汁を言う。鳥の肉を細かに切り、擂醬をかけて、鳥のはらわたをよく混ぜ合わせて鍋に入れ煎りつける。そこに酒を少しずつさし、頃合いを見計らって水を入れ、「もみ鰹（鰹節に類するものか）」を入れて煮立てる。鳥を入れて頃合いを見て、胡椒の粉をかけ、柚子を入れる。これは「大事の汁（重要な汁）」である（『庖丁聞書』）。これもまた江戸時代の料理書にも頻繁に登場する。

初雁《はつかり》の料理　初物のガンを食べる料理法の一種で、皮煎に肉も加えた料理である。ガンの皮を剝ぎ、皮を「せんろつぶ」のように切って、塩を先に煎って入れる。「せんろ」は「せんろふ（繊蘿蔔）」の意で、ダイコンを細長く刻んだものである。酒と塩に「すたで（蓼酢か）」を少し加え、ガンの身を入れ、よい加減に煎る。皮煎を出して、次にガンの皮を入れる。上置き（料理の上に載せる具材）には、セリ（芹）を用いる。セリは、茎は半分ほどで、根はいくらあってもよい。根の末のところは、入念に手を加えなければならない。それを酒煎りにして、上置きとして入れる。吸い口にはミカンの輪切りを用い、「はじかみ」をよく擂り、ムクロジの実ほどの大きさを、ミカンの輪の上に置く（『大草殿より相伝之聞書』）。「はじかみ」とは、生姜や山椒の古称であるが、この料理では山椒の方が合うのではなかろうか。山椒は、鳥料理の下ごしらえに使われることもあり、とくに臭いのある鳥を料理するときには、山椒を擂って、その汁で洗うという工夫もあった（『庖丁聞書』）。肉の保存技術が発達していない時代の工夫である。

ガンの汁　客が朝に来るのならば、前夜よりガンを切って醬をかけておき、朝、「いかき（笊、味噌こしざる）」のなかに入れて、客が来る前に「いかき」（膳の初めに出る汁、あるいは本膳につく汁）」として使うこともあり、その際は適時、膳に出していくと一緒に煮て取り上げて、客が入って本膳となったところで、汁にそのガンを入れるとちょうどよい。茶の湯（茶道）の料理に用いるときには、「大汁（『大草殿より相伝之聞書』）。

鳥料理のテーブルマナー

鳥料理が大きく進歩を遂げた一三世紀から一六世紀は、天皇、貴族や武士などの上流階級にとって、鳥、およびその料理が社会的、政治的、儀礼的に、至極重要な役割を果たした時代であった（第六章参照）。そのためレシピを工夫して、味を究めることも重要であったが、それ以上に料理の作法といったものが重視された。中世の料理人、そして貴族たちは、料理の並べ方や盛りつけ方、切り方、部位の分け方などの作法や儀式的所作などの決まりや慣わし、いわゆる故実《こじつ》にかなり固執していたようだ。

たとえば、『庖丁聞書』では、焼き鳥の掻敷《かいしき》（料理の下に敷く葉や紙）にこだわっている。ウズラには両方の羽を広げ、その上にヒバを置く「羽改敷《はがいしき》」を用いるが、シギの焼き鳥では羽改敷とはせずに、柿の葉を敷き盛るものであると、細かく指し示す。また、『四條流庖丁書』では、鳥の焼き物、すなわち焼き鳥に関して、男女で異なる部位を食べ分けるルールが定められている。つまり男性と女性では、鳥食において、食べる部分を違えた方がよいとする考えである。

同書では、焼き鳥の場合、女性には「引垂《ひったれ》」を盛りつけ、男性には「別足《べっそく》」を盛りつけるとする。引垂は、先に述べたように鳥の胸肉であり、別足は、鳥のもも肉である。すなわち、女性は胸肉の焼き鳥を食べ、男性はもも肉の焼き鳥を食べるべきだとする。なぜ男女で食べる部分を違えるかというと、引垂は陽の食べ物で、別足は陰の食べ物とされ、陰である女性は陽を、陽である男性は陰を食するのが、和合（仲がよく親しみ合う）の心からいってよいとされたからである。食べ物を陰陽に分けるこの考え方は、中国から伝来した陰陽五行説の影響である。

鳥の別足には、さらに特別な由来が伝えられている。第六一代天皇である朱雀院（九三〇～九四六在位）の時代に、足が四本ある鳥が出現したという。この時代は天下泰平で、それを瑞兆とし、それ以来、鳥のもも肉を別足と申し伝え、足を立てて盛りつけて、天下泰平を祝っていた。天皇や将軍へは四本の足を、それ以外の人びとへは足二本を立て、天下泰平を言祝《ことほ》ぐのである。

この時代、料理人たちの魚鳥料理は、舌で賞味される前に目で鑑賞される一種の芸術作品であった。魚鳥は、まな板の上に所定の作法に従って盛りつけて出されるものであった。その際、頭の向きや並べ方が、『四條流庖丁書』では細かく規定されている。それは魚や鳥の種類ごとに違えば、また贈り物の用途によっても異なる。さらに季節や鳥の雌雄ごとに細かい作法が定められていた。

野鳥のシュールなオブジェ

野鳥を贈答するときには、興趣を添えるためにそれにふさわしいディスプレイが施された。鷹狩などで捕られた鳥を贈るとき、その鳥を木の枝に結びつけて贈っていた。これを「鳥柴《としば》」（図４）という。それは鑑賞を前提とした、芸術作品である。

元々、鳥を結びつける木はどの種類でもよかったが、後に季節に応じた木を用いるようになった。『武家調味故実』によれば、春には花の枝に鳥をつけるものだという。春にはウメ、秋冬はマツの枝、

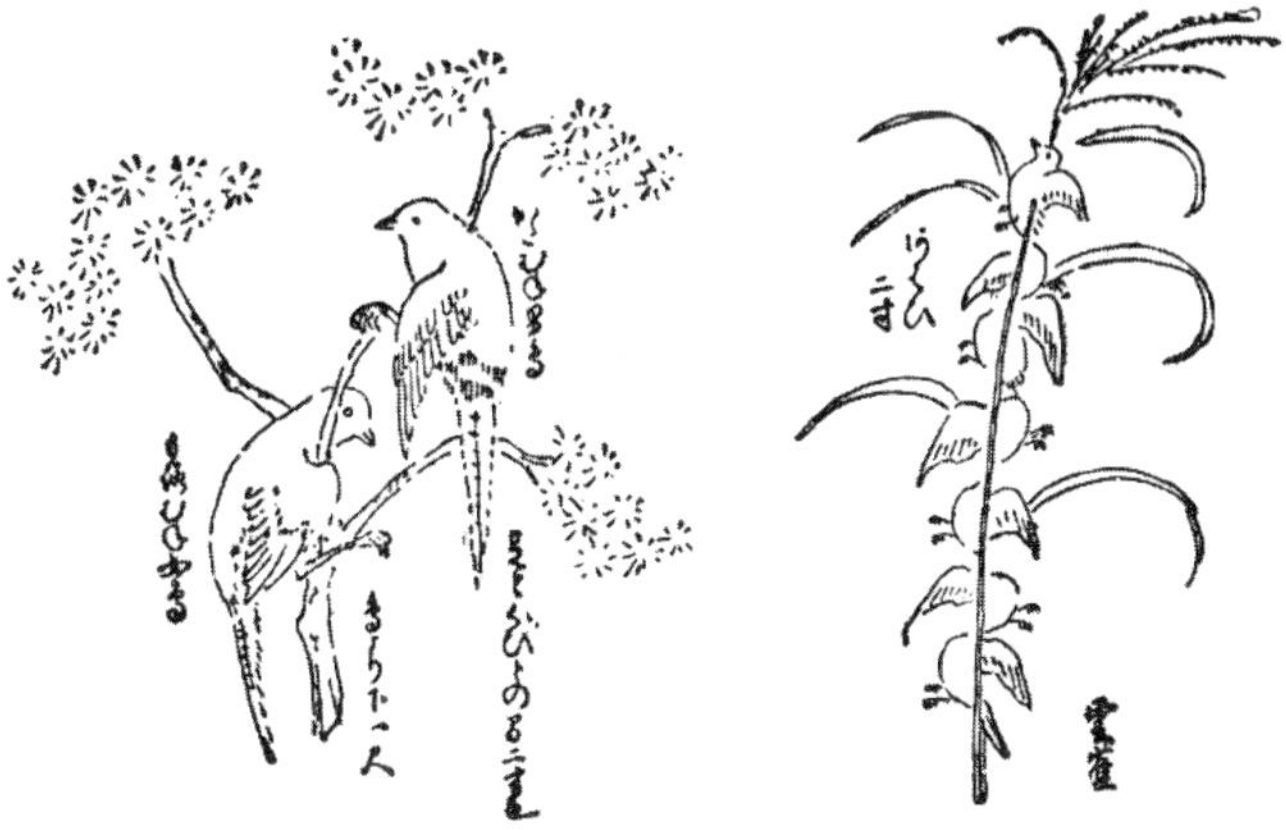

図4　『武家調味故実』に描かれた鳥柴（『群書類従』、国立公文書館所蔵）

クヌギやツヅラフジなども使われた。ただ、いまの日本人がこよなく愛するサクラは、祝言のところへは憚られるものであった。なぜならば、その花は開いて七日を限りに散っていく。開花時期が短いためそれを忌むという。鳥の雌雄でつける枝の場所や、頭の向きが異なった。また鳥種ごとに、そのやり方は異なる。

　木の枝の上に、冷たくなった野鳥の死体が、あたかも生きているかのごとく飾られている。それは現代人にとって、なかなかシュールなオブジェである。しかし、当時は人びとの目を和ませるアートだった。またご馳走でもあり、人びとは枝から取り外した野鳥の料理で舌鼓を打っていた。季節感を醸し出す風趣のあるこの装飾を、現代人の動物観から理解することは容易ではなかろう。現在、この鳥柴を見て、中世の人びとのように素直にその美しさや風雅を感じ、素直に涎《よだれ》を垂らすことのできる日本人が、どれほどいるだろうか。そのような日本人の自然に対する価値観の変化は、まさに日本の鳥食文化の変化とパラレルな現象だといえる。

以上、江戸の鳥料理の源流を探ってみた。日本において、鳥を食べる文化は古くは縄文時代にまで遡るが、それが料理として体系化、洗練化されるためには長い時間を要した。中世に入って、ようやく料理らしい手の込んだ鳥料理が生み出され、中世も末、室町時代後期にもなると、非常に多彩な鳥料理が生み出された。そして、それが鳥食文化の爛熟期である江戸時代の鳥料理の素地となった。

もちろん、室町時代の鳥食文化は、朝廷や室町幕府を中心とする京都の文化であった。周知の通り、江戸が京や大坂に匹敵するほどの文化の拠点となり、独自の文化を生み出すのは、江戸時代半ばすぎのことである。江戸初期の鳥食文化は、その多くが江戸に元々あったもの、あるいは江戸で生み出されたものというより、徳川幕府、そして江戸に集まった大名たちによってもたらされたものであると考えた方がよい。彼らは、京や大坂といった上方の味を知っており、また上方の食文化を継承する料理人を雇っていた。その料理人たちは上方の鳥をめぐる料理作法を身につけていた。その点からいえば、以下詳しく見ていく江戸時代の鳥食文化は、上述した室町時代の鳥食文化の延長線上にある。そして、江戸の鳥食文化は、上方、とくに京都の鳥食文化の延長線上にあるといえる。

第二章

江戸時代の鳥料理と庖丁人

鶴の味噌汁、白鳥のゆで鳥、鷺の串焼き

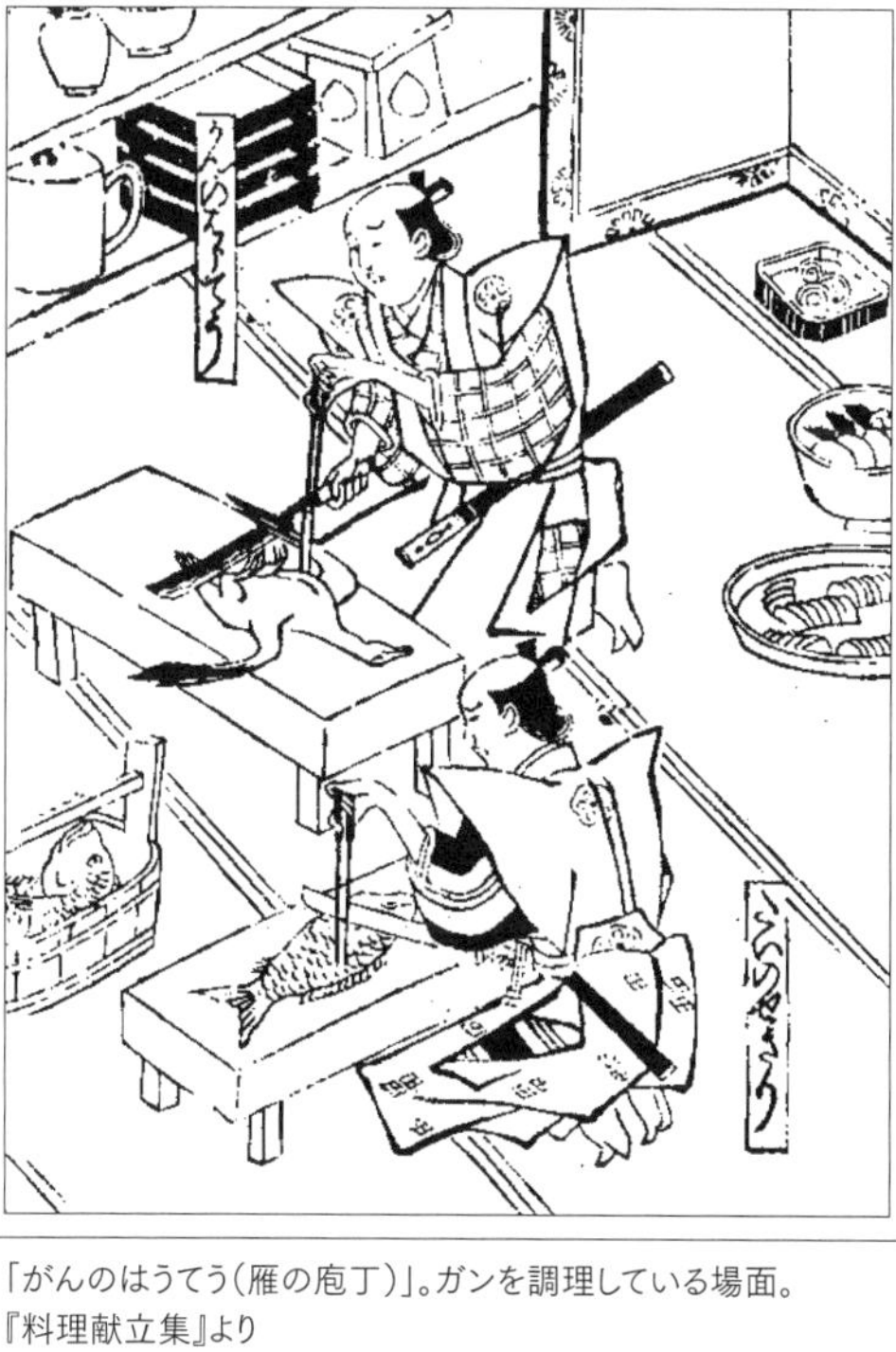

「がんのはうてう(雁の庖丁)」。ガンを調理している場面。
『料理献立集』より

1　江戸の町から出てきた大量の鳥の骨

東京大学の下から出てきたカモの骨

東京大学本郷キャンパス（東京都文京区）は、江戸時代には加賀百万石前田家と、その支藩である富山藩、大聖寺藩（現在の石川県加賀市一帯）の藩邸が置かれていた場所である。昭和五九年（一九八四）六月、東京大学医学部附属病院の全面改修工事のさなか、大聖寺藩の上屋敷と思われる遺構と大量の遺物が発見された。そして、その遺跡の大規模な発掘調査がなされ、そこから多くの鳥の骨が出土した。遺跡の大部分は、大聖寺藩邸跡であったことがわかっており、その出土物から当時の武士たちが何を食べていたか解明することができる。

そこでは二三〇点の鳥類遺体が出土し、そのうち二二二点に関して、分類学上「目《もく》」以下の同定ができている。分析の結果、サギやカモ、タカ、キジ、チドリ、ハト、スズメ、カラスの仲間など、計七目七科の鳥類が確認されたが、そのうちの約八〇パーセント（一八三点）がカモ類、それに次いで約一〇パーセントがガン類（二五点）であり、ガン・カモ類合わせて、なんと全体の九割をも占めることになったのである（東京大学埋蔵文化財調査室編　二〇〇五、五八三）。この大量のガン・カモ類が、日常の食材として消費されたのか、はたまた宴会の食材として消費されたのかは判然としない。ただ、同時に出土した魚介類が、大型かつ高級な種類のものであることからして、宴会や饗応など特殊な場で出された料理に関連するものを、極めて多く含んでいると推測されている（東京大学埋蔵文

化財調査室編　二〇〇五、五九九）。つまり、大聖寺藩邸では、祝い事などの宴会料理や、来客時の饗応料理としてガン・カモ類を利用していた可能性があるということになる。

大聖寺藩や加賀藩、すなわち現在の石川県では、治部煮《じぶに》などのカモを使う郷土料理が継承されている。また、加賀は多くのカモの狩猟場に恵まれ、旧大聖寺藩の加賀市片野鴨池では、三〇〇年以上も前に大聖寺藩士によって生み出されたという由緒をもつ、坂網猟と呼ばれる伝統狩猟が、いまでも継承されている。このようなガン・カモ類を料理に積極的に利用する加賀の伝統が、武士の宴会料理に影響を与えた可能性もある。

ニワトリより多いガン・カモ類の骨

東京大学直下の大聖寺藩邸跡から出土した鳥骨の約九〇パーセントがガン・カモ類の骨であったという構成は、いささか極端に偏りすぎているように感じられるかもしれないが、実はそうではない。たとえば、東京都港区汐留の仙台藩伊達家の武家屋敷の遺跡から、三一二七点もの鳥類の骨が出土しているが、そのうちガン・カモ類の骨が二六八二点であり、全体の約八六パーセントをも占めている。同じく、汐留の会津藩松平家の屋敷跡からは、一九九点の鳥骨が出土し、そのうち一七二点がガン・カモ類の骨で、それが全体に占める割合は、仙台藩と同じく約八六パーセントにも上る。

一方、現在、防衛省となっている新宿区市谷本村町の土地は、江戸時代には尾張徳川家の上屋敷であったが、そこで出土した鳥骨の全一五四八点のうち、約六二パーセント（九六五点）をニワトリの骨が占め、ガン・カモ類は約二一パーセントにとどまる（新美　二〇〇八、二四六―二四七）。江戸時代に尾張藩だった愛知県一帯は、古くより家禽飼育が盛んで、明治期には名古屋コーチンなどの優良鶏種が生み出されたことで有名である。また家禽ウズラ養殖の、日本での中心地でもある。

動物考古学の知見によれば、江戸の主な遺跡から出土した鳥骨全体の約六割（四一七五点）を、ガン・カモ類が占めている。一方で、現代日本の鳥食文化の代表として揺るぎない地位を確立しているニワトリに関しては、全体のわずか二割強（一六〇五点）しか出土していない（新美　二〇〇八、二四八）。また、縄文時代や弥生時代といった古い時代と江戸時代とを比較すると、鳥類の骨がイノシシやシカなどの野生哺乳類の骨と比べて、出土比率が高くなっている。つまり江戸時代において、肉食は鳥肉が中心であったということになる。そして、その時代には「現代人から見て『おいしい』ガン・カモ類への集中度合いがぐっと高く」なったのである（新美　二〇〇八、二四九）。もちろん、ニワトリもいまのように大量生産はされていなかったものの、江戸全体ではやはり一定程度消費されて、江戸の鳥食文化の一翼を担っていた。

江戸時代の鳥の料理書――『料理物語』

江戸時代には、料理の材料や作り方などを記した料理書（料理本）が数多く刊行された。先に紹介した中世の料理書が、料理人の各流派の秘伝や形式的な作法、式法を伝えるために書かれたのに対し、江戸時代の料理書には、料理の作法、式法以外に食材や加工法、味付け、つけ合わせ、献立などといった、現在の料理レシピ本に通じる内容が記述されている。

ただ、江戸時代中期まで、刊本を出す版元（出版者）は京都や大坂などの上方に偏っていた。安永年間（一七七二～八一）になって、ようやく江戸での出版が盛んになったというから、江戸時代の前期に刊行された料理書は、上方で出版された可能性が高い（松下　二〇一二、一六）。そうなると、そこに描かれた鳥の調理法は、上方の料理文化の状況をかなり色濃く反映していると考えた方が妥当である。

また、中世の料理書が、少数の職能的な料理専門家を読者とし、内容は秘伝として一般には流通しなかったのに対し、江戸時代の料理書は市中で頒布され、一般庶民も読むことができた。そのため、そこに書かれている鳥料理の種類や料理法、種々の知識は、上流社会だけではなく、庶民層の一部に少しは広まって、一定程度の影響を与えたものと思われる。しかし、やはり本章で紹介する料理書に記載された多種多様な鳥料理は、庶民というよりも、上流階級の食文化である。

江戸時代には、数多くの料理書が出版され、そのなかには数多くの野鳥料理に関する記事が掲載されているが、そのすべてを解説することは紙幅の都合上不可能なので、ここでは、江戸時代初期を代表する料理書『料理物語』を中心に、ほかの料理書の情報も含めながら、江戸時代の鳥料理の特徴を解説したい。

『料理物語』に登場する一八種類の鳥たち

『料理物語』は、日本最初の本格的な料理書で、寛永二〇年（一六四三）刊行とされるが、中世末の筆との説もある。それは、一七世紀末まで出版が重ねられ、多くの異版が存在している。同書に見える鳥料理は、中世から江戸前期にかけての上方の鳥料理を描写したことが推測される。同書の作者は不詳。「武州狭山（埼玉県狭山市）に於いてこれを書く」と跋文にしたためられており、使われた方言などから、大坂生まれの京都定住者で商人との推定も一部でなされているが、定説とまでは至っていない（平野訳　一九八八、二四〇―二四一）。

同書は特定の料理人の流派に偏ることなく、旧来の料理式法から自由な立場をとっている点に特色がある。ただ、読者は素人ではなく、専門の料理人もしくは実際に料理に携わる人びとのために出版された料理書である（原田　一九八九、一八―一九）。そこに描かれた鳥料理は、どちらかというと武家や公家が召し抱えたプロの料理人たちが、腕を振るった料理である可能性が高い。

この『料理物語』には、「鳥の部」という鳥料理の概観を記した部分がある。そこには、当時、食用とされたツル（鶴）、ハクチョウ（白鳥）、ガン（鳫）、カモ（鴨）、キジ（雉子）、ヤマドリ（山鳥）、バン（鷭）、ケリ（鳬）、サギ（鷺）、ゴイサギ（五位）、ウズラ（鶉）、ヒバリ（雲雀）、ハト（鳩）、シギ（鴫）、クイナ（水鶏）、ツグミ（桃花鳥）、スズメ（雀）、ニワトリ（鶏）といった、一八種類もの鳥名が、書き連ねられている。

同書には七一種類にも上る海の魚介類の名前が記されており、その数に比べると遥かに少ないと思われるかもしれない。しかし、現代日本社会で、食されている鳥たちの種類数に比べれば、間違いなくその数は圧倒的に多い。

序章で解説したように、現在、日本では二八「種」の鳥類の狩猟が許可されている。『料理物語』に登場する鳥の数が一八「種類」というのは、それに比べて少ないことを意味するのではない。すでに述べたように、ガンやカモという呼称は、それぞれの仲間の総称であり、そこには多くの分類学的「種」を含み込んでいる。たとえば、日本に飛来するガンやカモの仲間は、分類学的には全体として四〇種以上に分類できる。もちろん、そのすべてが江戸時代に食されていたわけではないとしてもマガンやヒシクイ、マガモ、カルガモ、コガモ……等々、ガン・カモ類だけで、食用にされていた鳥は数十種に上ったであろう。これについてはシギの仲間も同様で、タシギ、ヤマシギなど、現在でも食べることができるシギ以外のシギたちも、かなり多くの種が食べられていたと考えるべきである。

2 『料理物語』のレシピ

九六品目の鳥料理

『料理物語』には、基本的な食材と調理法によって「部」に分類して、各料理の解説がなされている。前段で「海の魚の部」や「鳥の部」「きのこの部」など、食材別に調理法を一覧できるようにし、後段の「汁の部」や「煮物の部」「焼物の部」などでは、具体的な調理法別に分類され、個々の調理法が詳述されている。

以下は、『料理物語』「鳥の部」に記載された一八種類の鳥たちの料理名を鳥ごとにまとめた一覧である。ここから、バラエティーに富んだ江戸時代の鳥料理の豊かさを看取して欲しい。

①ツル（鶴）料理六品、汁、船場《せんば》、酒びて、ももげ・わたの吸い物、骨のくろ塩（黒塩）、その他

②ハクチョウ（白鳥）料理六品、汁、煎鳥、ゆで鳥、串焼き、酒びて、その他

③ガン（鳫）料理一一品、汁、ゆで鳥、煎鳥、皮煎、生皮、刺身、なます、串焼き、船場、酒びて、その他

④カモ（鴨）料理一〇品、汁、骨抜き、煎鳥、生皮、刺身、なます、こくしょう（濃漿）、串焼き、酒びて、その他

⑤キジ（雉子）料理一二品、あおがち、山かげ、醬煎、なます、刺身、船場、こくしょう、羽節酒、つかみ酒、丸焼き、串焼き、その他
⑥ヤマドリ（山鳥）料理三品、汁、焼き鳥、その他
⑦バン（鷭）料理四品、汁、焼き鳥、煎鳥、その他
⑧ケリ（鳧）料理二品、汁、その他（焼いて）
⑨サギ（鷺）料理二品、汁、串焼き（山椒味噌をつける）
⑩ゴイサギ（五位）料理三品、汁、煎鳥、串焼き
⑪ウズラ（鶉）料理七品、汁、串焼き、煎鳥、こくしょう、船場、骨抜き、がぜち和え
⑫ヒバリ（雲雀）料理六品、汁、ころばかし、船場、こくしょう、串焼き、たたき
⑬ハト（鳩）料理五品、ゆで鳥、丸焼き、船場、こくしょう、酒
⑭シギ（鴫）料理六品、汁、煎鳥、焼き鳥、こくしょう、ボトシギ（ヤマシギ、あるいはアオシギの異名）の骨抜き、その他
⑮クイナ（水鶏）料理三品、汁、ころばかし、串焼き
⑯ツグミ（桃花鳥）料理三品、汁、ころばかし、こくしょう（焼いて）
⑰スズメ（雀）料理三品、ころばかし、汁、その他（他の小鳥はスズメと同じ）
⑱ニワトリ（鶏）料理四品、汁、煎鳥、刺身、飯
※鶏卵、玉子ふわふわ、麩の焼き、みの煮、丸煮、かまぼこ、そうめん、練り酒、その他

「ハクチョウの汁」「カモの汁」など、鳥類ごとの料理を一品目と数えれば、一八種類の鳥で総計九

六品目の鳥料理が作られていたことになる。ガンなどは一一品目もの料理に使われていた。一方、ニワトリは四品目にとどまる。ただ上記は、一八種類それぞれの鳥料理名のなかで、とくに代表的な料理名が記載されたものであり、「その他」と付加された記述は一種として数えているので、その実数はゆうに一〇〇品目を超えることであろう。

この料理の一覧を見ると、鳥ごとに向き不向きの調理法があったことがわかる。比較的多くの鳥に共通して見られる料理法が、汁である。ただ、ツルの汁とシギの汁とでは、調理法も、味も、ありがたみも、当然違っていたことだろう。また、大型の野鳥は刺身にされていたが、小型の野鳥は刺身には、あまり用いられなかったという傾向性も見られる。それは体軀の大きさ、すなわちとれる肉量とも関係しているのかもしれない。

「鳥の部」に記載された料理のうち、後述する調理法別の「部」のなかで言及されていない料理（傍線部）について、まず解説しよう（レシピ③）。

【レシピ③『料理物語』「鳥の部」に記載された調理法】　調理法別の「部」で言及された料理は後述する

ももげ・わたの吸い物　「ももげ（肶・鳥臓）」とは鳥の内臓、とくに胃袋を意味する（平野訳　一九八八、五五）。したがって、これはツルの内臓の吸い物である。すでに述べた中世料理書には「ガンのももぎ煎り」という料理が登場するが、ともにモツ料理、すなわち内臓料理である。

骨のくろ塩（黒塩）　これは料理というより薬に近いものではなかっただろうか。それもツルに限られた用法である。『本朝食鑑』によれば、ツルの骨に白塩を加え黒焼きにして粉末としたものを「黒塩」と呼び、婦人の血暈《けつうん》（産後の病）や切り傷などを治すのに霊験があるという（人見　一九七七、一五三）。ツルは仙禽としての特別な力をもつとされ、鳥の最高の地位を与えられていた。その観念は、後述するように江戸時代に強化され、一般庶民へと広がっていった。

串焼き　串に刺した焼き鳥。『合類日用料理抄《ごうるいにちようりょうりしょう》』（一六八九）には、「焼鳥」として、鳥を串に刺し、薄霜ほどに塩を振りかけ焼く。よく焼いたら、醤油に少し酒を加えたものをその焼き鳥につけて、もう一度つけて醤油の乾かぬうちに座敷に出す。キジだけは最初よりかけ汁をつけて焼くとあり、現在でいう、たれ味の焼き鳥が江戸初期には登場していた。鳥の串焼き自体は中世にはすでに存在していた。

こくしょう（濃漿）　濃い味噌で煮込んだ味噌汁。鳥類だけではなく、コイなどの魚類も使った。

丸焼き　その名の通り、丸ごと焼いた料理であろう。

たたき　鳥肉を庖丁で細かくたたき刻んだ料理。いわゆる挽き肉であるが、生食か加熱食か不明。

飯　いわゆる鶏飯。ニワトリを煮た汁で炊いた飯で、ニワトリも細かく切って混ぜる。なお、『料理物語』にはニワトリの飯しか登場しないが、『料理《りょうり》網目調味抄《もうもくちょうみしょう》』（一七三〇）、『素人庖丁』（一八〇五〜二〇）など多くの料理書に鴨飯、雉子飯、鷺飯、そしてスズメ、ヒバリ、ウズラ、ムクドリなどの小鳥の肉を細かくたたいて米と混ぜ炊きあげた小鳥飯などの記載も見られる。このことから、江戸時代にはいろいろな野鳥を使った、鳥の炊き込みご飯が食べられていたことがわかる。鳥はまた、粥や雑炊の具材としても用いられていた。

※卵料理　鳥食文化を考える上で、卵料理は重要であるが、それはほぼ鶏卵の利用が中心で（稀にアヒルの卵もある）、野鳥の卵は利用しなかった。鶏卵の料理は江戸時代のご馳走であり、近世料理書に、数多くの種類の料理が登場する。たとえば、天明五年（一七八五）刊行の『万宝料理秘《まんぽうりょうりひ》密箱《みつばこ》』は、別名、『玉子百珍』と称しており、同書にはなんと百種類以上の卵料理が紹介されている。『料理物語』でも、玉子ふわふわ、麩の焼き（薄焼き卵）、みの煮（ポーチドエッグ）、丸煮といった卵料理が紹介されている。

七つの調理法

さて、次に調理法ごとの分類を見てみよう。ここでは、鳥をメインの食材とする料理だけではなく、何らかの形で鳥を使っている料理も含む。『料理物語』では、鳥を使った料理は、「汁もの」「なます」「刺身」「煮もの」「焼きもの」「酒に浸した料理」「さかな（酒の添え物、酒肴の意）」という七つの「部」に跨がって見受けられる。その多様さは室町時代の料理の比ではない。そこでは、三七品目の鳥料理が紹介されている（レシピ④）。

【レシピ④『料理物語』「鳥の部」に記載された調理法】

汁の部（九品）

鶴の汁　鶴の味噌汁は、出汁に骨を入れ煎じ、味噌を加えて仕立てる。味噌を加える加減が大事である。つま（添え物）は、そのときの時節に応じたものがよい。キノコはどんなにたくさん入れてもよい。筋をそのままにしておく。吸い口（吸い物に添えて香気を加えるもの）には山葵《わさび》、柚子《ゆず》。また初めから中味噌《ちゅう》（赤味噌と白味噌の間、あるいは中程度の濃さという意か）で仕立てる。すまし汁にもする。上述したように、多くの鳥が汁にされており、汁ものは鳥料理の定番ともいえるだろう。

白鳥の汁　中味噌で仕立てる。また、すまし汁にも。つまは、季節の旬のものを、作るままに入れる。

皮煎《かわいり》　ガンでも、カモでもまずは皮を煎って、出汁を加え、骨を煎じて、「なまだれ（生垂れ）」を少し加えて、具を入れて、塩加減を吸い合わせ（味見の意か）して出す。これもつまはその季節のもの。総じてキノコは、鳥の汁にはいつ入れてもよい。吸い口は、山葵、柚子。調味料の「なまだれ」とは、垂れ味噌の一種。『料理物語』では、味噌一升に水三升を加えて、揉みたてて、袋に入れて垂らすとの製法があり、味噌を漉《こ》した液状の調味料である。この料理が、室町時代の『庭訓往来《ていきんおうらい》』や、『四條流庖丁書』に記載されていたことは、すでに述べた通りである。

あおがち（青搗）　キジのはらわたで作った汁。キジの内臓をたたいて、鍋に味噌を少し入れて、それをきつね色になるまで煎って、鍋をすすいで出汁を入れ、煮え立ち次第に鳥を入れて、塩加減を吸い合わせして出す。煎り加減が重要である。霜月（陰暦一一月）や正月の料理。一六世紀後期に書かれたと思われる料理書『庖丁聞書』にも登場する。

山かげ　出汁に「なまだれ」を加え、キジを入れ仕立てる。つまは、山芋、海苔、青麦（不詳）など、手許にあるものを何でも入れてよいが、入れなくてもかまわない。

醤煎《ひしおいり》　うす味噌に出汁を加え、キジを入れて仕立てる。山芋、海苔などを入れたりする。

南蛮料理　ニワトリの毛をむしって、頭や脚、尾を切って洗い、鍋に入れ、次にダイコンを大きく切って入れ、水をひたひたより上まで入れて、ダイコンが柔らかくなるまで炊く。鳥を揚げて細かにむしり、もとの汁へかげを落とし（六〇頁の「船場」で後述）、またダイコンを煮て、吸い合わせて、出すときに鳥を入れる。「酒塩（味を良くするための酒）」を入れるのがよい。吸い口にはニンニクやその他いろいろ。薄味噌で作ってもよい。つまには平茸、「根深（ネギ）」なども入れる。なお、『料理物語』では、南蛮料理はニワトリを用いているが、『当流 節用料理大全《とうりゅうせつようりょうりたいぜん》』では、カモでもガンでもどんな鳥でも、この料理にできるとされている。

干菜《ほしな》汁　中味噌に出汁を加え、黒大豆、ハマグリ、小鳥などをたたいて入れ、里芋も入れてよい。

納豆汁　味噌を濃い目にして出汁を加えるとよい。「くき（菜の塩漬け）」、豆腐をとにかく細かく切るとよい。小鳥をたたいて入れるとよい。くきはよく洗って、出すときに入れる。納豆は出汁によくよく摺りのばした方がよい。吸い口は、辛子、柚子、ニンニク。

鱠《なます》の部（四品）

鳥なます　すべてを切り整えて、鳥だけを酢で炒めて、その後、タイやその他のものも入れて和えて出すとよい。山葵を加えるのがよい。

山葵和え　ガン、カモを同じく「ももげ（肫・鳥臟）」などを下ごしらえし、酢と塩を少しふって炒めて、その酢を捨て、タイラギやアワビ、タイなどを入れ、山葵酢で和える。鳥を入れなくてもよい。

がぜち和え　ウズラでも小鳥でも醬油をつけてよく炙って、細かに切り、辛子酢で和える。「あおがち和え」ともいう。

水和え　煎り酒に酢を加えるとよい。「ごんぎり（小さいハモの丸干し）」、田作り、するめ、「いりこ（干し海鼠《なまこ》）」、小鳥を焼いて入れる。「からざけ（干鮭）」、「青うり（シロウリ、あるいはキュウリか）」、「みょうがのこ（茗荷の花穂）」、キクラゲ、ゴボウなどから取り合わせて和える。山椒の葉を刻んで入れてもよい。

指身《さしみ》の部（五品）

雉子（キジ）　丸煮にしてむしって、山椒味噌、酢がよい。刺身と言っても、ここで煮ると表現されるように、鳥の刺身の場合、必ずしも生食とは限らなかった可能性がある。

鴨雁（カモ、ガン）　キジと同じように調理する。また、骨を抜き取って輪切りにして、山葵酢、生姜味噌がよい。

にわとり　これもキジと同じように作る。

小鴨（コガモ）　キジ（コガモの誤記か）の刺身に、タイのそぼろを湯がいて盛り合わせ、山葵味噌酢で出すとよい。「けん（料理のつけ合わせ）」には、「かたのり（ムカデノリ科の海藻）」、金柑のいずれもよい。鳥は、むしって使う。

酒びて　魚や鳥を、塩を加えた酒に浸した料理。タイやアワビ、タラ、サケ、アユの塩引き、からすみ、「かぶら骨（クジラの頭部の軟骨）」、ツル、ガン、カモなどのなかから、塩具合のよいものを取り合わせ、作り盛る。けんは、「くねんぼ（九年母、ミカンの仲間）」、その他なんでもよい。「だし酒

（かつお節に塩を少し入れ新酒で合わせた出汁）」をかけるとよい。

煮物の部（一三品）

ぞろりこ（ぞろり海鼠）　「いりこ」を千切りにして、よく湯で煮て、小鳥、カモなどをたたいて入れ、山芋も入れ、出汁と「たまり（味噌を造った樽の表面に溜まった汁。あるいはたまり醤油）」で煮る。いりこだけならば、「せんいりこ」という。鳥料理のなかで、最も品目が多いのが煮物で、鳥料理の中心的な調理法といえよう。

しゅんかん（笋羹）　タケノコをよく湯で煮て、いろいろに切り、アワビ、小鳥、かまぼこ、タイラギ、卵（「ふのやき（麩の焼き、薄焼き卵）」にする）、ワラビ、「さがらめ（相良布、カジメの異名）」を入れて、出汁とたまりで煮るとよい。また、タケノコの節を抜いて、かまぼこをなかに入れて煮て、切り入れることもある。

のっぺいとう　濃餅とう。カモを煎鳥《いりどり》（後述）のように作り、出汁とたまりで煮る。煮え立ったときに加減を吸い合わせ、うどん粉を出汁でといて、粘るほど入れ、煮え立ったときに出す。ボトシギやウズラも用いる。各地に郷土料理として伝承されるのっぺい汁と連なる料理。

生皮　ガンでもカモでも、皮を剝いで作り、酢を煮立てて二回かけておく。また身を作って酢を一回かけて、身を出す。出汁とたまりを加減して煮え立ったら吸い合わせ、鳥を入れてそのまま出す。「上置き（料理の上に載せる具）」は、セリ、その他作り次第。タイのそぼろと整い合わせてもよい。

船場《せんば》　小鳥でも大鳥でも、出汁に、かげを少し落とすとよい。「かげをおとす」とは、すましにたまりを少し注し入れること。船場は、船場汁、あるいは船場煮ともいう。『料理物語』では煮物に分類されている。大坂の問屋街であった船場が発祥の地であるために、この名がついたとされる。この料理は、現在でも大阪の郷土料理として伝承されており、塩サバや塩ザケの頭や中骨を、ダイコンや昆布と煮込んで塩味のすまし汁にする。この料理法が、江戸時代にはツルやガン、ウズラ、ヒバリ、ハトなどの汁ものに応用されていた。

骨抜き　カモの尻の部分を切って、そこから脚、肩までの骨を抜き、なかへ卵やかまぼこを入れ、口を縫い合わせ、ゆで鳥（後述）のように煮て輪切りにして出す。「赤あし（カモの脚）」や「くぼね（首骨）」は残す。マガモの脚は赤いため、マガモのことをアカアシと通称することもある。

ゆで鳥　骨とともに、出汁とたまりで長時間煮る。

煎鳥　カモを切り整え、まず皮を煎って、後に身を入れ煎り、出汁とたまりを加減しながら煮る。煎り酒も加えることがある。セリ、根深、「くきたち（アブラナ）」などを入れるとよい。吸い口は柚子、山葵。「煎」、あるいは「熬」は、すなわち「煎り焼き」、あるいは「煎りもの」。鍋のなかで炙り焦がすようにして焼いたり、水気がなくなるまで煮つめたりする調理法である。先述した室町時代の「皮煎」（第一章レシピ②参照）と似ているが、皮のみならず肉も入れるところが異なっている。これは当時、広く知られた鳥の調理法であり、煎りもの料理は鳥料理の定番である。煎鳥、および後述する「煎り焼き」は、現在も食されるすき焼きの原型ともいえる調理法である。一九世紀初頭刊行の『料理早指南《りょうりはやしなん》』では、「鋤《すき》やき」として、ガンやカモなどを切り整え、たまりに漬けておき、古くから使ってきた唐鋤を火の上に置き、「ゆのわ（柚子の輪切りの意か）」を前後において、鋤の上で鳥類を焼くとある。後に、鋤が鉄鍋に置き換えられるが、その原理は基本的に煎鳥、あるいは煎り焼きと大差はない。

じぶ　カモの皮を煎り、出汁とたまりを加減しながら入れ、じぶじぶといわせ、後で身を入れる。この料理は、煎鳥と似ているが、カモ肉以外の具の記載がない。シンプルな肉だけの煎鳥として、『料理物語』では描かれている。寛文・延宝期に書かれた『古今料理集』では、煎鳥のように料理して、塩を強く味加減して、煮汁を少なくし、じぶじぶ煎りつけるようにして出すとされている。取り合わせも煎鳥と同じだとする。この記載からは、じぶは煎鳥の一種であるととらえられる。『古今料理集』は、江戸料理の百科全書といってもよいが、そのなかでは『料理物語』以上に鳥料理が頻出し、細かい記述がなされている。この「じぶ」という料理、加賀の名物料理として有名な治部煮《じぶに》と同名であるが、料理の内容が異なるようである。加賀の治部煮の場合、カモやニワトリの肉に、小麦粉や葛粉をまぶし、麩やシイタケ、セリなどの季節の野菜類を煮て、醬油で味付けしたとろみのついた料理であるが、一方、『料理物語』記載の「じぶ」の場合、この小麦粉や葛粉を加えない。後述する加賀藩のお抱え料理人であった舟木伝内、およびその一族が記した料理書に関する研究によると、治部は「麦鳥」という料理が混同されたものだという。「麦鳥」は、カモの肉に小麦粉をまぶして出汁で煮て、山葵を添えるというシンプルな料理である。これは、「じぶ」とは本来異なるものであったが、それらが混同されて、幕末に小麦粉をつけたガンなどを用いるものが「雁鳧《がんかも》等のじゅぶ」として認知されるようになったという（陶・綿抜 二〇一三、二〇一八）。つまり、現在の加賀の治部煮は、本来は麦鳥から派生したものであるようだ。この麦鳥という料理は、上記の「のっぺいとう」と酷似し、「じぶ」は煎鳥の一種であり、本来は異なるものと考えた方がよい。

野衾《のぶすま》　小鳥をたたき、船場と同様にさっと煮る。タイを細かくたたき煮え湯をかけて上げおく。大きなアワビを薄く削ぎ、これを「しらめる（湯をかけて白くするの意か）」と袋のようになる。このとき、出汁とたまりを加減して入れ、煮立ったら三つの具を入れてかき合わせれば、袋のなかに包まれる。卵のそぼろが上置きによい。吸い口はいろいろ。

伊勢豆腐　山芋をおろし、タイを切って、摺った芋の三分の一を入れる。豆腐に卵の白身を加え、すべてをひとつによく摺り合わせ、杉の箱に布を敷いて入れ包む。これを湯で煮て切り、「葛だまり（葛餡）」をかけて出す。鳥味噌、山葵味噌などをかけるとさらによい。また、豆腐だけでもよく、摺って右のようにして出す。

ひばりころばかし　なかへ卵、かまぼこを入れてよい。『料理物語』にはこれだけの記述しかない。「ころばかし」は、「ころばし」ともいう。『古今料理集』には、「ころばし」とは、「じぶ」を汁がなくなるまで煎りつけ、少し香ばしくなったところを用いるとある。これはつけ合わせがない方がよい。料理名は、山葵や生姜を入れて、転がして煮るところに由来する。

ころころ　小鳥をたたき、船場と同様にさっと煮て上げておき、かまぼこをよく摺って、ムクロジの実ほどの大きさにして、その鳥と転がし、出汁とたまりを加減して煮て出す。

焼物の部（一品）

煎り焼き　カモを大きめに切って、たまりをかけておく。皮を煎り、身を挟んで、鍋に一枚ごとに並べて焼く。あまり汁がないと、かけ置いたたまりを少し入れる。前述の煎鳥と類似するが、汁が少なめなところが異なっており、これは焼きもの料理に分類されている。これもすき焼きに近い。

料理酒《りょうりざけ》の部（三品）

鳩酒　現在、「料理酒《りょうりしゅ》」といえば、料理に用いる調味料としての酒を一般に指すが、『料理物語』で解説される「料理酒《りょうりざけ》」は、酒と具材を混ぜ合わせた料理の一種である。鳩酒はハトをよくたたき、酒でとき、味噌を少し鍋に入れて、きつね色に煎りつけて、ハトも酒も入れるとよい。山椒の粉か、胡椒の粉か、あるいは山葵などを少し入れるとよい。醤油でも煎りつける。

羽節酒　キジの羽のなかの節より先を細かくたたき、塩を少し、酒を少し入れて煎って、このからみに何でも入れて、酒をいい燗にして出す。肉を食べるときは、醤油を少し加えればよい。

つかみ酒　キジの内臓を取り、味噌を少し加えてよくたたき合わせ、「二足（左右一組の脚）」の脚一本ずつに串を刺して、そのたたいたものを指のなかに入れ炙って、よく握る。なかまでからりと炙り火が通ったように見えたら、指の際より切って、またよくたたき、また少し煎って酒を入れ、燗をして出す。

さかなの部（二品）

玉子ふわふわ　卵を割って、卵の分量の三分の一の出汁とたまり、煎り酒を入れて、よく「ふかして（蒸して）」出す。硬くなったらよくない。「いなのうす（イナ〔ボラの幼魚〕の腹中にある臼のような形をしたもの）」、「ももげ（鳥の内臓）」などを入れれば野衾（煮物の部で前述）ともいう。

なし物（塩辛）　「なし物」とは塩辛、魚醤、肉醤などの塩蔵加工品のこと。タイの子、タイの「わた（腸）」、サバのせわた、「ふくだめ（福多味、アワビ、あるいはトコブシ）」、イワシ、ウニ、ウルカ、ウルカの子、なる子（不明）、カモのわた、サケのわた、「はらら（はららご、魚卵）」、「しつき（ヤマトカマスのはらわたで作った塩辛)」、カツオのたたき、ヒバリ、ウズラ、このほかいろいろある。

野鳥料理のバラエティー

江戸時代初期の料理書『料理物語』に登場する、野鳥料理のバラエティーの多さには圧倒される。その数は、現代日本で食べることができる鳥料理の比ではない。江戸時代には、いまでは食べない、あるいは食べられない多様な鳥たちが食されていたのであるから、当然、料理の種類も多彩であった。鳥の種類が変われば、その料理の味も、そしてそれを食する人びとの好みも違っていただろう。

日本の魚食文化では、食材となる魚類を種レベルである程度認識し、その違いを理解し、それぞれに合った料理と食べる時期を判断するのが普通であるが、それと同様なことが、江戸時代の鳥食文化にも見られた。鳥に対しても、「汁にするならシギよりカモだ」「いやツルの汁が最上」「刺身には脂がのったガンが勝っている」「同じカモでも鍋にはマガモがよくて、焼き鳥にはコガモがよい。オナガガモは味が落ちる」などといった、鳥種ごとの細かい区別と、それに対応する細かい調理法の区別、そしてそれぞれに対する味の評価がなされていたのである。

江戸時代には、このように驚くほど多彩な野鳥料理を嗜む人びとがいた。そして、その人びとへ多彩な鳥料理を提供する料理人たちがいたのである。江戸初期の料理書のなかの鳥料理は、料理人たちによって伝えられ、腕を振るわれていたプロフェッショナルな料理の色合いが濃い。

3　庖丁人——一流シェフの伝統と技術

権威ある職能者

いま私たちが、普通の調理道具と認識している刃物「庖丁」は、元来、刃物のことではなく、魚鳥、すなわち魚や鳥の調理を意味する言葉であった。魚鳥に手を加えて、食べ物となす調理が庖丁である。当然、鳥料理はこの庖丁というジャンルに位置づけられることになる。いま庖丁と呼ばれる刃物は、本来は「庖丁刀」と称すべきものである。そしてその庖丁刀は、中世以前には魚鳥などの「生臭もの」を捌き切るための専用の調理道具だった。一方、野菜などの「精進物《しょうじんもの》」を扱う調理は、調菜と呼ばれ、「菜刀（さいとう、さいだな、ながたな、などと呼ぶ）」を用いていた。その料理を行う料理人も区別されており、中世には魚鳥を扱う料理人は「庖丁人《ほうちょうにん》」と呼ばれ、野菜を用いる精進料理の料理人は「調菜人《ちょうさいにん》」と呼ばれていた。当然、鳥料理はこの庖丁人たちが作るものである。

図5　鶴庖丁。ツルを捌く庖丁人。高貴な鳥であるツルの切り分けには細かい作法があった（『秘伝千羽鶴折形』〔部分〕、桑名市博物館所蔵）

庖丁人による魚鳥の調理行為、すなわち庖丁は、単なる食べ物作りではない。美味しい料理を作ることにもまして、その料理を作る所作が重要視されていた。庖丁は「庖丁道」とも称されるように、格式高い一種の芸事であり、動作や作法が細かく定められた儀式でもあった（図5）。また、庖丁人の立ち居振る舞いや所作は、客や主人によって鑑賞される一種の芸能、あるいはパフォーマンスであった（熊倉　二〇〇七、九二）。その庖丁人の所作と料理作品を鑑賞する伝統は、江戸時代まで引き継がれる。

庖丁人たちは、中世までは本来、貴族の家柄であり、権威ある職能者であった。一般の庶民のために料理を作っていたのではなく、宮中や高位の貴族、武家などに召し抱えられ、料理を作った専門技術者である。庖丁人は、プロフェッショナルな料理人であり、その職能に関する技術や知識、そして秘伝を継承するために、料理書を残した。それは、上流階級のハレの食文化を色濃く反映しており、その読者はどちらかというと専門の料理人、すなわち武家や公家のお抱えシェフの庖丁人たちであった。その時代の料理書に登場する料理の知識や技術は、庖丁人という専門家が独占していたのであり、またその料理の消費は、それら専門家を雇える経済力と家格をもつ人びとが独占していた。

『料理物語』が刊行された江戸時代初期には、いまでいうところの料理屋が江戸に存在しなかったから、プロの料理人といえば、主として武家のお抱えシェフたちということになる。中世から江戸時代に引き継がれた、特殊で高度な技能を保持するこのお抱えシェフたちは、当然、鳥料理も習得していた。

庖丁道で鳥料理を学ぶ

室町時代に、料理人たちの流派がいくつも形成された。その代表が四条流であり、その極意が料理書『四條流庖丁書』(一五世紀末)として纏《まと》め上げられ、そのなかに、いくつもの鳥料理が解説してあることは第一章で触れた。庖丁道の歴史に精通する西村慎太郎によると、この四条流庖丁道は、一般的に公家の四条家が担ってきたようなイメージでとらえられているが、江戸時代にその庖丁道を家職として実際に継承してきたのは、高橋家や大隅家という下級官人であったという(西村 二〇一二、三五)。この両家が、京の都で天皇を中心とする朝廷儀礼の配膳を担うとともに、その料理の継承と伝播に大きな役割を果たした。

高橋家は、本来は天皇家の膳を調理する「御厨子所《みずしどころ》」を預かる朝廷料理の「料理長」の家柄であったが、江戸時代には儀式用の膳の調進を行うように、その役割が変化した。同家は、四条流庖丁道の宗家としてそれを継承するのみならず弟子、門人をとって、その式法を伝授していた。ちなみに、江戸幕府では将軍の食事を差配するのは膳奉行であり、食材を調達する賄頭《まかないがしら》や賄方《まかないかた》、さらに実際に調理を行う台所頭、台所役人といった職制があり、台所頭は庖丁道に精通して、出世すれば膳奉行となった（西村　二〇一二、六六—七四）。そういった武家の料理人たちも、四条流庖丁道などの公家の料理のしきたりの影響を強く受けていた。

先に述べたように、この庖丁道は様式美が追求される一種の芸事であり、それを習得することは料理学校で料理を学ぶというより、茶道や華道を学ぶ修養に近かったと考えた方がよい。宗家を頂点とする家元制度に基づいて料理を修業し、その作法を学ぶのである。

江戸時代、高橋家の四条流庖丁道には、非常に多様な身分階層の人びとが入門していた。たとえば、京都所司代などの武士もいた。また京都に勤めている幕臣や地方大名の家臣などもいた。数としてはそのような武士が多いが、そのほかに神主や寺の門主の家来、さらに京都や大坂の町人、江戸浪人、地方の料理人、商人、造花師など実に多彩な人びとが集まっていた。茶道や華道は公家や大名なども嗜んでいたが、庖丁道にはそれほど上流階級の人びとは関わっていなかったようである。

門人の出身地に関しては京、大坂といった畿内に限らず、江戸はもとより水戸藩や加賀藩、尾張藩、鍋島藩（佐賀県）、そして信州（長野県）や伊予（愛媛県）、安芸（広島県）、紀州（和歌山県）、南部（岩手県）等々、各地に広がっている（西村　二〇一二、一〇八—一一五）。

諸国から四条流の門を叩いた多彩な人びとの入門の目的が、はたして職業的な料理人を目指していたものなのか、あるいは単純に教養としての料理を学んでいたのか、定かではない。しかし、数は少ないものの料理人が含まれていることから、実際的な料理実技を学ぶ目的で入門した者もいたはずである。また各地から集まった武士のなかには、主君や重臣向けの料理や儀式、饗応料理を学ぶために入門した者もいたようだ。彼らにとって料理の技術習得はもちろん重要であったが、それ以上に重要だったのは、料理界においてその名が轟いている名門四条流庖丁道の門人として、技術を相伝しているという権威だった。

江戸時代において、朝廷や幕府のみならず諸藩では、藩主やその家族の食事を賄い、さらに年中行事や儀式などで貴賓来客を接遇するための饗応料理を調理する、専門的な料理人を召し抱えていた。彼らは料理を職能とする下級武士であり、日本刀ならぬ庖丁刀でその身を立てていた。そのような武士たちが料理を学び、料理界の権威を身につけるために諸藩から京に上り、貴族料理の技術と味覚、そして威光とを諸藩へともたらしていた。洗練された鳥料理は、一流料理人となるべく京に赴き庖丁道を学んだ、そのようなお抱え料理人たちによって、全国の上流社会へと広められていったのである。

また後述するように、有力な大名は、将軍からツルなどの鳥を下賜されることがあった。その尊い鳥を料理するために厳格な作法が定められており、そのような場面で格式のある四条流庖丁道の技術と知識が必要不可欠だった。

ある大藩のお抱えシェフ――舟木伝内

加賀藩の舟木家は、そのようなお抱えの料理人として代々、加賀藩に仕えた家柄である。初代の甚助は、元々は加賀藩の重臣の給人であり、そのために料理を作っていた。そして二代舟木伝内包早《かねはや》が出世して、大藩である加賀藩の「御料理人」として召し抱えられた。

この舟木伝内包早は、藩命を受けて江戸幕府の台所頭小川甚四郎に師事して、薗部流（四条流の分派）の庖丁道を伝授された（綿抜　二〇〇六、二五九）。包早は勉強熱心で、『ちから草』『料理方故実伝略』などの、地方料理人の料理書をまとめており、そのなかに鳥料理が記述されている（大友・川瀬・陶・綿抜編　二〇〇六）。たとえば『料理方故実伝略』では、特別に慎重かつ丁寧に取り扱わねばならない将軍拝領の「御鷹《おたか》之鶴」（第六章参照）に関する作法や、鷹狩で捕らえられたガンやカモ、キジ、バン、クジャク、ウズラ、シギなどの料理の盛りつけ法などの有職故実について細かに書かれている。一方、『ちから草』では、鳥料理の材料から味付け、調理法に至るまで事細かに実際的な技法が解説されている。そこには、前節で紹介した『料理物語』と同じく、汁、こくしょう、煎鳥、治部煮、船場、焼き鳥等々、多彩な鳥料理が登場する。また、汁に限っても、ツルやマガモ、コガモ、バン、アオサギ、キジなど多種の鳥が登場するように、料理に多くの鳥が扱われていることも『料理物語』と同じくする。

写真８　治部煮

舟木伝内が著した料理書を見ると、伝内が独自に編み出した料理法というより、やはり京の庖丁道に基づく正統な料理法を相伝えていたと考えた方がよい。そのために伝内の料理書は中央で作られた料理書と共通する部分が多々ある。もちろん、細かいところで加賀の風土に合わせた美味しい料理を、伝内は考案し工夫した。しかし、大大名である前田家の御料理人としての伝内には、京で生み出された上流階級の伝統食文化の式法に則った権威ある食文化を再現することが、まず要求されたのである。

ちなみに、後に養子として入った五代舟木伝内光顕は、文化元年（一八〇四）に御料理人の跡を継ぐが、それから一三年後の文化一四年（一八一七）四月に京に上り、先に紹介した四条流宗家高橋家の門人となって、庖丁道を学んでいる（西村　二〇一二、一一七）。光顕は、その頃すでに御料理頭並という役職にあり、料理の基礎を学ぶような立場ではない。むしろ、料理人の技量に関しては一定の段階にあったと考えられる。光顕は、大大名の御料理人として要求される庖丁道を修得するために京へ上り、正統な料理の式法を学んだのである。

料理人の鳥の鑑識眼

正徳四年（一七一四）刊の『当流　節用料理大全《とうりゅうせつようりょうりたいぜん》』は、四条流関係の文献が上方で集録、編纂された料理書だが、そのなかに「諸鳥人数分料《しょちょうにんずぶんりょう》」という文献が収められている。この文献は、当時の料理人が、食材としての鳥をどのように認識していたのか知るための、とても貴重な情報を与えてくれる。先に紹介した『料理物語』では、鳥名は大枠で括られていたが、同書ではさらに細かく区別され、名前を与えられ、それぞれの鳥の味の特徴まで把握されている。

この文献は、鳥料理を作る際に、その食材の分量の目安を鳥ごとに解説した鳥名リストである。たとえば、マガモだと、まだ「渡りかけ（渡ってきたばかり）」の時季で痩せていると一羽あたり八～九

真鶴、こん鳥、黒鶴、白鳥、真雁、雁金《かりがね》、真菱喰《ひしくい》、葛《かつら》麦喰《むぎくい》、白雁、海雁、野雁、真鴨、僧鴨、真崎鴨（尾長崎鴨）、吉崎鴨、足鴨、口鴨、小鴨、あぢ鴨、嶋あぢ鴨、赤頭《あかかしら》鴨、川喰《かわくい》鴨、ひでかげつけ鴨、羽白霜振鴨、鈴鴨、大赤頭、神子《みこ》鴨、ほひらき鴨、黒鴨、ひんしやう鴨、あいさ、山あいさ、おし鳥、雉子、山鳥、初鷭《ばん》、大鷭、しやくなき鴫《しぎ》、かに喰鴫、小蝶鴫、羽斑鴫、かしらぎ鴫、まぢう鴫、あかぢう鴫、おぐろ中鴫、ぼと鴫、ほと鴫、きひ鴫、きやうしやう鴫、雲雀鴫、足高鴫、はゆ鴫、くらめき鴫、あかくらめき鴫、尾白鴫、鵙鴫、そり鴫、白雀鴫、とうねき鴫、むしはみ鴫、くびたま鴫、雀鴫、神子とうねぎ鴫、山鴫、あかくいな、こも水鶏、ぢんないくゐな、けり、山けり、背黒鵁、ほしの親鵁、みとごい、さんか鵁、よし鵁、青鷺、大鷺、黄足鷺、せせり鷺、かささぎ、磯さぎ、へら鷺、鶉《うずら》、鶫《つぐみ》、しんない鶫、雲雀《ひばり》、鴨（重複）、小鳥、ぼと鴫（重複）、ほそ鴫、尾黒中鴫（重複）、真鳩、山鳩、八幡鳩、吐鳩

表2　「諸鳥人数分料」記載の鳥名一覧（計91種類、重複3種類を除く）

人前の汁しかできないが、脂がのって肥えると一〇人前の汁が作れるといった、一羽の鳥で作れる料理の分量を示したものである。そこに登場する鳥の名前の一覧を表2にまとめてみた。

その鳥名は、もちろん近代の分類学に基づいて名付けられた「種」名ではない。江戸時代に、料理に励んでいた四条流の庖丁人たちが伝承した、鳥の分類と名前である。現在の分類学で同定された「種」の標準和名と同じ呼称をもつ鳥（たとえば真鴨や小鴨など）もあるが、まったく不明な鳥（たとえば「ひでかげつけ鴨」）もある。そのような制約はあるものの、当時の四条流庖丁人が、九一種類（鴨、ぼと鴫、尾黒中鴫という三種類は重複）に鳥を分類、把握していたことが明らかになる。ただし、繰り返すがこの分類は、現代の生物学的な分類とは異なることに注意を要する。

また、その文献は、食用鳥リストなのだが、なぜかそこには料理とするには悪いもの（悪敷物《あしきもの》）や飼鳥《かいどり》（観賞鳥）も例外的に掲載されているので、九一種類すべての鳥を食べていたわけではない。しかし、それらを差し引いても食用鳥は八十数種類に分類されていた。いわゆるツルやガン・カモ、サギの仲間である水鳥だけでも四〇種類に分類され、シギ（鴫）の仲間は二八種類に分けられていた。

このような数から判断して、江戸時代の料理人たちは、現代日本の料理人たちと比べて、圧倒的に細かく食用鳥を分類し、それに関する博《ひろ》い知識を有していたことが理解できる。このような豊富な鳥の種類を熟知していた江戸時代の料理人たちは、その鳥たちに合わせて多様で豊かな鳥料理を生み出し、美食を愛する貴人たちを楽しませていた。

鳥を一年中食べる方法——塩漬け、味噌漬け

江戸時代の料理人たちは、限られた環境のなかで、鳥を料理しなければならなかった。たとえば、鳥料理が出される饗応の宴は、必ずしも日時が定まって催されるわけではない。冠婚葬祭や来客の機会があれば、一年中どこかで催される可能性がある。そのため、その饗膳に使われる鳥たちも一年の間、寸断なく入手できるようにしておかなければならない。しかし、いまのような冷蔵冷凍技術がない時代であるから、生ものである鳥を一年中確保するのには苦労したはずである。

『古今料理集』には、四季の料理の献立例が列挙されている。たとえば、春の三ヵ月間には、ツル、ヒシクイ、ハクチョウ、ガン、カモ、ムナグロ（チドリ科の鳥）、ケリ、キョウジョシギ、キアシシギ、アオサギなどを本膳と二の膳の汁に用いるとある。煎鳥や生皮、煎り焼き、じぶ、船場、のっぺい、焼き鳥など、『料理物語』に登場した料理たちもその献立に記載されている。またツグミ、ウズ

ラ、スズメ、ムナグロ、キョウジョシギ、キアシシギ、ツルシギといった小型の鳥は、主として焼き鳥用であった。その献立から、春夏秋冬のうち冬に比較的多くの種類の鳥料理が出されていた傾向はあるものの、一年中、鳥たちが食材として用いられていたことがわかる。

興味深いことに、渡り鳥であるツルやヒシクイ、ハクチョウ、ガン、カモなども、一年を通じて食べられていたことが同書からわかる。夏場はほとんどのガン・カモ類は日本にはいないので、夏にそれらを捕ることはできないはずである。しかし、『古今料理集』では春夏秋冬のいずれの献立にも、ガン・カモ類が登場する。それを可能としたのは、庖丁人たちが継承した保存法のお陰である。

まず、鳥たちは塩蔵という方法で保存された。『古今料理集』には「寒塩鳥」「寒塩水鳥」「寒塩雉子」という表現が散見される。たとえば、夏三ヵ月の献立では、寒塩鳥の汁を、本膳と二の膳に用いるとある。寒塩鳥は塩鳥ともいい、冬場、寒のうちに塩漬けにした保存食である。塩をしない無塩《ぶえん》の鳥である「なま鳥」に対して、塩をした鳥を塩鳥と呼んでいた。『料理物語』で、なし物（塩辛）としてカモの内臓などが使われていたことはすでに述べたが、鳥全体も塩漬けにされていた。

『合類日用料理抄』（一六八九）には、その塩鳥の作り方が詳しい。それによれば、ハクチョウやガン、カモのほか、どの鳥も、まず体汁をよく取って、尻の部分を切り捨て三つにおろし、「どうがら（胴体の骨）」を除去して、脂皮をつけたまま脚も一緒に塩に漬け、塩俵に巻いておく。また遠路を輸送するものは、鳥が擦れて傷まないように桶に漬け込んで運ぶ。料理にはそのまま洗って、脂皮をつけたまま塩抜きして使うという。

また「塩鴨（カモの塩漬け）」を作る場合は、新鮮なものをまず入念に毛を取って、尻の部分を普通より大きく切って捨て、内臓を取り除き、また背骨部分に黒い血が固まっているのでそれをよく取り除く。そして口から塩を入れ、腹のなかにも塩をよく詰め込み、外側にも塩を擦りつける。桶の底にたくさんの塩を敷き詰めカモを並べ、その上へまた塩を置き、熟《な》れ鮨のように漬け込むのである。

使うときは塩抜きが重要で、ちゃんと手を施してやれば、なま鳥と変わらない味となった。桶にぬるま湯を入れて、それに浸しふやけさせ、皮が緩んだものを取り上げて、なま鳥のように残った毛を取る。塩をして昆布に巻いて漬け込めば乾かず、月を経てもなま鳥のようであったという。また、「鮮鳥」という、鳥の味噌漬けが『料理網目調味抄』に登場する。

塩鳥という保存法は、すでに述べたように鎌倉時代の料理書にも散見できる伝統的な技術である。いまでも同様の塩蔵法は、新巻鮭などの魚類を保存する際に駆使されている。

鳥を一年中食べる方法——畜養

さて、当時の料理人たちは、もうひとつユニークな方法で鳥を保存した。それは、鳥を殺さずに生きたまま飼い続けて必要なときに食べるという、いわゆる畜養という方法である。『古今料理集』の春三ヵ月の汁に、ツル、ヒシクイ、ハクチョウ、ガン、カモが用いられていたことはすでに触れたが、それらの鳥には「のしめ」と「いけ鳥」の二種類があった。

「のしめ」とは「野絞《のじ》め」であり、「野」すなわち猟場である山野で絞めた鳥である。狩猟後、鳥は暴れるためにすぐに殺されるのが普通であり、野絞めを基本と考えた方がよい。捕獲され絞められた鳥類は、生のためすぐに劣化が始まるから、腐敗する前に料理して食べるか、あるいは上述のように塩蔵に処さなければならない。それに対し、「いけ鳥」とは「生鳥」、すなわち生きたままの鳥である。狩猟後、猟場で絞めずに、生きたまま飼い置く方法である。この生鳥という方法によって、季節性がある渡り鳥を、長期間、ずっと食べることができるのである。

生鳥を飼育する様子が、『当流料理献立抄《とうりゅうりょうりこんだてしょう》』（刊行年不記、宝暦年間か）に絵入りで解説されている。鳥小屋のなかで、ツルやカモと思しき鳥が飼育されている。帯刀したひとりの武士が鳥を指さしながら、「春の鳥は、ツル、キジ、シギ。夏はサギ、バン、ホオジロ、ヒバリ、ニワトリ。秋冬は、ガン、カモ、このほかにたくさんある。その時節に対応して使うこと。カモは四季共によい。春は、一晩塩をするとよい」と講釈をたれている（図6）。一年中、鳥を食べるためには、このような鳥を生かして畜養するための鳥小屋が必要だった。

『古今料理集』の春三ヵ月の献立では、ツルやガン・カモ類は野絞めと生鳥の双方が使用されていた。ところが、夏三ヵ月と秋三ヵ月の献立では、生鳥だけが使用されていた。一方、冬三ヵ月の献立では野絞めだけが使用されていた。すなわち、ツルやガン・カモ類は、それらが飛来する冬期に大量に捕獲されるため、その時期には、塩蔵品や畜養品を食べる必要はない。捕れたばかりの新鮮な野絞めの鳥を主として食用とし、一部塩蔵し、また一部畜養して保存していた。また、渡り鳥たちが北に帰る春には野絞めの鳥と、畜養しておいた生鳥の両方が食用可能であったが、渡りがすんだ夏や秋の端境期には、自然界にはツルやガン・カモ類はいないため塩鳥や生鳥を利用していたのである。近世日本におい

図6　鳥小屋での飼い鳥（『当流料理献立抄』）

て、アヒルなどの家禽も存在していたものの、その利用が十分に発達、普及していなかったため、この塩蔵と生鳥という保存法は、鳥食文化において重要な意味をもっていたものと推測される。『古今料理集』では、食材ごとに出回る時期や旬が解説されており、料理人たちは季節に応じて、いろいろな鳥たちを料理に使っていたことがわかる。

江戸の初めには、以上のような鳥に関する高度な知識とその調理技術を身につけた料理人たちが作った、手の込んだ高級鳥料理は、一般庶民は食べることができなかった。しかし、その鳥料理は、徐々に大衆化され、江戸の町民の口にも入るようになっていく。そして、それによって江戸における鳥の消費が格段に高まることとなった。次に、江戸時代中期以降の鳥食文化の大衆化と、その繁栄の様相を解説しよう。

第三章

大衆化する江戸の鳥料理

富商、貧乏武士、町人の味覚

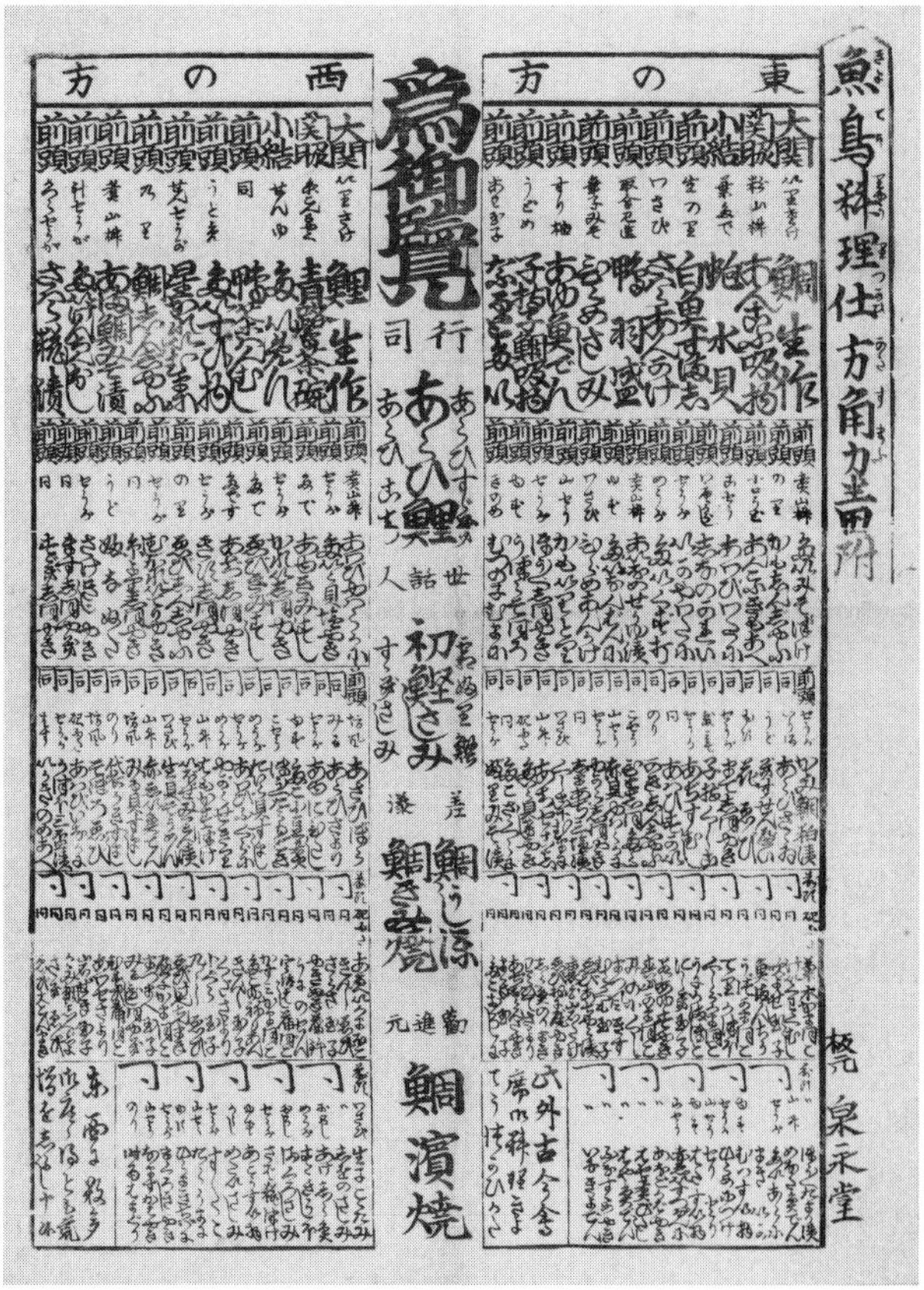

魚や鳥料理の番付『魚鳥料理仕方角力番附』
（東京都立中央図書館特別文庫室所蔵）

1　鶏鍋、雁鍋、鴨鍋――中級・下級武士の食卓

御三家筆頭尾張藩の中級武士が味わった鳥料理

江戸初期から中期にかけての料理書に記載された、多彩で手が込んだ鳥料理は、公家や武士が口にすることができた驕奢な高級料理だった。しかし、同じ武士といっても、将軍家や幕閣、大名やその家老、高家の旗本といった上級武士と、その家来や陪臣である中級・下級武士とでは、食していた鳥料理は異なっていたであろう。下級武士たちは、お下がりなどで頂戴するとき以外は、プロの料理人が作った美食を味わう機会は滅多になかったはずである。

しかし、鳥という美味な食材を、高貴な人だけが完全に独占することはできなかった。江戸時代には、お抱えシェフたちが作る手の込んだ高級料理と並行して、より簡便な鳥料理も存在し中級・下級武士たち、そして町民たちもまた、たまには鳥肉を味わうことができたのである。本章では、各階層の人びとがどんな鳥料理にありついていたかを見ていこう。

尾張藩士の朝日重章が、一七世紀末から一八世紀初頭にかけて書き残した日記『鸚鵡《おうむ》籠中記《ろうちゅうき》』を、まず見てみよう。朝日家は百石の知行を受ける御目見《おめみえ》以上（藩主と謁見できる資格）の家格であり、中士（中級武士）クラスの武家だと考えるのが妥当である（塚本　一九九五、三四九）。重章は、遊芸や酒食を愛し、日記のなかには彼が食した料理を記録した。そこに鳥料理が登場する。『鸚鵡籠中記』が書かれた時代は、徳川綱吉の生類を憐れむ諸政策（通称「生類憐れみの令」）が展開された時期であ

るが、尾張にいた重章はそれほど憚らず鳥を食っている。

たとえば、元禄五年（一六九二）一一月三日、重章の家でキジ一羽、カモ一羽を「煮て喰」った。鍋料理であろうか。その味に重章はご満悦だったようで、「美味充胃腸（美味胃腸に充つ）」とも記している。次に同一八日、大坂屋三郎左衛門（商人か）のところでご馳走を振る舞われたが、その料理のなかに「熬物《いりもの》・鴨菜」があった。これは、前述した煎鳥か煎り焼きであろう。また、同年一二月二二日には、「鶴の御料理被下」とあり、ツルの料理を下賜されたことがわかる。これは後に詳しく解説するが、主君から家臣へと分与される儀礼的なツル料理の賜与であった（『鸚鵡籠中記 一』）。

翌元禄六年には、諸大名の鷹狩も禁じられる程までに生類憐れみの風潮が極まったが、正月九日には、重章は両親を連れて知人宅を訪れ、年頭の料理を振る舞われ、そこでは「鳩の焼鳥」が出された。そして、二九日には知人宅で「鴨」を食べ、二月八日には「鴈肉煮《がん》」、同二四日には親類への饗応で「まかも《が》」の熬物、同二七日には「熬物鳥」、四月二四日には、嫁の実家の者を呼んでもてなし「塩鴨」の汁、同二八日には「塩鴈《がん》」の汁、五月三日に「塩雉子」の汁、七月一五日には「鴨」、一六日には「鴈塩（塩鴈）」、そして一二月二五日には「鴨湯漬け」を食している（『鸚鵡籠中記 一』）。元禄六年の一年間で少なくとも一一回（日記未記載もあるだろう）は、カモやガン、ハトなどの野鳥を食べたことになる。

鳥料理は正月の定番の料理で、宝永三年（一七〇六）の正月一二日、年始の宴でガンとヒシクイを買い求めて、知人と一緒に食べたとある。重章はよほど鳥料理が好みだったのだろう、この際も「美味充胸（美味胸に充つ）」と、その味を称賛している。このときはあまりにも量が多かったので、知人たちに持たせて帰した（『鸚鵡籠中記 三』）。その者たちの家では、ご馳走の鳥肉を土産として持って帰ったことに、さぞかし喜んだことであろう。そのほか、日記には「鴈なべやき」や「小鳥焼き」といった鳥料理も登場する。

朝日家で食べられていた鳥料理は、料理書に登場する鳥料理ほど多彩ではない。しかし、カモの煎り物のように、料理書に登場する鳥料理も一部見受けられる。さらに、料理書には見られない鍋料理が食されている点は、興味深い。鍋から直接皿に取り分ける鍋料理は、上流社会では表立ってみられない料理ではあるが、古来、一般庶民に伝わる基本的な食べ方である。とくにガン・カモ類に限っては、この鍋料理が庶民社会の基本的な調理法として定着していた。上流社会と一般庶民の社会とでは、味わっていた鳥や鳥料理の種類や味が異なっていたのである。

田舎住まいの下級武士が味わった鳥料理

下級武士は、どのような鳥料理を食べていたのだろうか。『料理物語』などが刊行された江戸時代初期から中期にかけて、下級武士がどのような鳥を食べていたのか、史料上、詳らかではない。江戸末期に至って、武士の食生活に関する史料がようやく残されるようになり、そのなかから下級武士が味わった鳥料理を知ることができる。時代が少々飛ぶが、幕末における下級武士の鳥食の記録を見てみたい。

『石城日記《せきじょうにっき》』は、忍藩《おしはん》（現・埼玉県行田市）の下級武士であった尾崎隼之助貞幹《じゅんのすけさだみき》（石城は号）が、文久元年（一八六一）六月から翌年四月までの間、つけていた日記である。石城は、無類の酒好きで、自ら料理もしていた。日記には日々の献立が記載されており、原田信男によってその食事内容の一覧がまとめられている（原田　二〇〇九、一二八―一三三）。それによると、石城の日々の食卓は至って質素であり、鳥料理はほとんど登場しない。ただ、文久元年一一月四日夜に、酢蛸や湯豆腐と一緒に「鶏ねぎ」、さらに翌日夕方にダイコンの煮付けやブリの刺身などとともに「鶏ねぎ鍋」を食している。両者は同じ鍋料理と推測される。細かいレシピは示されていないが、現在でも見受けられるシンプルなニワトリとネギの鍋料理であろう。

さらに翌年一月一三日。今度は「雉子鳩《きじばと》」「鶏牛房いりつけ」を食べている。キジバトは現在でも食べられる日本の狩猟鳥である。身体の大きさからいって鍋などには不向きであり、焼き鳥などにして食べていたのであろう。ニワトリとゴボウの煎りつけは、醬油などで味付けをして、汁がなくなるまで水気を飛ばし煎りつけた料理である。

鳥料理が登場するのは、約一〇ヵ月間でわずか三回しかない。さらに、その三回も他家でご馳走になったものである。つまり、下級武士であった石城は、自分の家で日常の食卓に鳥を上らせることができなかった、あるいはできなかったようだ。もちろん、石城の食べ物に対する好みもあるし、また財政逼迫していた地方小藩の藩士という条件を加味しなければならないが、やはり十人扶持の貧乏武士にとって鳥料理は高嶺の花だったことが推測される。

御鷹の餌を盗み食い

さて、次に江戸勤番の下級武士の日記を見てみよう。『石城日記』が書かれたのとほぼ同じ頃、万延元年（一八六〇）から翌年にかけて、紀州和歌山藩士酒井伴四郎《ばんしろう》は、江戸へ単身赴任し、叔父とともに勤番長屋で暮らしていた。禄高三〇石。やはり暮らし向きは裕福ではない。伴四郎は、この江戸詰の間、日々の暮らしや食生活を日記につけており、そのなかに鳥料理が登場する。

後述するように、この幕末期にはすでに外食できる料理屋も江戸で営まれており、伴四郎は外で鳥を食べていた。伴四郎はどじょう鍋が好物で、外食では年に九回もどじょう鍋を食べていたが、それに次いで「鶏鍋」も四回賞味しており、これもまた好物であったようだ（青木　二〇〇五、六三）。彼は関西人らしく、ニワトリを「かしわ」と表現し、その味には厳しかった。

九月一八日。伴四郎は、日本橋をうろついた後に京橋の手前の店に入って「かしわ鍋」を注文した。ところが、そのかしわがとても固く、その上、腐り気味で大いに臭く、脂っ気がなくてほんとうにつまらないものだったため、一口食って蛤《はまぐり》鍋に取り替えさせたという（青木　二〇〇五、八二）。

七月八日。伴四郎は、なんと「御鷹《おたか》の餌物鳩」を、仲間とこっそり盗み食いしている（青木　二〇〇五、六五―六七）。「御鷹」とは、殿様が鷹狩に使うタカで、その餌には小鳥や小動物が用いられていたが、その餌用に運ばれてきたハトの一部を、伴四郎はくすねていたのである。後述するように江戸時代には、この鷹狩という行為と制度が、江戸の鳥食文化に大きく影響を与え、その食利用を制限していたが、その制度のなかで流れてくる鳥も隠れて食べられていた。タカが食べる餌の鳥は、本来、人びとにとっては高級食材なのであるから、こういう盗み食いが出てきても仕方がない。露見すると叱責は免れなかったと思われるが、下級武士にとって鳥は、そのような危険を冒してまで味わいたいほどの禁断の美食だったのだろう。

上野山下の雁鍋

一一月八日。酒井伴四郎は「雁鍋《がん》」を食べた。浅草鷲《おおとり》神社の酉の市に叔父たちと三人で出かけ、その途中、有名な上野の雁鍋屋があった。そこに入ろうとしたところ、夥《おびただ》しい客の入りでようやく押し分けながら店に入って、酒五合と雁鍋を平らげた。参拝後の帰路、この雁鍋屋の前を通ると、早くも売り切れで、客お断りの札が出ているほどの盛況ぶりであった（青木　二〇〇五、一八七―一九〇）。

このような店は大衆的で、堅苦しくない。雁鍋は、ガン肉にネギを加えて、煮ながら食べる鳥鍋料理で、先に紹介した尾張藩の中級武士朝日重章が食べていた「鴈なべやき」も、同様の料理であろう。鶏鍋や鴨鍋が、一九世紀初頭の人情本や滑稽本に頻繁に登場することから、鳥の鍋料理が、江戸後期に江戸市民に定着していたことがわかる（写真9）。このような鍋料理は、式法にうるさいお高くとまった料理本には記載されない大衆料理であることは、すでに述べた。下級武士伴四郎と、江戸っ子たちは肩を並べて、雁鍋を突っつき、舌鼓を打っていたのである。

実は、伴四郎が訪れたこの雁鍋屋が、本書の序章で紹介した『吾輩は猫である』など、数々の明治文学に描かれた老舗「上野山下の雁鍋」である。山下の雁鍋は、元々は上野の山に沿った場所に葦簀囲いの質素な一膳飯屋を事の始めとし、文政の末年（一八二〇年代）には、山下に移って雁鍋屋となっている（吉原　一九九六、一九九）。その後、幕末から明治にかけて大繁盛し、明治三九年（一九〇六）に廃業するまで、江戸っ子、そして東京市民に親しまれ続けた。

絵草紙『琴声美人録』（一八五一）の挿絵（図7）には、雁鍋屋の店の様子、そして庶民が雁鍋を食べる様子が細かく描かれている。この絵が、山下の雁鍋を描いたものかどうかは定かではないが、その時代随一の雁鍋屋であった山下の雁鍋が描かれた蓋然性は高い。

そこは雁鍋屋の二階の座敷。階下から、店の者が料理を運ぶため、階段を上っている。座敷には二組の客。まず一組目は町人風の二人の男たち。身形のよい二人は鍋を囲んでいる。右の男は、手酌で酒を飲み、左の男は七輪に据えられた鍋を、いままさに突っつこうとしている。よく見ると、湯気の立つその鍋はかなり浅めで、少なめの汁に肉を浸して煮るか、あるいはすき焼きのように煎り焼きにしながら食べているようである。ガン肉は脂身が多いので、汁が少ないと、ときおり油が飛び散っていたに違いない。七輪脇の盆のなかには、肉に添えるネギなどの野菜類であろうか、ガン肉以外の具材も置かれている。さらに隣には、薬味入れがあることから、いまと同じく唐辛子や山椒などが、好みによってかけられていたのであろう。

左手のもう一組は子ども連れの夫婦。母親は、まだ前髪を残したあどけない男児に、一口食わせよ

写真9　鴨鍋の食材（石川県加賀市）

図7　雁鍋屋の様子（『琴声美人録』、早稲田大学所蔵）

うと箸で料理をつまんでいる。猪口で一杯やっている父親は、その光景を眺めている。雁鍋屋は、このように家族連れでも気兼ねのいらない、庶民的な食空間であった。ただし、庶民的だとはいえ、当時の江戸っ子たちの胃袋を満たしていたファストフードの屋台料理に比べると、そこはかなり値段が張る料理屋であった。

2　料亭・名店の味――富裕層、文人墨客の贅沢

鳥料理の大衆化

江戸時代も半ばをすぎると、上流階級の高級な鳥料理は、町人の富裕層に浸透していく。いや、裕福な町人層はへたな武士などよりも、よほど豪勢な鳥料理を味わうようになっていた。その頃、武士や公家以外の町人も鳥料理を食べていた痕跡が、料理書のなかで、少しずつはっきりしてくる。たとえば、『料理網目調味抄』（一七三〇）は、江戸中期、享保年間を代表する料理書で、それは京都の茶人嘯夕軒宗堅《しょうせきけんそうけん》が、「只庶人遊民（一般の民衆や世俗を離れて人生の楽しみを追う人）どもの諺《ことわざ》（営み）」について書いた料理書である。ここに「庶人遊民」とある通り、そこに描かれた食のありようは、従来の料理書とは趣を異にする。それは、従来の料理書が対象としてきた高貴な武士や公家だけではなく、民衆の食の営みをも反映しているものと考えることができる。とはいえ、著者は京の茶人。庶人といっても、茶人の周りにいる庶人は、かなり経済的に余裕のある階層だったことだろう。

この料理書には、ツルやガン、ハクチョウ、カモ、アオサギ、キジなど二三種類の鳥が料理に

用いる鳥として記載されている。料理法の内容も、汁ものから鱠、焼き鳥（串焼き）、煮物、鍋での煎鳥、和え物、吸い物、船場煮、醤煎り、鳥味噌、味噌漬、塩鳥等々、『料理物語』や『古今料理集』などの、早い時期の料理書に記載された料理群が記載されており、そのような料理が少しずつ大衆化した様相が理解される。さらに鹿煮《ししに》、定家烹《ていかに》、蒸鳥、阿蘭多煮《おらんだ》、貝焼（茶碗焼・てんほ焼）などといった未記載の料理も散見され、鳥料理のバリエーションがどんどん拡大している。

「貝焼」は魚や鳥、ギンナン、ネギなど種々の具材を煮汁でよく煮て貝殻に入れ、そこに卵をといた汁を加えて、焼いたり、蒸したりする料理である。日本海側では、大きなホタテ貝の貝殻を鍋代わりにして具材を煮込む、「かやき」と呼ばれる郷土料理がいまでも伝承されているが、この「かやき」は「貝焼」が転じたものである。とくに島根県の「かやき」は、アワビの貝殻をコンロに載せて出汁を煮て、そこに短冊に切ったダイコンやささがきゴボウ、ゆり根などとともにカモ肉を加えた貝殻鍋で、『料理網目調味抄』の貝焼を彷彿とさせる。

貝焼は、焼かずに茶碗で蒸せば、いまでいう茶碗蒸しに相当する。茶碗蒸しには、いまでは具材として鶏肉が用いられるが、江戸時代にはニワトリ以外の鳥肉も用いられていた。鳥は、メインの食材としてだけではなく、江戸料理のなかにほかの食材とともに取り込まれていったのである。

この『料理網目調味抄』に見られる鳥料理の大衆化は、さらに少し時代が下った宝暦～天明期（一七五一～八九）にかけて、より進行する。

鳥料理の秘密

宝暦～天明期、すなわち一八世紀後半は、料理文化の世界が「遊び」の要素を取り入れた画期的な時代であった（原田　一九八九、一一三―一一四）。それまでの料理書が、主として社会の上層向けの料理を作る庖丁人などの式正料理人をターゲットとしたものであったのに対し、この時代から出版という文化形態を借りて、料理書が社会の中・下層へと浸透し、料理に親しむ層を拡大していった。

『万宝料理秘密箱《まんぼうりょうりひみつばこ》』（一七八五）、通称『玉子百珍』という名で有名な同書は、料理に遊びの要素をふんだんに盛り込んだ料理書のひとつである。著者の器士堂《きとどう》は、京都の専門的な料理人と推定され、その著者の珍奇な記述を門人が集めて「秘密箱」としている。その箱を開けて料理の分量や味やその好悪などの秘密を解き明かすという趣向が、序で述べられている。器士堂は、百種類以上もの卵料理を記して、読者を驚かし、その好奇心をくすぐった。

この『秘密箱』は、これまでその卵料理のバリエーションの多さから『玉子百珍』と通称され、卵料理ばかりが注目されてきたが、実は、この本には多彩な鳥料理が描かれている。卵が鳥の産物であることを考えると、本書はむしろ『鳥百珍』と通称するのがふさわしい。それは鳥料理の作り方を解説した、江戸時代随一の料理書である。

同書は、卵の部に先立って鳥の部から書き始められている。最初は、「鳥いろいろ仕方」。「鴫《しぎ》」「けんじ鳩（源氏鳩、詳細不明）」「大鶉《うずら》」「鴨」などを使った「長崎大呂煎《たいりょに》」という料理を解説している。この料理は、至極複雑で手が込んでおり、その作り方が微に入り細に入り解説してあるため、それを逐一書き記すことは紙幅の都合上、控えよう。簡単にいうなら、鳥肉でタイなどの身を巻き締めて糸で括り、醤油や酒で煮て、小口切りにしたもので熱いうちに山葵《わさび》味噌をつけて食べる料理である。

さて、この料理を皮切りに准麸鳥《じゅんふとり》、熬鳥《いりとり》、ひしほ熬（醤煎）、鹿《しし》煎、定家烹、鷹野鳥、鳥の御山陰料理、時鳥土器《ほととぎすかわらけ》に盛、鳥饅頭、鳥団子、長崎鳥田かく（田楽）、長崎鳥のとろろ汁、鳥はんぺい（はんぺん)、煎鳥《にとり》、鳩のはぶし煎、鳥のこくせう(濃漿)、鳥鱠、鷹野の寸々切鳥《たたきりとり》、鳥醤《とりひしお》、鳥の法論味噌《ほろみそ》、雉の山かげ汁、塩鳥煎鳥、鳥飯南蛮料理、鳥味噌漬、塩鳥、鶴、雁の料理、椋(ムクドリ)の塩辛といった、全二九品目もの鳥料理が並んでいる。煮もの、煎りもの、焼きもの、汁、なます、飯もの……堂々の鳥料理のラインナップ。それぞれの解説が詳細すぎるため、それを紹介することは、これまた控えておく。ただ、同書の解説を読めば、その作り方や味はおおかた理解できる。それを読みながら、食べたことのない鳥料理を想像したばかりでなく、実際にその鳥料理の調理に挑戦した一般読者もいたものと思われる。

この『秘密箱』のなかには、長崎という地名が付された鳥料理が三品目収められ、また南蛮料理と称するものも混在している。長崎という表現は、本当に長崎で作られていた地方料理を意味するというよりも、舶来ものの斬新なイメージ、洒落たイメージを醸し出す形容詞だと考えた方がよい。その時代のニューモードの鳥料理を、長崎という地名が想起させてくれる。実際、海外に門戸が開かれていた長崎では、中国料理や西洋料理が日本料理と織り混ざり無国籍化した、一種のクレオール料理(複数の食文化が混合して形成された料理)である卓袱《しっぽく》料理が生み出された。そして、それもまた江戸時代の料理のなかに取り込まれ、多くの料理書のなかに記載されている。肉食が普通であった中国や西洋の料理では、鳥料理も普通のものであり、江戸時代の卓袱料理のなかにも、たくさんの鳥料理が含まれている。当時、閉ざされていたはずの日本における鳥料理は、江戸の中期をすぎると、そのような未だ見ぬ異国の料理の影響をも受けるようになったのである。

また『秘密箱』のなかには「鷹野」、つまり鷹場での料理の秘密も書かれている。武家たちが独占していた鷹狩の鳥料理の味、秘密にしていた鳥の味も、書物を通して民衆の間に広まっていったのであろう。日本における鳥食文化の大衆化が、ここからも読み取ることができる。

料亭のフルコース

さて、これら料理書に書かれた風雅な鳥料理は、いったいどこで食べることができたのだろうか。町人相手の屋台や一膳飯屋で出されていたとは到底思えない。また裏町の長屋で、威勢のよいお内儀《かみ》さんがこれらの料理に挑戦していたとも思えない。

江戸時代の前期には、江戸の外食文化は生まれていなかったため、家外で対価を払って鳥料理を食べる場所や機会は、ほとんどなかった。文化先進地の京都、大坂ですら、料理茶屋が出現したのは、ようやく寛文・延宝（一六六一〜八一）から元禄期（一六八八〜一七〇四）にかけての江戸中期になってのことである（原田　一九八九、五四）。同じ時期に江戸では、煎茶で炊いた塩味の飯を茶漬けにした奈良茶飯など、簡素な料理を出す茶屋が存在する程度であった。

随筆『嬉遊笑覧《きゆうしょうらん》』には、寛文の頃までは江戸に料理茶屋は少なく、享保（一七一六〜三六）の半ばまでは、金を出して食事をするということが思いもよらないことであり、宝暦の初めから明和（一七五一〜七二）、つまり江戸後期にかけて、ようやく手の込んだ料理を出す茶屋が辻々に軒を並べたとある。この宝暦・明和、そして天明期、すなわち一八世紀後半が、江戸の食文化の大きな転換点であり、鳥料理の大衆への普及という面でも一大画期であった。さらに、文化・文政期（一八〇四〜三〇）に、その大衆化は完成した。

この江戸後期になって、手の込んだ鳥料理を外食する場所が、江戸で広まったと考えた方がよい。結果、江戸時代の鳥食文化は、徐々に、そして着実に江戸庶民へと浸透し、武家、公家が独占した手の込んだ鳥料理は大衆化し、市井の人びとの口にも入るようになっていったのである。その鳥料理の大衆化に大きな役割を果たしたのが、料理茶屋である。

山東京山の随筆によれば、明和の頃、深川洲崎に升屋《ますや》祝阿弥《しゅくあみ》という料理屋ができたという。その店の亭主夫婦は機才に富み、繁盛したようである（『蜘蛛の糸巻』）。なかなか風流な佇まいで通人が通っていた。この升屋の天明二年（一七八二）一月の献立は、御吸物から始まり御硯蓋《おすずりぶた》、御小皿、また御吸物となり、御膳の部に移ると、小猪口《ちょこ》、御煮物、御焼物……と料理が、途方もなく続く豪勢なフルコース料理であった。この御煮物のなかに、「いりとり鴨（煎鳥鴨）」が入っている（大久保　二〇一二、一六七—一六八）。

天明以後、多くの料理茶屋が隅田川沿いに次々と立ち並ぶ。その代表格が、次に紹介する八百善《やおぜん》である。この店の名は、先に紹介した料理番付『即席会席御料理』（図1、序章参照）にも登場する。そこでこの八百善、番付の一番下中央に、行司である山下の雁鍋よりも大きな文字で記され、勧進元としてさらに別格扱いされている。八百善は、江戸の料理番付の主役であった。当然、この江戸随一の料理屋でも、鳥料理が供されていた。

江戸随一の名亭八百善

鳥料理の大衆化が完成した一九世紀初頭の文化・文政期は、生活水準が徐々に向上し、江戸に飲食店が急増し、庶民も含めた外食文化が発達した（原田　一九八九、一四四—一四六）。その頃、江戸随一の名亭として名を馳せていた料亭八百善に関する料理書『料理通（江戸流行料理通）』が刊行されている。同書の見返しに酒井抱一《ほういつ》がハマグリを描き、また蜀山人《しょくさんじん》（大田《おおた》南畝《なんぽ》）が序文を寄せるなど、八百善主人と当時の文人墨客との関わり合いは深く、舌の肥えた文人たちも、この店で美食を堪能していた。『料理通』は江戸の書肆で刊行され、また著者も八百善主人栗山善四郎であり、自身が営む江戸の浅草山谷の八百善で出す料理献立に関して著したものである。そこに登場する鳥料理は、江戸で実際に食べられていた料理である。

同書は、四季の料理名と食材を列挙するのみで、具体的な調理法までは記載しておらず、本膳料理の品目を記しただけである。たとえば「本膳汁之部」の秋の項では、ガンを摘み入れささがきゴボウとつぶ松露と温めた汁が紹介されている。ほかにも「本膳平之部（煮物のこと）」の冬の項では、コガモと子《ご》こもり（子籠もり、塩漬けのサケの卵を塩漬けのサケの腹に戻したもの）、ひもかわえび（不詳）、エノキダケ、ダイコン、生海苔の煮物が書かれている。それ以外にも『料理通』の初編、二編の数十ヵ所に、ガンやカモ（塩ガモも含む）、ヒシクイ、コガモ、ウズラ、バン、シギ、ツルなど多種類の鳥を用いた料理が登場する。

調理法がわかりにくい同書ではあるが、一部「極秘伝之部」だけは、料理の調理法まで細かに記載しており、そこで一品、カモ料理を紹介している。「しんぢよの伝」としてカモを使った真薯《しんじょ》の料理、いわゆるカモしんじょである。まず、カモ肉を板でよくたたき、摺鉢でよく摺り、薯蕷《やまのいも》、鶏卵の白身を入れる。さらに水に鰹節を削り入れよく浸し置いて、この水出汁でカモの身をのばし、甘みとしてみりんを煮返し冷ましたものを加え、塩で味を調整して、茶碗の蓋で形を整えて、大鍋に煮立てたお湯のなかに入れて仕上げる。現在作られるしんじょの製法と、それはほとんど変わらない。

善四郎はその後、わざわざ長崎にまで出向いて卓袱料理、普茶料理を学んで帰り、その料理に関して『料理通』の続編を刊行するが、そのなかにも異国情緒に富んだ新しい鳥料理が記載されている。

たとえば「ろんぱい」という料理。いかにもエキゾチックな名前であるが、カモの肉を薄く切って、車エビや松茸、ギンナン、ミツバの軸、卵などとかき混ぜ焙烙《ほうろく》焼きにした料理である。八百善を介してニューモードの鳥料理もまた、江戸で食することができた。

鷺料理の名店、駐春亭田川屋

鳥料理を食べさせた江戸の料亭といえば、田川屋を忘れてはならない。そこの名物はサギ料理だった。江戸の名物を描いた川柳を収載した『川柳江戸名物』には、「田川屋の鷺料理」として、それにちなむ川柳が収められている（西原　一九二六、九〇―九一）。

○青鷺の首をくゝるは意気な茶屋

田川屋では、食材であるアオサギをたくさん飼っていた。積み上げた鳥籠などからアオサギが首を伸ばしていて、それをくぐるようにして店に入ったのだろう。

○花落の柚青鷺の口へ入れ

「花落」とは、花が落ちたばかりの熟さない実。花落の柚子を、アオサギの口に入れてみた。餌を求めて大きく開けたサギの口に、戯れで入れてみたのだろうか。

○泥水のかへり田川の鷺で飲み

「泥水」とは花柳界のたとえであり、ここでは近くの新吉原を指す。したがって、新吉原で遊んだ帰りに、田川屋のサギで一杯やるの意。サギは泥水のある田や川に棲むから、登場する物や店名にはつながりがある。

田川屋は、駐春亭《ちゅうしゅんてい》の亭号でその名が通っていた。深川新地で茶屋を営んでいた駐春亭宇左衛門《ちゅうしゅんていうざえもん》が、吉原近くの金杉の大恩寺（大音寺）前（現・台東区竜泉一丁目）に料理屋を開いた。それは趣向を凝らしたもので、『江戸名物詩 初編（江戸名物狂詩選）』には、「田川屋料理　金杉大恩寺前」として、洒落た風呂が庭にあって、酔った後に入浴すれば、酒がたちまち醒めると紹介されている。『武江年表』の「享和年間記事」に「山谷町八百屋善四郎が料理行る、深川土橋平清、下谷龍泉寺町の駐春亭、文化年中より盛なり」（斎藤編　一九一二、一八二）とあるから、先に紹介した八百善と同時代に有名になったことがわかる。すでに紹介した、山下の雁鍋が行司を務め、八百善が勧進元となった料理番付『即席会席御料理』（図1、序章参照）では、八百善には及ばないものの、その次に大きな字で勧進元の仲間内に書き加えられている。別の料理番付『御料理献立競《くらべ》』（当世堂）や『献立競』（版元不明）や『流行料理包丁　献立競』（版元不明）などの料理番付でも、田川屋は堂々、東の正大関である。『八百善御料理献立』（泉永堂）では東方の関脇にちょっと格下げになっているが、八百善と並ぶ代表的な江戸料亭であったことは間違いない。その店はまた、歌川広重作『江戸高名会亭尽《えどこうめいかいていづくし》』の「大をんし《大音寺》前」や、歌川国貞、広重作『東都高名会席尽《とうとこうめいかいせきづくし》』の「駐春亭田川屋」、歌川国芳作『東都流行三十六会席』の「大音寺前　白井権八」などの錦絵の画題となるほどの名店であった。

文人墨客が愛した鷺料理屋

この店にも八百善と同じく、酒井抱一などの著名な文人墨客たちが出入りしていたようである。俳優であり美術評論も手がけた渥美国泰は、文人サロンとしての駐春亭の様子を次のように描写する。

鶯邨《おうそん》君＝抱一上人（酒井抱一――引用者注）御贔屓の、毎日夕景になると散歩に出掛ける廓の道筋、下谷龍泉寺町の料亭、駐春亭の主人田川屋のことである。糸屋源七の次男として芝で生れ、本名源七郎。伯母の家を継いで深川新地に茶屋を営む。俳名は煎羅、剃髪して願乗という。龍泉寺に地所を求めて別荘にしようとしたところ、井戸に近辺にないような清水が湧き出して、名主や抱一上人にも相談して料亭を開業した。

座敷は一間一間に釜をかけ、茶の出来るようにしてはじめは三間。風呂場は方丈、四角にして、丸竹の四方天井。湯の滝、水の滝を落として奇をてらう。組燭台に丁子風呂（丁子の香をつけた湯、あるいは丁子を焚く香炉。ここでは後者か――引用者注）を置き、工夫の浴衣掛けや姿鏡、櫛の台。屋根の真中に鵜の焼物を置く。濡れてまた乾くの心である。すべては抱一上人に下絵を描いてもらい、外額「滄浪」は鵬斎先生（亀田《かめだ》鵬斎《ぼうさい》――引用者注）から貰い、内額「混堂」は天民（大窪詩仏《おおくぼしぶつ》――引用者注）筆、額「紫香楽」は蜀山人（大田南畝――引用者注）酔筆、二階額「鵲雀楼」は抱一上人、入り口額「駐春亭」関中和尚筆、その他あれど略す。（渥美　一九九五、二三四―二三五）

そこには酒井抱一のみならず、江戸時代の化政文化期随一の書家亀田鵬斎や漢詩人大窪詩仏、狂歌師大田南畝ら錚々たる面々の名前が登場する。ちなみに広重作『江戸高名会亭尽』「大をんし前」に描かれた外額の一部に、「滄」の一文字が見えることから、それは鵬斎が書したという外額を描いたものと考えられる（図8）。

滝が流れ落ちる風呂を配し、名家の手になる額や調度が置かれていた。風雅な趣に満ちたその店には、風雅の道に長けた多くの人びとが集まっていた。そこでは画家や書家、詩人、戯作者などが家蔵の書画を持ち寄って見せ合ったり、さらに有名書家が即席の揮毫を行って潤筆料を得たり、作品を希望者に譲ったりする「書画《しょが》会《かい》」なども催されていた（キャンベル　一九八七、六一―六六）。さながら書や絵画の展覧会、展示会であるが、サギという変わりものの鳥料理は、会の酒宴でそういう粋人を唸らすための一種の趣向であったのかもしれない。

駐春亭の名物サギ料理の具体的な内容は不詳である。『魚鳥《ぎょちょう》　料理仕《りょうりつかい》　方角力番附《かたすもうばんづけ》』（泉永堂、本章扉参照）は、料理屋ではなく料理そのものの番付であるが、それには西の方に「関脇　糸こんにゃく青鷺茶碗」という料理が登場する。「鯛生作」「鯉生作」「あんこふ《あんこう》吸物」に次いで第四位に位置する。

図8　『江戸高名会亭尽』に描かれた駐春亭田川屋。酔客が吉原の遊女を引き連れて来店したところか（『広重画帖』、国立国会図書館所蔵）

この記載からは、添え物に糸こんにゃくを使っていたことはわかるが、それ以上は判然としない。また、それが駐春亭の名物のサギ料理と同じであったかどうかもわからない。ちなみに『魚鳥料理仕方角力番附』には、番付一段目の前頭に「鴨茶ハんむし（カモ茶碗蒸し）」「鴨羽盛」、二段目前頭に「かも志んぢゆふ（カモしんじょう）」「かもい里と里（カモ煎鳥）」などの鳥の料理名が見える。

以上、紹介した八百善や駐春亭田川屋のような料亭で、文化・文政期以降の江戸のグルマンたちは、鳥の高級料理を満喫していたのであり、外食産業の発達と外食文化の一般化が、鳥食文化の大衆化に寄与したのである。一部の職業的料理人たちしか作り得ない、あるいは知り得ない料理書のなかのご馳走が、このような場を通じて広められていった。そして限られた階層しか食べることができなかった上等の鳥料理が、町民たちの世界に下降して、身分を超えて口に入るようになった。

ただし、そうはいうもののやはり八百善や駐春亭田川屋は、長屋に住む八つぁん熊さんのような江戸っ子たちにとっては、気軽には入れない高級料亭であった。その料亭の献立が、江戸庶民の一般的食生活を反映しているとは到底思われない。八百善や駐春亭の鳥料理は、やはり特別な贅沢料理であったといえよう。

3　鴨南蛮と雀焼——庶民の素朴なファストフード

庶民の強い味方——鴨南蛮

江戸時代後期にもなると、江戸の一般庶民は、市中で野菜や魚、調味料などの食材などを売り歩く振売《ふりうり》や、天ぷらや鮨、蕎麦《そば》を売る屋台や粗末な小屋掛けの店（見世）など、簡易で安価な外食産業を利用するようになった。しかし、そのような町民向けの商売では、それほど多くの鳥類は取り扱われなかったようである。たとえば、一九世紀中葉、天保年間に起稿された風俗随筆『守貞謾稿《もりさだまんこう》』には、食べ物関係の振売や店が数多く記載されているが、そこでは鳥、あるいは鳥料理に関する記載は、必ずしも多くない。鳥専業の店といえば、軍鶏《しゃも》をネギと煮た鍋を出す鶏屋程度で、文化年間以来、上方ではかしわというニワトリを葱鍋で食べ、江戸では軍鶏の鍋を売っていたという。

しかし、同書では、「鴨以下鳥を食すは常のことなり」とも述べている。すなわちカモなど鳥を食べるのは日常的であるということであり、当時、鳥食文化が江戸の庶民の間にすでに広まっていたことがわかる。懐が寒い江戸っ子たちも、少々実入りがよいときなどに安い鳥を買ってきて、自分の家で鍋にすることもあれば、また外の店で鳥を賞味することもあった。もちろん山下の雁鍋や、ましてや八百善などには行けないけれども、ときにはちょっと奮発して、外の店で庶民的な鳥料理を食べることもあった。その代表的な庶民の鳥料理が、「鴨南蛮」である。

鴨南蛮は、現在の蕎麦屋のメニューにも載っているから、ここで詳しく説明する必要もないだろう。カモ肉（現在は、アヒルやアイガモの肉）や鶏肉を、ネギと煮て載せた蕎麦やうどんである。一九世紀初頭の文政年間に、『守貞謾稿』より若干早く上梓された『嬉遊笑覧』では、「葱を入るゝを南蛮と云ひ鴨を加へてかもなんばんと呼ぶ　昔より異風なるものを南蛮と云によれり　これ又しつぽくの変じたるなり　鴨なんばんは馬喰町橋づめの笹屋など始めなり」とあり、南蛮の由来を異風というところに求めている。また長崎由来の卓袱料理から転じて、蕎麦切を大平に盛ったものも「しっぽく」と呼んだが、鴨南蛮はそれがさらに転じたものとされる。

しかし、鴨南蛮の考案者は江戸馬喰町（現・東京都中央区日本橋馬喰町）の蕎麦屋の笹屋とされ、それは江戸起源であるという（上方起源とする説もある）。すでに何回も紹介した料理番付『即席会席御料理』（図1、序章参照）には、西の番外に「馬喰一鴨なんばん」という文字が見える。番外とはいえ、江戸の料理番付に名を連ねるほどの有名店であった。ちなみに、『南総里見八犬伝』の作者曲亭馬琴も、文政一〇年（一八二七）一月二九日、火事跡見物の帰りに馬喰町の橋の際で「鴨そば」を食べたというから（『曲亭馬琴日記』）、きっとこの笹屋に立ち寄ったに違いない。

鴨南蛮の値段

『守貞謾稿』に、「鴨南蛮と云ふあり。鴨肉と葱《ねぎ》を加ふ。冬を専《もっぱ》らとす」とあるように、それは本来、寒い冬場の季節限定の食べ物である。当然、それはカモが飛来する冬場の食べ物なのだが、実際は、アイガモやニワトリを用いることによって、年中食べることはできた。同書にはまた、「親子南蛮」という鴨南蛮を少々格上げした蕎麦も書かれている。卵とじにカモ肉を加えたもので、親子丼の蕎麦版といってよい。カモ肉といっても、実際はガンの肉を使う場合が多いという。

『守貞謾稿』には、当時の蕎麦の値段が記されているが、残念なことにこの鴨南蛮と親子南蛮の値段は記載されていない。ただ、幸運なことに同書とほぼ同時代に記された江戸の見聞記にはその値段が記されている。尾張の随筆家小寺玉晁《こでらぎょくちょう》が天保一二年（一八四一）に書き残した江戸の見聞記『江戸見草』には、「玉子とじそば四拾八《しじゅうはち》文　あられそば（貝柱と細かく刻んだ海苔を載せたかけ蕎麦）廿　四《にじゅうよん》文　花まき（焼いた海苔を細かく揉んで振りかけたかけそば）廿四文　しっぽく廿四文　天ぷらそば三拾弐《さんじゅうに》文　ひも川うどん十六文　さらしうどん十六文　翁にうめん十六文　ひやむぎ四拾八文　かもなんばん四拾八文　かしわなんばん四拾八文　おやこそば四拾八文　あんかけうどん参拾弐文」とある。

安いうどんやにゅうめんの三倍、天ぷら蕎麦やあんかけうどんの一・五倍、そして卵とじ蕎麦と同じ価格。鶏肉を使ったかしわ南蛮とともに、最も値が張るがけっして手が出せない値段ではない。鴨南蛮は手のかかったカモ料理というよりも、カモを具材に使ったファストフードであるが、脂ののったカモ肉が、蕎麦の上に並べてあって、ちょっとした贅沢感を味わえたことだろう。

カモ肉は鶏肉と同じく、汎用性に優れた食材として多様な料理の具材であった。たとえば、幕末の奈良奉行だった川路聖謨《かわじとしあきら》が残した日記『寧府紀事《ねいふきじ》』には、弘化三年一二月九日（一八四七年一月二五日）の記事に「与力共江鴨のにうめんを振舞《ふるまう》」とあり、カモのにゅうめんが登場する。カモ肉は、麺類やご飯ものといった庶民的な食べ物のトッピングとして重宝がられていた。

雀焼

さらに江戸では、小鳥の焼き鳥などのファストフードも販売されていた。雑司ヶ谷の鬼子母神の「雀焼」は、とくに有名であった。江戸時代から明治にかけての江戸・東京の年中行事を記した『東京年中行事』では、一〇月に行われる「雑司ヶ谷鬼子母神会式」に関し「此《この》お祭の名物と云ふのは、平生からも名物で有る小鳥の雀焼……何れも境内に至るまでの長い路の両側で盛んに客を呼んで居る」（若月　一九一一、二六五）とあり、鬼子母神の参道に常設の小鳥の焼き鳥店があり、それが名物となっていたことがわかる。また、江戸から明治にかけての風俗を描いたグラフィック雑誌『風俗画報』の増刊には、「茶屋兼料理店は門前並に境内に在り。蝶屋、あやめ屋、むさしや、常陸屋等凡《おおよ》そ八九軒。名物は焼鳥、芋田楽、焼団子」（山下編　一九一一、一九）とある。鬼子母神の「小鳥の雀焼」とは、スズメの内臓を取り除いて、丸のままたれに漬け照り焼きにしたものであり、焼き鳥といってもニワトリのような切り身ではなく、丸のままの姿焼きである。

写真10　石川県加賀市の雀焼き。河本一男氏提供

江戸ではないが、京都の伏見稲荷大社の門前には、いまでも

稲福や日野家といったスズメやウズラを串に刺した丸焼きを食べさせる店がある。家禽のウズラは一年中食べることができるが、野鳥のスズメは、一一月から二月の猟期にしか味わえない貴重な味覚である。稲荷大社への初詣の風物詩となっており、正月にもなると参道には寒スズメを焼く香ばしい香りが漂う。山椒をかけると、またその味がとても引き立つ。しかし、その伝統料理もスズメの資源の枯渇が懸念されるなか、今後の継承が危ぶまれている。

地方の庶民の鳥料理——鉄火飯

以上のように、江戸では武士、町人を問わず鳥料理を堪能していた。江戸の都市文化が興隆した文化・文政期にそれは頂点を迎え、江戸において鳥食文化の大衆化が完成したのである。それは京都、大坂も含め、町場で発展した一種の都市食文化だといえる。それでは、同時代の地方農村部の人びとの鳥食文化は、どのような様相にあったのだろうか。ここでは鳥が多く生息する自然豊かな農村部で、どのような鳥料理が食べられていたかを考えてみたい。

ただし、江戸時代の地方農民が食べていた鳥料理に関しては、史料的な制約があるため、いまから三〇年ほど前まで聞き書きで確認できた鳥料理を参考に考察してみたい。もちろん、その料理のすべてが江戸時代に食されていたわけではなかろうが、過去の状況を推測することは可能である。

たとえば江戸時代、江戸へのガン・カモ類の一大供給地であった千葉県手賀沼周辺で筆者が行った聞き取り調査によれば、水鳥猟をやっていた一九四〇年代、捕獲したカモのほとんどは東京へ販売されていたが、たまに自分たちで食べることもあった。その料理法は、それほど凝ったものではなく、普通は「鉄火《てっか》飯《めし》」という炊き込みご飯にしていた。まずカモ肉を細かく切って、ニンジンや油揚げと一緒に、醤油、砂糖で濃いめの味付けで煮る。これを米と一緒に炊き込む。

鉄火飯には、肉以外にも心臓、肝臓も細かく切って入れる。それは、赤いニンジンが入っていることからアカメシとも呼ばれるが、これを水鳥猟に出る前にエビス様に供えるとアカアシ（マガモのこと、脚が赤いためそう呼ばれる）がよく捕れるといわれている。鉄火飯に使って残った骨は、細かくたき潰して団子にし、汁に入れて食べていた。これらの郷土料理は、素朴であるが間違いなく田舎のご馳走である。滅多に食べることができなかったので、大人も子どもも涎《よだれ》を垂らしながら、でき上がるのを待っていたという。江戸の鳥料理などと比べてかなり簡略質素で、洗練されてはいないが、むしろそのような料理が、庶民の鳥料理だったのだろう。

全国に広がる鳥料理

一九八〇年代から九〇年代にかけて、日本の伝統食を全国的に聞き書きした『日本の食生活全集』には、日本全県の特徴的な伝統的郷土料理が収められていて、そのなかには、多くの鳥料理が確認できる。表3は、同全五〇巻に収載された鳥料理を県別にまとめたものである。たとえば、上記の鉄火飯を作っていた千葉県の南総丘陵地帯では、野鳥を捕って「鳥飯」にしていた。

冬になると子どもたちが、庭や鳥の来そうな場所へ「おっかぶせ」または「ぶっかぶせ」と呼ばれるわなをしかけ、野鳥をとる。ひよどりやあかっぱら（あかはら）などがとれると、鳥飯をつくる。野鳥の羽をむしってさばき、肉をごぼう、にんじんと一緒に醤油味で煮て、炊いたご飯と混ぜる。

家族みんなが喜んで食べるごはんで、おかずがなくても、これだけで食べられる。（「日本の食生活全集 千葉」編集委員会編 一九八九、一九七）

ヒヨドリは現在でも狩猟鳥であり、食べることができるが、一方、アカハラは狩猟鳥ではなく現在では捕ること、食べることができない。いまから数十年前まで、子どもたちが捕った野鳥が食卓を賑わし、家族みんなを喜ばせていた。鳥飯は、鉄火飯と材料も調理方法もほとんど変わらない。ただ、鳥の種類が異なるだけであり、鳥はあくまで混ぜご飯の具材である。

また、栃木県渡良瀬川流域の低湿地には、毎年秋になるとカモの大群がやってくる。カモはなかなか手に入るものではない貴重品だったという。

道府県名	記載された鳥名	料理名
北海道（アイヌ）	カケス	肉のつみれ汁
	ヤマドリ	肉のつみれ汁
	鳥名不明（鳥肉）	お汁
	鳥名不明（鳥肉）	鳥肉
青森	キジ	そば切り
	キジ	だしじる
岩手	キジ	鶏肉入りの雑煮
	キジ	ひっつみ
	ヤマドリ	そば切り
	ヤマドリ	そばはっとう
	ヤマドリ	手打ちそば
	ヤマドリ	鶏肉入りの雑煮
	ヤマドリ	行けばっとう
宮城	キジ	きじ骨のだんご汁
	キジ	凍み豆腐の煮つけ
	キジ	ずわ
	キジ	つくだ煮
	キジ	とり飯
	キジ	まんがはっと
	ヤマドリ	ずわ
	ヤマドリ	雑煮もち
秋田	カモ	鴨貝焼き
	カモ	つけご
	キジ	そば切り
	ヤマドリ	凍み大根の煮つけ
	ヤマドリ	肉なべ
山形	ヤマドリ	味噌汁
福島	ウミドリ	海鳥汁
	ヤマドリ	やまどりのしたじ
	ヤマドリ	やまどりの吸いもの
栃木	カモ	鴨汁
	カモ	鴨肉の五目飯
	カモ	鴨の丸焼き
	ツグミ	つぐ酒
	ツグミ	つぐみの焼き鳥
	ヤマドリ	しっぽくそば
	ヤマドリ	やまどりの醤油漬
	ヤマドリ	やまどりの肉
	ヤマドリ	やまどりの骨
	ヤマドリ	やまどりもち
群馬	キジ	きじ肉の吸いもの
	ヤマドリ	五目飯
	ヤマドリ	しっぽこそば

島根	ヤマドリ	とり飯
	ヤマドリ	肉じゃぶ
岡山	キジ	かけ飯
	コトリ	かけ飯
	スズメ	かけ飯
	スズメ	焼き鳥
	ツグミ	かけ飯
	ハト	かけ飯
	ヒヨドリ	かけ飯
広島	ヤマドリ	粕汁
	ヤマドリ	けんちん汁
	ヤマドリ	だんご汁
	ヤマドリ	つもごりそば
	ヤマドリ	やまどりの肉
山口	ハト	そば切り
徳島	ヤマドリ	そば切り
	ヤマドリ	そば米汁
香川	スズメ	焼き鳥
	ハト	はと飯
愛媛	キジ	小鳥の料理
	キジ	ぼっかけ
	キジ	ぼっかけ汁
	スズメ	小鳥の料理
	ハト	小鳥の料理
	ホオジロ	小鳥の料理
高知	キジ	肉汁
佐賀	ハト	鳩そば
大分	キジ	きじとり汁
	キジ	炊きこみ飯
	ハト	はとのたたきだんご
宮崎	ハト	ずし
	ハト	そば切り
	ハト	やまばと入りのずし
	ハト	山ばとの骨
	ヤマドリ	ずし
	ヤマドリ	そば切り
鹿児島	コトリ	そばきいずし
	ツグミ	そばきいずし
	ハト	七とこいのずし
	ヒヨドリ	そばきいずし
	ヒヨドリ	ひよどり
沖縄	サシバ	さしばのじゅし

群馬	ヤマドリ	すっぽこそば
	ヤマドリ	やまどりの肉
	ヤマドリ	やまどりの骨
千葉	アカハラ	鳥飯
	カモ	鴨とねぎの煮付け
	カモ	鴨の鉄火飯
	カモ	鉄火飯
	ヒヨドリ	鳥飯
神奈川	ヤマドリ	味噌汁
新潟	カモ	鴨の醤油漬
	キジ	きそば
	キジ	そば切り
	スズメ	小鳥焼き
富山	スズメ	すずめの焼き鳥
	ツグミ	つぐみの焼き鳥
	ヤマドリ	味噌汁
石川	カモ	じぶ煮
	ツグミ	じぶ煮
山梨	キジ	とり飯
	スズメ	焼き鳥
	ヤマドリ	鳥飯
長野	キジ	うどん
岐阜	カモ	うどん
	カモ	鴨のすき焼き
	スズメ	こうじ漬
	ツグミ	こうじ漬
	ツグミ	つぐみの焼き鳥
	ヤマドリ	やまどりの肉の煮もの
	鳥名不明(鳥の臓もつ)	塩辛
愛知	カモ	鴨のひきずり
	キジ	きしめん
三重	キジ	焼き肉
	ツグミ	鳥汁
	ヤマドリ	焼き肉
滋賀	カモ	鴨すき
	カモ	鴨の骨
京都	カモ	堀川ごぼうの煮しめ
兵庫	ハト	すき焼き
	ヤマドリ	すき焼き
奈良	コトリ	小鳥の塩焼き
鳥取	キジ	肉じゃぶ
	ヤマドリ	しょうのけごわ飯
島根	カモ	吸いもの
	キジ	とり飯

表3　『日本の食生活全集』に登場する各地の鳥料理

鴨のささみをぶつ切りにしてわさび醬油で食べる刺身とか、鴨肉の五目飯は、家族にたいそう喜ばれる。また、内臓をとり出した鴨を丸ごと、焚き火の残り火で丸焼きにすることがある。これは塩をつけて食べる。この鴨の丸焼きは、ふだんはなかなか食べられるものではない。予定した来客のごちそうとしてつくることが多い。

鴨汁

鴨肉と皮は食べやすい大きさに切り、にんじんはささがきにする。なべに水、にんじんを入れて煮たて、その中に鴨肉、皮を入れてさらに煮る。やわらかくなったら、醬油を加えて味つけする。最後に、三分くらいのぶつ切りにしたねぎを入れ、一度煮たてて火からおろす。

この鴨汁で手打ちそばや手打ちうどんを食べると大変おいしい。(「日本の食生活全集 栃木」編集委員会編 一九八八、二七一―二七二)

鎌倉～室町時代、また江戸時代には食べられていたカモの刺身は、栃木の農村部でも最近まで食べられていた。カモ肉の五目飯は、先に紹介した鉄火飯と同様の炊き込みご飯であろう。

カモを大胆に焚き火の残り火のなかで焼くカモの丸焼きは、野趣あふれる料理であるが、来客用のもてなし料理である。熾《おき》のなかで蒸し焼きにされ、遠赤外線で肉の奥までよい具合に火が通る。表面にはじんわりと、脂が浮かび上がってきたことだろう。カモの汁は、蕎麦やうどんに使われるこくのあるスープで、先述の鉄火飯と味付けは変わらない。飯に炊き込めば、鉄火飯や五目飯になる。

そのほかの地方農村にも、素朴ではあるが、さまざまな鳥料理の工夫があった。もちろん、環境によって生息する鳥種が異なるので、そのあり方は一様ではない。

たとえば、岐阜県南部の木曾川や長良川、揖斐《いび》川などの最下流域に広がる濃尾平野に見られる輪中一帯では、全国の低湿地帯の例に漏れず、カモを中心とする水鳥猟が行われていた。

大きな川のへりには秋から冬にかけて、鴨がたくさんやってくる。また夏にはあしの草むらに、ばんがいる。猟の好きな人は網を張ってこれらをとる。どちらも肉が厚く、すき焼きや煮こみうどんの具にする。

いずれもとるのに技術がいり、加工の手間も大変である。それだけにとらえたときには近所の人にも声をかけ、大勢で食べる。（『日本の食生活全集　岐阜』編集委員会編　一九九〇、三〇六）

カモやバンなど水辺の鳥のすき焼きや煮込みうどん。それは近所の人と分け合う、地域のご馳走でもあった。同じ岐阜県恵那地方などの山間地では、ツグミやスズメなど山里の鳥が食べられた。

秋も深まり山の木々が紅葉をはじめるころ、山にかすみ網を張ってつぐみをとる。網を張ったところを「鳥屋場」という。日本海を渡ってきたつぐみは、このあたりまでくると脂ものって最高の味となる。

山に小屋をつくって泊まりこみ、とれたてを焼いて食べることもあるが、とってきたものを近所や世話になった人に配ったりする。町へ売りに行くような大がかりの猟をする人もある。

たくさんとれたときはこうじ漬にして、年取りやお正月のごちそうにする。数ある東濃（岐阜県東南部）の食べもののうち、つぐみの焼鳥は最高の味とされている。（このかすみ網は昭和二十二年九月、鳥獣保護のため禁止となる。）（「日本の食生活全集　岐阜」編集委員会編　一九九〇、一一七）

いまでは禁猟の鳥となっているツグミも、かつては最高のご馳走だった。それはこうじ漬けなどにされ、また内臓は塩辛などにされて保存されていた。このような山鳥もまた、近所の人に配って、分け合って食べる、地域のご馳走だったのである。

『日本の食生活全集』には、カモ以外にもアカハラ、海鳥（種不詳）、カケス、キジ、小鳥、サシバ、スズメ、ツグミ、ハト、ヒヨドリ、ホオジロ、ヤマドリといった、多彩な野鳥たちの料理が紹介されている。そのなかには、残念ながらその生息数が激減し、いまでは捕ることが禁じられた野鳥もいる。山野河海に、まだ鳥がたくさんいた頃、素朴な鳥料理は農村のご馳走として、地域の人びとに親しまれていた。近所で分け合い、世話になった人や来客、そして家族などで一緒に食べるといった人間関係を取り結ぶ鳥料理の共食《きょうしょく》のあり方は、あくまで推測の域を出ないが、江戸時代においても同様だったのではないだろうか。このような農村の鳥食文化の記憶も、都市における鳥食文化の記憶と同じく、いまでは忘却の彼方に消え去ってしまった。

第四章

闇の鳥商売と取り締まり

せめぎあう幕府と密売人

鷹狩を好んだ八代将軍、徳川吉宗
（公益財団法人　徳川記念財団所蔵）

1　「生類憐れみの令」による危機

カモのお取り寄せ

京の文人 橘 泰《たちばなとおる》は、文化三年（一八〇六）に著したその随筆『筆のすさび』のなかで、友人の催す夜宴においてカモ肉でもてなされたことに触れている。その味が至って美味であり、そこに居合わせたすべての人びとが、その鳥が新鮮であることを感心し褒め称えた。

すると宴会の亭主水野氏がいうには、例年の冬、故郷の加賀金沢から取り寄せるのだが、今年は一二月も遅くになって荷を発したために一六日ぶりで、本日到着した。総じてカモは、寒半ばすぎるとオス鳥の肉が痩せる。メス鳥は少しも痩せないので、今年はメス鳥を上らせてきた。とくに保存法がよくて 嘴《くちばし》の内側、両翼、そして苞苴《ほうしょ》（藁づと、カモを包む藁製の包装）のなかまでも、大きな山葵《わさび》を詰めて寄越してきた。そのために、味が劣化しないのだという。

保存法がよければ、カモは相当、遠方から運ぶことができたようである。カモの捕れる季節は冬場なので、時季的にも好都合なのだろう。宴会の亭主は、わざわざ石川県金沢からカモを関西方面まで運ばせている。ただ京都においては、琵琶湖などカモの産地が近場にあったのだから、遠方の金沢から手間をかけて取り寄せる必要もないようにも思われる。亭主としては、自分の故郷の名物を自慢したかったのだろうか。加賀名物の治部煮は、山葵が添えられるから、保存剤として同梱された大きな山葵も、一緒に堪能されたに違いない。

ところで、この亭主は個人的なルートで、遠くからカモを毎年入手しているとのことである。しかし、この個人的なカモの取り寄せは、上方方面への輸送だからよかったものの、もしこれが江戸方面への輸送だとしたら、かなり面倒なことになっていたことだろう。それが露見すれば、カモの密輸として摘発され、厳罰に処せられた可能性があるのだ。

江戸時代、江戸市中に勝手にカモを持ち込んだり、そこで勝手に販売したりしてはならなかった。江戸幕府は、江戸への鳥の輸送やそこでの販売に関して、まさに小うるさいほどに規則を設け、取り締まっていたのである。そして、鳥の消費、流通をどうにか掌握しようとする幕府と、その監視の目をくぐり抜けてどうにか江戸に鳥を持ち込もうとする密売人たち、そして美食の鳥にどうにかありつこうとする江戸っ子たちとの、丁々発止のやり取りが繰り広げられていた。

江戸時代、鳥を生産する農村と消費する都市とは、切っても切れない関係にあった。そして、その時代、京都や大坂には見られない、農村から江戸方面への特殊な野鳥流通システムが発達した。江戸で賞味されていた鳥たちは、どのような人物によって、どのようなルートを辿って、江戸にもたらされていたのだろうか。ここでは、江戸への野鳥流通の担い手と経路を探ってみたい。

江戸初期の鳥商売

慶長一四年（一六〇九）、江戸を訪れたスペインの貴族ドン・ロドリゴは、日本においてシカ、ウサギ、ウズラ、カモ、その他、川や湖上の鳥類などが狩猟され、自分の国よりもその種類が多いと述べている。また、江戸にウズラやガン、カモ、ツルなどの野鳥やニワトリ、そしてそのほかたくさんの鳥類を販売する特別の場所があると述べている（『ドン・ロドリゴ日本見聞録』）。江戸時代初頭には、すでに江戸において鳥商売が行われ、売買を行う特定の市場が形成されていた。また明暦三年（一六五七）には、日本橋の河岸通に魚棚（魚屋）、青物棚（八百屋）とともに鳥棚（鳥屋）も開かれていた（『正宝事録　一』）。ただしこの頃の、地方から江戸への野鳥の流通システムは不明である。

この時代、「初物を食べると寿命が七五日延びる」という俗説を信じた江戸っ子は、高額を投じてさまざまな初物、走り物を買い漁っていた。初鰹はその代表である。しかし、その風があまりにも昂じて、驕奢に走ったのを憂えた幕府は、魚鳥蔬菜の解禁日を決めて「初物」、「走り物」の価格高騰を抑制する御触を出した。

寛文一二年（一六七二）に出された町触《まちぶれ》（町方に対し発せられた法令）では、諸品の発売解禁月が決められており、魚でいえばアユやカツオは四月より、タラやアンコウは一一月より販売解禁とされた。この禁令のなかに、もちろん鳥類も登場する。ボトシギが七月より、ガンが八月より、カモ、キジ、ツグミが九月より解禁とされている（『正宝事録　一』）。そのような制度的取り決めがなされるほど、江戸初期には鳥の需要は高まっていた。

野鳥流通を制限する幕府

江戸時代、江戸への野鳥流通は、幕府の管理下にあった。それは江戸周辺の鷹場で、徳川将軍家や御三家が鷹狩を行っていたからである。後ほど詳しく述べるように、鷹狩は「趣味」以上の重要な社会的行為であったため、それを妨害し、その威信を傷つけかねない庶民の鳥猟と鳥の流通は制限された。この鷹狩と鷹場制度が、江戸における特殊な野鳥流通システムを生み出した。

寛永五年（一六二八）、江戸からおよそ五里（約二〇キロメートル）四方の村々を将軍が鷹狩を行う鷹場（御拳場）に指定し、またその外郭に将軍が御三家に貸し与えた鷹場（御借場《おかしば》）を設定した。したがって、江戸の近在では、一般の人びとが水鳥を捕獲することは「制度的」には禁止されていた。しかし、鳥猟が御禁制であったこの鷹場のなかで、実際は非合法の狩猟、いわゆる密猟（盗鳥《ぬすみどり》）が行われ、さらに闇ルートを辿って江戸に鳥をもち込む密輸（隠鳥《かくしどり》）が横行していたのである。

この鷹場支配が、その土地の支配と異なる点には留意しなければならない。たとえば、ある旗本が、江戸近辺に知行地をもっていたとする。その村々には、その旗本の支配がおよぶのだが、鷹場に組み込まれると、その支配はさまざまな点で制約を受ける。鷹場になると、当然、鳥を捕ることは厳禁で、たとえどんなに鳥がたくさんいても、また旗本の許しがあったとしても、村人は鳥が捕れない。あるいは旗本自身が鳥を捕ろうと思っても、それは許されないのである。さらに、鳥の生息に影響を与えかねない、開墾などの自然の改変も制限を受ける。

鷹場には、そこを管理する幕府の役人（鳥見役人《とりみ》）が巡回し、監視するとともに、違反を取り締まっていたので、その所領の支配者といえども、勝手な手出しはできなかった。江戸近辺の鷹場は土地支配と鷹場支配との二重支配になっており、鳥に関する支配の権限は、幕府に属していたのである。

「生類憐れみの令」による鳥商売の危機

江戸中期以降、幕府の二つの政策によって、江戸の野鳥流通は大きく揺るがされた。そのひとつは江戸幕府第五代将軍徳川綱吉による生類を憐れむ一連の政策、もうひとつは第八代将軍徳川吉宗による鷹場制度再興に関する一連の政策である。

まず「生類憐れみの令」により、江戸の鳥商売は存続の危機に陥った。

徳川綱吉は、貞享二年（一六八五）から宝永六年（一七〇九）の二十数年間にわたって生類の殺生を禁止し、それを保護する政策を続けた。そのため将軍の嗜みとされていた鷹狩をやめた。実は第四代将軍家綱の代に、すでに鷹狩は少なくなり鷹場関係の役人も削減されていたので、綱吉はその流れをより強化したものともいえる。綱吉はさらに、武家の鷹狩のみならず、庶民の鳥商売も制限した。

鳥商売は、まさに生類を扱う商売、さらにいうならばそれを食用とするために、最終的には殺生につながる商売である。当然、それは生類憐れみの令の影響を、真正面から受けた。

貞享四年（一六八七）二月二七日、幕府は鳥商売の制限に着手した。食用として飼育していた魚や鳥の売買を禁ずる町触が出されたのである。愛玩動物である飼鳥や金魚などの飼育は許されたものの、ニワトリやカメ、貝類に至るまで食用として飼い置くことは禁じられた（『正宝事録 一』）。そして食用として飼っている野鳥たちを山野に放せと、幕府は鳥商人たちに命じた。

さあ弱ったのは、鳥商人たちである。この禁令に従えば、いま販売用にストックしている野鳥を、捌けなくなる。それは、鳥商売をする者たちにとって由々しき事態である。

しかし鳥商人も負けてはいない。彼らは、早速、在庫の野鳥を処分し始めた。放っておけば、せっかく仕入れた鳥が売れなくなる。早く肉にして処分するのが得策である。ということで、商品として飼育していた鳥たちの首を、鳥商人たちは一斉に絞めようとした。

これに幕府は大慌て。翌日には追って、「昨日御触ニ付、只今迄飼置候鳥、俄《にわか》ニしめ殺申者可有之候、為食物いけ置候魚鳥、俄ニ殺候儀無用ニ仕へし、若《も》しめ殺候もの有之候ハヽ、曲事《くせごと》ニ可被仰付候」（『正宝事録 一』）という御触を発した。昨日御触を出したが、いままで飼い置きしていた鳥を、突然、絞め殺す者がいる。食べるために生かしておいた魚や鳥を、急に殺すことのないように。もし、絞め殺す者があったら違法行為として処罰する、という内容である。この追加の町触から、幕府の命令に、そう簡単には屈しない当時の鳥商人たちの逞しさが読み取れる。

さらに翌月に、幕府はまた、理不尽な御触を出す。先般、生鳥の飼育を禁じたが、ただしニワトリ、アヒル、そのほか「唐鳥（オウム、クジャク、キンケイなど外国産の鳥）」など、野山に住まない鳥は放しても餌がなく飢えてしまうので、まずその分は養い続けろ、もし、卵を産んだら、それをちゃんと育てて、欲しい人のところへあげてやれ、という。商品としての鳥を扱っていた鳥屋たちにとっては、とんでもない仕打ちで、たまったものではない。実際にこの御触に従って、鳥を飼育し続けた律義な鳥屋がどれくらいいたか、まったく不明である。

追い詰められていく鳥商人たち

上記、貞享四年の町触は、食用鳥を飼って商売することを禁じたものである。したがって、それ自体は食鳥売買を抑制するものではあるが、厳格に鳥商売を禁止するものではない。生きている鳥でなく、死んでいる鳥は流通可能であった。そのため、江戸の人びとが食べる鳥は、いまだ流通していたわけである。しかし、徐々にその規制は強化されていく。

元禄三年（一六九〇）には、江戸で小鳥を捕るための鳥黐《とりもち》の販売が制限され、後述する餌差《えさし》などの職業的な猟師以外に、その販売を禁じた。また元禄一一年（一六九八）には、猟師以外の殺生の禁を再確認し、殺生道具（狩猟道具）の猟師以外への販売を禁じている（『正宝事録　一』）。このような禁令は、職業的な猟師以外の者も、隠れて狩猟を行っていたということを示唆している。

そして幕府はついに、元禄一二年（一六九九）九月、江戸の「御曲輪之内之町々《おくるわのうちの》」の「表店《おもてだな》（常設店)」での鳥商売を禁ずる、より厳しい御触を出した。御曲輪之内とは、江戸城郭内の町を指すが、ここでは西は四谷御門、市ヶ谷御門、牛込御門、東は浅草御門や両国橋、新大橋あたり、北は小石川御門、筋違《すじかい》御門、南は新橋より御成橋、虎御門、そして溜池より赤坂御門までといった、江戸城外堀の内側、すなわち外曲輪《そとくるわ》の内側の町々を指す。さらに翌年正月には、御曲輪内での鳥の販売のみならず、「ふり売(振売)」までも禁じた。振売とは、町中で商品を持ったり、背負ったりして、売り物の名を触れながら売り歩くことである。食用鳥の小売店がまず禁じられ、次いで振売も禁じられた。

しかし、これとて御曲輪外の町々では鳥の売買を容認しているのであり、必要ならばその外に出て購入すればよかったので、江戸への鳥の供給が完全に途絶えることはなかった。同年一〇月の町触では、鳥商売は決まった場所でやらねばならず、それ以外の場所では営業してはならない旨が確認されている。しかしそれでも、市中で鳥を持ち歩く者の姿も見え、いっこうに鳥が消えぬため、「御曲輪之内之町々」での鳥商売禁止を再度触れ出している程である(『正宝事録 一』)。いわゆる、鳥の密売人が横行していたのである。

「生類憐れみの令」に屈しなかった鳥商売

宝永二年(一七〇五)一〇月、ついに幕府は、江戸での飼鳥、ならびに塩鳥商売までを禁じることに踏み切った(『鸚鵡籠中記 三』)。宝永五年(一七〇八)閏正月には、いよいよもってその商いは固く禁じられた。江戸における鳥商売の、完全な禁止宣言である。

以後、将軍綱吉が死する二日前の宝永六年(一七〇九)正月八日まで、その禁令は触れ出される。最後の禁令では、鳥商売をやった違反者は、その当人のみならず家主、五人組、名主まで違法行為として処罰する旨、きつく言い渡されているほどである（『正宝事録　一』）。

ところが、この正月八日の最後の町触でも、「鳥商売いたし候者有之由相聞候」、すなわち「鳥商売をやっている者がいることを聞いている」と述べてある。何度もくどいほどに鳥商売禁止の御触を出したのにもかかわらず、密売が絶えないと嘆いているのである。この一文は、度重なる鳥商売禁止の効き目が、十分ではなかったことを示している。生類憐れみの一連の政策をもってしても、幕府は江戸の鳥商売を根絶することができなかったのである。

そして、綱吉逝去後わずか二ヵ月後の三月一六日、幕府はすぐに江戸中で古くより生類・鳥類商売をやってきた者は、遠慮なく鳥商売をしてよい旨、江戸所々の名主たちに申し渡した（『日本財政経済史料　七』）。それにより、江戸の鳥商売は一気に息を吹き返した。なんとも素早い幕府の対応である。もしかしたら幕府のなかにも、鳥商売の早い復活を念願していた者がいたのかもしれない。

以上のように「生類憐れみの令」は、その施策で鳥商売を制限してきたが、それを完遂することはできなかった。その背景に、そういう幕府の命令に違背してでも鳥食を続ける江戸の人びとの欲求と、危ない橋を渡りながらも続けるだけの鳥商売のうま味があったことが想像される。

「生類憐れみの令」がもたらした乱獲

ところが、この生類憐れみの令は、別の面で江戸の鳥食文化を脅かす事態を生み出した。生類憐れみの令によって、江戸初期に設定された鷹場が不要となり、鷹場制度が弱体化された。その結果、鳥が乱獲されたのである。

すでに述べたように、鷹場は一般庶民が狩猟できない禁猟区であり、鷹場の管理を行う鳥見《とりみ》役人が巡回して、厳重に取り締まっていた。結果、密猟は簡単にできず、鳥の生息に適切な環境維持がなされていたのである。だが、将軍綱吉は自ら鷹狩をやめ、また元禄六年（一六九三）には、大名の鷹狩も禁止し、江戸周辺の鷹場は名目だけのものになった。鳥見役人の数も減らされたため、鷹場の管理支配が従来のようには行き届かず、治安の緩みが目立つようになったのである（村上・根崎　一九八五、七五）。その結果、綱吉の死後しばらくの間、江戸、そしてその近郊の鳥類の管理システムが停止し、鳥殺生が実質的にかなり自由となり（塚本　一九八三、一二四）、鳥商売も息を吹き返したことと相まって、鳥の乱獲が始まったのである。

　たとえば、綱吉が逝去した宝永六年（一七〇九）の一〇月には、江戸の近辺で猟師でもないのにみだりに鉄炮猟をしている者がいるとして、それを禁じる触れが出され、実際にその二ヵ月後には、そのような殺生をしていた武士たちが捕縛され、遠島や閉門に処された（『正宝事録　一』）。この武士たちが鳥を捕ったのか定かではないが、生類憐れみの令が解かれると、人びとの狩猟の意欲も大きく解き放たれたのである。その結果、鳥の生産、流通、消費は一挙に拡大し、野鳥資源の減少、枯渇という由々しき事態を引き起こした。生類憐れみの令によって鷹場制度が壊されたことにより、鳥の乱獲が引き起こされたといっても過言ではない。

　鳥を殺すという行為である鷹狩によって、結果的に鳥の資源管理がなされていたのに対し、皮肉なことに、鳥を保護し守るという理念的な動物愛護政策によって、現実的な鳥の資源管理の仕組みが壊されてしまった。生類憐れみの令の後も鷹場は制度的には禁猟ではあったが、実質的に密猟が容易《たやす》くなり、多くの鳥が江戸へと供給されたのである。そして鷹場のみならず、江戸市中、また江戸城の堀廻りでまで鳥を捕る者が現れたのである（『正宝事録　一』）。

綱吉の死後、家宣、家継と将軍が短期間で次々と替わり、そして徳川吉宗が第八代将軍に就いた。綱吉逝去の一七〇九年から吉宗の将軍就任の一七一六年まで七年間しかないが、この間には鷹狩も行われず、鷹場制度も弛緩し続けた。この七年間で、鳥のオーバーユース（過剰利用）が行われ、野鳥資源が脅かされたことは、吉宗が将軍就任早々に、生類憐れみの令とはまったく異なる理由で、再度、鳥商売を制限し始めたことからも理解される。江戸近辺では猟場と鳥の管理が行き届かず、誰でもそこを勝手に利用できるようになり、乱獲が引き起こされ資源の枯渇を招いてしまうという「コモンズの悲劇」が起こった可能性がある。

2　アウトローたちの鳥商売の手口

鷹将軍吉宗による鷹場の再興

家康に憧れ、武威の復活を目指した将軍吉宗は、鷹狩を好んだ（岡崎　二〇〇九、一三七）。そのため、享保元年（一七一六）、将軍職に就いた吉宗は、すぐに鷹狩と鷹場制度を再興させた。そして同年、「鷹場御法度《たかばごはっと》」を鷹場の村々に出し、鷹場管理を強化し、密猟防止とその取り締まりの徹底をはかった。

鷹狩には餌鳥（タカの餌）が必要であり、その確保のために鷹匠の配下に、餌の小鳥を捕らえる「餌差《えさし》」という役職が置かれていたが、この時代、この餌差を騙《かた》って猟を行う不届きな偽餌差もいた。そのため、餌差であることを証明する焼き印（餌差札）がなければ、鳥を捕らせてはならないと、

「鷹場御法度」では命じている。餌差が回ることのできる村々には、その餌差札と対応する照合用の「判鑑《はんかがみ》」が配られており、餌差の身分を確認する際に、それで照合するという念の入れようであった。

餌差は、餌指、鳥刺などとも呼ばれ、元々は下級役人である公儀の餌差であったが、享保三年（一七一八）には町方の商人である「餌《え》鳥請負人《とりうけおいにん》」も並立するようになり、さらに享保七年（一七二二）に公儀餌差は廃止され、民間からの餌鳥確保に一元化された（大友　一九九九、二七七）。餌差は、社会の周縁的存在であった。なかにはいささか怪しい者もおり、タカの餌となる小鳥以外の密猟に加担する餌差もいたようである。そのため、「鷹場御法度」では、もし餌差が餌差札を所持していたとしても、ガンやカモ以上の大きな鳥は当然のこと、サギの仲間やケリ、バン、カワガラス、ウズラ、ヒバリなどを一切捕らせてはならないと命じている。公儀餌差は、下級ではあるが一応、役人である。その公儀の餌差ですら、違法な狩猟に手を染める危険性があった。鳥猟は、それくらい魅力のある活動だったといえる。

一般の庶民は当然、鷹場での猟は認められず、もしガン・カモ類がいる池沼や川、野、水田などでさまざまな用具で狩猟を行う者を見つけたら留め置き、その旨言上せよという。また、たとえそれがその地を支配する側の地頭（知行地を支配する旗本や御家人）や代官であったとしても、御法度の鳥だけでなく、小鳥も捕らせてはならないと命じた（『正宝事録　二』）。

幕府はその後も、鷹場内で違法に鳥殺生に携わっていた者を、徹底して取り締まる御触を繰り返し出している。それは、鳥の生産地、すなわち在方の村々を統制することによる野鳥資源の管理であった。しかし、それだけでは減ってしまった鳥たちの数を増やすことはできない。江戸という鳥の大消費地、すなわち町方の統制による野鳥資源の管理にも取り組む必要があった。結果、幕府は、江戸周辺の鳥の生産と、江戸の鳥の消費という二面から管理、統制を強めていった。

野鳥の消費を制限

享保三年（一七一八）七月、幕府は御拳場や御借場、すなわち江戸周りの鷹場で鳥殺生の禁制が中絶した結果、鳥がいなくなってしまい幕府の御用（公の用務）が成り立ちがたいとして、三年の年限で、次のような鳥の利用、鳥商売の制限令を打ち出した。

一　鶴白鳥《しらとり》菱喰《ひしくい》雁鴨生鳥《いけどり》塩鳥《しおどり》共、三ケ年之内ハ献上之儀無用可仕候、此外《このほか》之鳥上《あ》ケ来《げきたり》候ハ不苦《くるしからず》候事、
　但《ただし》、初鶴初菱喰ハ献上可仕候事、
一　鶴白鳥菱喰雁鴨生鳥塩鳥、三ケ年之内ハ音物《いんもつ》幷振舞之《ふるまいの》料理《りょうり》ニ遣ひ候事無用ニ候、此外之鳥ハ音物料理等ニも遣ひ不苦候、雁鴨為養生《ようじょうのため》給料相用《あいもちい》候儀、勝手次第之事、
一　於江戸《えどにおいて》鳥商売仕候儀、三ケ年之内ハ町中ニ鳥問屋拾人ニ相極《あいきめ》、雁鴨ハ不及云《いうにおよばず》小鳥飼鳥ニ至迄《いたるまで》、右之者之外ニ而ハ鳥商売仕間鋪《まじく》候、且又《かつまた》相極拾人之者より御《お》鳥見判形《とりみはんぎょう》を申請、拾人之者致添判《そえはんいたし》、鳥差越《さしこし》候者之方江《へ》渡し置、鳥数之儀は其在ゝ之名主《なぬし》より証文相添可申候、右判鑑《はんかがみ》幷証《しょう》文無之《もんなきの》鳥《とり》一切商売仕間鋪《しょうばいつかまつるまじく》候事、
　但、御鳥見幷野廻《のまわ》リ之者共も、鳥を持出候者ニ出合候ハ、相改、若《もし》判鑑持不申者有之候ハ、留置、可遂吟味《ぎんみをとぐべきこと》事、
一　近国知行所《きんごくちぎょうしょ》より鳥取寄《とりよせ》候面ゝハ、御鳥見組頭判鑑ニ手前之添判致、取寄可申候事、

右之趣堅可相守候、以上、
　戌七月
右之通被仰出候間、此旨急度相守候様、町中不残可触知者也（『正宝事録 二』）

この野鳥利用の制限の町触は、観念的な動物愛護精神により生み出されたのではなく、実質的な野鳥資源の確保のために発せられたものである。この御触は、まずは鳥の消費者たちの利用を制限した。ツル、ハクチョウ、ヒシクイ、ガン、カモに関し、生きた鳥も塩漬けにした鳥も、これから三年間は、献上してはならないが、しかし、そのほかの鳥は献上してもよろしい。ただし、その年の最初に捕れた初物のツルとヒシクイは献上すること、とある。上記の鳥は、鷹狩の狩猟対象鳥なので、とくに使用制限をかけたものと思われる。

それらの水鳥は、三ヵ年のうちは音物《いんもつ》（贈り物）や、客をもてなす振る舞い料理には使ってはならない。ただし、このほかの鳥は贈り物や料理に使ってもかまわない。またガンやカモを病人の養生に用いることはかまわないとし、これら水鳥が「薬食い」の対象にもなっていたことがわかる。

ここで登場する水鳥たちは、先に紹介した料理書に見られる、豪華な野鳥料理の素材であった。それは大切な客人を喜ばせる、もてなしの料理に使われていたのである。さらに、江戸時代以前から上流階級では、これらの水鳥を贈答品として重要視してきた。江戸時代になると武家の間で、献上品、贈答品、下賜品として、野鳥は頻繁に用いられていた。したがって、この御触が制限する第一の消費者は、そのような贈答を行う武家であった。しかし、後述するように、その贈答文化は武家のみならず、庶民にも広がり、歳暮などの贈答品として野鳥が用いられていた。したがって、この御触が制限する消費者として、江戸の町人たちも当然含まれるのである。

野鳥の流通業者も制限

さらに、この享保三年の御触では、野鳥を流通させる鳥商売も制限された。江戸の「鳥問屋」を三ヵ年は一〇人（一〇軒）に限って、ガンやカモは言うに及ばず小鳥、飼鳥にいたるまで、この一〇軒以外は鳥商売をしてはならないというのである。鳥問屋は、鳥の生産地から集荷し、そこから幕府が必要な鳥を納入することを条件に、市中での販売を合法的に認められた鳥商人である。この御触によって、以下のような、鳥問屋をハブとする野鳥流通システムが整えられた。

まず、鳥問屋一〇軒は、鳥見役人から「鳥見判形《はんぎょう》」という鳥の輸送許可証を各自申し受けて、それにそれぞれが添え判を捺す。そしてその判形を、合法的に鳥を捕り、その鳥を江戸へ送ることを認められた、取引のある生産地の名主へと、事前に渡しておく。生産地の村の名主は、江戸の鳥問屋へ鳥を送る際に、輸送する鳥の数の証文を作って、この鳥見判形と一緒に輸送者に渡す。輸送者は、鳥を江戸に持ち込む際には、この名主の証文と鳥見判形を必ず持参せねばならない。もし、そのような証明がなかったならば、非合法な密猟の鳥（盗鳥）、そしてそれを密輸した鳥（隠鳥）と見なされるのである。輸送者たちは、予め決まっている卸先である鳥問屋にそれを運ぶ。その際、鳥と一緒に名主の証文と鳥見判形を鳥問屋へと渡す。鳥問屋は、その証明書類を鳥見役人に提出する。このような地方から江戸へと鳥を運ぶための厳密な産地確認、産地証明のシステムが整えられたのである。

この御触から見る限り、この時点の鳥問屋は、問屋と称するものの、仲買や小売りへ荷を卸すのがその業務ではなく、自らも小売りをしていたことがわかる。もちろん、江戸の外から荷受けをしていたが、そこから小売商を介さずに、直接販売するようになっていたのである。

江戸市中に多くの鳥小売商が存在すると、確かに管理に支障をきたす。不特定多数の小売商は、密猟や密輸の鳥を扱う可能性がある。それを防ぐには、荷受けから小売りまでを一貫して行う方が、かなり合理的である。指定された一〇軒以外の店で鳥を販売していれば、即密売ということになるから、監視や取り締まりは、非常に容易となるであろう。

役人ですら誘惑される野鳥の密輸

さらに、この享保三年の御触では、役人たちも、そのような違法行為に関与するものとして、疑いの目が向けられていた。鷹場を巡視し、取り締まりにあたる鳥見役人や、これに従う下役の「野廻り」たちですら、密輸に関わりかねない者として疑われていたのである。取り締まる側に、裏切り者が出る可能性があった。御触では、鳥見役人や野廻りであったとしても、鳥を村から持ち出そうとしていたら、それを検査し、もし判形を持っていなければ留置し、念入りに調べることとある。

先に、餌鳥（タカの餌）を確保する公儀の餌差も、違法な狩猟に手を染めることがあったことに触れたが、鷹場を管理し取り締まる側である役人ですら、違法な取引に手を染めることがあったのである。役人までも誘惑されてしまうくらい、密輸にはうま味があった。

さて、この鳥問屋を一〇軒に制限したのには、鷹狩に関連する別の理由が、さらにあったようだ。近世の鷹狩とその贈答儀礼に関し精緻な研究を行った大友一雄によれば、享保期に公儀餌差と併存した餌鳥請負人が、この鳥問屋一〇軒の支配下に置かれ、鷹部屋—鳥問屋—餌鳥請負人—餌差という流れで指示や餌鳥調達を行うシステムが整えられたという（大友　一九九九、二七二）。すなわち、鳥問屋の制限は、単に鳥商売を抑制し、産地証明のシステムを整備することだけではなく、鷹狩用の餌鳥を安定供給し、餌差による餌鳥の横流しを防止するという目的もあったと考えられる。

旗本・御家人といえども

さらに享保三年の御触では、江戸近郊の野鳥を捕ることが許された場所（つまり鷹場の外）を知行地としていた、江戸住まいの旗本や御家人などの地頭（知行地の支配者）の、江戸への鳥の持ち込みまでも制限された。そこは鷹場ではないのだから、鳥を捕獲することは論理上合法なはずだ。しかし、江戸に鳥を取り寄せたい地頭は、鳥見役人の組頭が発行する判鑑に各自自分の添え判を捺したものを使って、鳥を取り寄せなければならないとある。

幕府としては、ここを適正に管理しないと、合法の鳥と非合法の鳥の区別がつかなくなる。密輸の抜け穴を作らないために、徹底して取り締まる必要があった。旗本や御家人といえども、こと鳥に関しては信用できなかったのである。もはや疑心暗鬼を生ずで、地頭までもが密売人に見えてしまう。

本章の冒頭で、ある人物が故郷金沢から上方へと、個人的にカモを取り寄せたことを「江戸方面への輸送だとしたら、かなり面倒なことになっていたことだろう」と述べたのは、こうした事情による。将軍や御三家の鷹場がある江戸では、野鳥のトレーサビリティ（追跡可能性）が、極端に求められていた。それほど鳥の密輸や密売が江戸で横行していたということである。

以上の享保三年の時限付き制限は、目的を達したのであろうか、享保五年に若干緩められることとなる。具体的には、ツル以外の鳥の献上や音物への使用が許可され（ただし数量制限）、一〇軒に限定されていた鳥問屋の制限が解かれ、自由開業となった。だが、振る舞い料理への使用は依然禁止されており、また自由開業が許された鳥問屋に対しても、もし、鷹場などの「御停止之場所《ごちょうじのばしょ》（鳥猟を禁じられた場所）」で密猟された、いわゆる盗鳥を商売したときには、鳥問屋の資格を取り上げると、きつく釘を刺している。また鳥問屋には、遠郷よりもたらされてきた鳥に付されている証明を鳥見組頭へ提出する義務に関し、念を押していることから、野鳥流通の闇ルートは根絶できていなかったと見る方が妥当であろう。

入鉄炮に出女、そして入鴨、入雁？

江戸への野鳥の密輸を防ぐために、野鳥産地から江戸までの正規の運送ルートでは、途中、関所で鳥荷が検《あらた》められた。江戸時代、関所において江戸に入る鉄炮と、江戸から出る女を厳しく取り締まっていたことから「入鉄炮出女《いりでっぽうでおんな》」という言い回しがあったことは有名であるが、実は江戸に入る、あるいは江戸へ送る鳥たちも、関所で厳重に検査されていた。入鉄炮ならぬ入鴨、入雁である。

承応三年（一六五四）、越後国高田藩の郡奉行から出された文書には、関所（口留番所）で鳥荷を検問する手はずについて、細かく記されている。それによると、高田藩からはガン、カモ、さらにさまざまな鳥を他国、そして江戸へも出荷していた。その際、証明となる手形をつけていた。

高田藩領の新潟上越、中越地方から江戸へは、鳥を「魚沼筋（三国《みくに》街道）」を使って運搬しており、途中、まず小千谷（現・新潟県小千谷市）で相検《あらた》め、三名の村役人より手形を発行し、通すことになっていた。次にその手形を塩沢（現・新潟県南魚沼市）の番所に出し、そこの番人からその先の三俣村（現・新潟県湯沢町）の関所までの手形を発行してもらう。そして、鳥商人を留め置いて荷物検めする間、もしそれらに「我儘之仕合《わがままのしあわせ》（他を顧慮することなく自分勝手なふるまい）」があれば、厳しく命令し、早く検査して通すこと、とわざわざ述べられており、鳥を運ぶ輩が一筋縄ではいかない存在であったことが推し量られる（『新潟県史　資料編七　近世二　中越編』）。

また寛文八年（一六六八）に出された、魚沼郡八木沢（三俣村）の口留番所の「取締条目」によれば、女の出入りと同じく、ツルやハクチョウ、ガン、カモ、サギも塩沢で手形を発行することとされていた。この手形がないと次の関所で正規の鳥荷であることを証明できないため、そこから先へ進めなくなるのである。

このように、街道の関所で手形を順々に渡し受ける方法で、鳥の産地、出所などの素性を証明し、出入りの管理を行っていた。かなり煩瑣ではあるが、鳥を江戸まで運ぶには、そういう面倒くさい手続きが必要だったのである。このような監視の目が厳しい状況下、密猟した盗鳥を運搬し、江戸まで密輸する隠鳥は容易ではなかった。密輸の方法としては、後で少し触れるが、江戸近辺では卵や魚の荷物に紛れ込ませ、それらの荷車を偽装して、関門を通過するという方法があった。

密猟者の摘発

徳川幕府は、鷹場内の密猟、そして闇ルートでの密輸に関する禁令を何度も出している。鷹場内で少なからぬ密猟が行われ、非合法に水鳥が江戸に供給され、隠れて販売されていたのである。

吉宗の時代、生類憐れみの政策以後に野鳥が激減したことを憂慮した幕府は、先に紹介した「鷹場御法度」を出して狩猟の管理を強化したのだが、やはりなかなか密猟はなくならなかった。そのため、幕府は、在方で密猟の厳しい取り締まりを行った。

たとえば享保九年一二月（一七二五年二月）、下総国布施《ふせ》村（現・千葉県柏市）では、大小百姓や水呑百姓が、村内で鳥商売を行わないことを確約する証文を、その地の地頭に差し出している。そこは水戸藩の御鷹場であり、鳥猟や鳥商売が禁じられ、村民は他領においても諸鳥の商売や、駄賃を取って鳥類の荷物を運搬する紛らわしい行為も禁じられていた。この禁制を再確認するために、百姓たちから証文を取ったのである。その証文は、村での密猟事件と関係している。

同月二五日に、江戸町奉行大岡越前守（大岡忠相《ただすけ》）は、布施村の者二名とその隣村の久寺家《くじけ》村（現・千葉県我孫子市）の者一名を、盗鳥のかどでその地の地頭に召し捕らせた。そして翌日、その三名を江戸表へ連行させ、二八日、大岡の屋敷で詮議が始まった。この三人には、水戸様の御鷹場において鳥を密猟し、我孫子村（現・千葉県我孫子市）の六助と申す者に売ったという嫌疑がかけられていた。三人は当初、水戸様御鷹場は鳥見役人が昼夜を問わず回ってくるので取り締まりがきつく、またそこは鷹匠や餌差衆なども鳥を捕っているので、そのような密猟はできないと、しらを切っていた。ところが詮議を続けた結果、密猟したことを自白したのである。

この密猟事件で、大岡越前守は三人に科料銭を一〇貫文ずつ命じた。銭と小判の換算率は時代によって変動するので参考程度にしかならないが、この事件が起こった三〇年ほど前の元禄一〇年（一六九七）の交換比率で換算すれば、銭一〇貫文は二・五両になる。大岡は、さらに三人の五人組に三貫文の科料銭を科し、連帯責任を負わせた。また、その村の名主たちを、密猟を「見のかし聞《きき》のかし《が》」たということで、「戸締《とじ》め（家の門を釘付けにして外出を禁じ、謹慎させる刑罰）」に処した（『柏市史資料編五　布施村関係文書・中』）。

零細な農民にとって、その科料は安いものではない。密猟に失敗すると厳罰が待っている。隣近所にも、また村の名主にも大きな迷惑をかける。そのリスクを承知の上で、多くの者が密猟に手を出していたのである。この事件から四十数年後の明和三年（一七六六）には、鳥見役人がこの布施村で「鳥盗人小屋」（密猟関係の小屋）を二ヵ所発見し、摘発している。農民たちの密猟が常態化していたとまではいえないものの、彼らは隙あらば鳥を捕ってやろうと、虎視眈々と狙っていたのである。

死罪になりかねない「鶴殺し」――将軍家綱の祖父は密猟者？

一八二〇年代、オランダ商館員として日本に滞在したヨハン・フレデリク・ファン・オーフェルメール・フィッセルは、ツルはすべての鳥のなかで一番日本人が尊重するものであり、殺すことが禁じられているとしつつも、一方で、ある特別な場合には、最も重要な料理として皿に盛るために、密かに殺されることがあると述べる（『日本風俗備考　二』）。江戸時代には、諸鳥のなかでツルが特別な地位を与えられた鳥だった。だからこそ、密猟の対象になっていた。そのため、ツルを密猟したばかりに、厳罰に処されたという「鶴殺しの伝説」も伝えられている。

たとえば、茨城県利根町には、真偽のほどは定かではないが、一羽のツルが密猟されたために一〇人の農民が死罪とされた伝説があり、その慰霊碑も建っている（芦原　一九七七、i）。また、江戸幕府の公式史書である『徳川実紀』にも、「鶴殺しの伝説」に類する記述が見られる。『徳川実紀』の「厳有院殿御実紀」は、第四代将軍徳川家綱（厳有院は法号）について書かれたものであるが、そのなかで、家綱の母「らくの局」の父である朝倉惣兵衛が、「国禁」を犯してツルを捕り、そのことが露見して処刑されたという風聞が記されている。しかし同書は、その内容を「全く附会（こじつけ）の説」であると強く否定する（『徳川実紀　三』）。

なんと、将軍の母方祖父が「鶴殺し」の罪人だったという、よからぬ噂が立っていたのである。将軍家の婦女に関する別の伝記には、この噂がもっと詳しく解説されている。それによると、武士であった朝倉惣兵衛は不祥事を起こし、江戸から放逐され下野の古河（現・茨城県古河市）に引きこもり浪人に落ちぶれた。家族を連れて貧窮を極めたため、仕方がないので後難を怖れず人目を盗んでいろいろな鳥を密猟し、ようやくその日暮らしをしていたという。

ところがある日、御法度のツルを見つけて鉄炮で撃ち取った。それを古河から江戸へもってきて、日本橋の小田原町（本小田原町《ほんおだわらちょう》の古名）の鳥問屋に隠れて売って、金を受け取り古河へと帰った。これで妻子を養えると思ったのも束の間、ツルの密猟を何度か繰り返したために、ついに人びとに見咎められて、召し捕られてしまった。そして、惣兵衛は死罪となったという。

その後、残された家族はとある縁で浅草に移り住み、そこで家光の乳母である春日局が浅草寺参詣の折りに、偶然、惣兵衛の娘を見かけた。その娘が将軍家光のお望みの容姿だと、春日局が見込んだのをきっかけに、その娘は城に召し入れられ大奥に入り、家光のお手つきとなり家綱を産んだ。その娘こそが、「らくの局」であったという（『柳営婦女伝叢』）。

荻生徂徠の先祖も密猟者

『徳川実紀』では否定されているこの事績の、真偽のほどは定かではない。しかし、あえて公式の史書で特記して、否定せねばならないということは、そういう噂が無視できないほどまで、巷間においてまことしやかに囁かれていたからであろう。江戸町人は、鳥猟や鳥商売を厳しく取り締まる幕府へ、たっぷりと皮肉を込めて陰口を叩いていたに違いない。

朝倉惣兵衛の事績では、ツルを捕ることが「国禁」とされている。しかし、江戸時代の町触などには、ツルの密猟だけをとくに極刑にするという表現は見当たらない。江戸中期の儒学者荻生徂徠《おぎゅうそらい》が、将軍吉宗に献上した意見書『政談』には「鶴取の刑の事」として、ツルを捕ったら磔《はりつけ》に処するというのは、太閤秀吉公によって始められたことで、禁裏（宮中）に鶴を献上していたため重く裁いたようだとし、しかしながら、それは「非法の刑（法的根拠のない刑）」であるとしている（『政談』）。鶴殺しの極刑は法に基づくものではないと徂徠は主張するのであるが、実はこれには裏話があった。なんと徂徠の母方の高祖父が、ツルを捕った咎《とが》により京都六条で切腹させられたという不名誉な言い伝えがあったのである（平石　二〇一一、四〇四）。徂徠は、非法の刑とする根拠に、「厳有院様の御袋様の御事」、すなわち将軍家綱の母「らくの局」の風聞を蒸し返して、それが理由で家綱の時代にこの法はすでに差し止めになっており、未だそれを続けているのは老中などの見当違いであると述べる。先祖の汚名返上のために、徂徠は少々強弁した可能性がある。

「厳有院様の御袋様の御事」については、ある美しい娘がツルを食べてしまい、親が刑に処されたが、娘は後に城に上がり将軍家光の目にとまり家綱を生んだという話になっており、『柳営婦女伝叢』や『徳川実紀』の内容とは若干異なる。いずれにせよ将軍家の縁者が密猟に関わり死罪となったとする話が、密猟を厳しく取り締まった鷹将軍吉宗の耳に入っていたとは、なんとも皮肉なことである。

明治二〇年（一八八七）に、江戸から明治にかけて活躍した落語の大名人三遊亭円朝が新聞連載した「鶴殺《つるころし》 疾刃庖刀《ねたばのほうちょう》」という作品でも、主人公東城氏勝が最後に、「国禁の鶴を殺し公儀を憚からざる事」（三遊亭　一八八七、一六〇）をして、それを「鴻《こう》（コウノトリ）」と偽ったくだりがあるが、そこからツルの密猟が重罪だと一般庶民に認識されていたことがわかる。

野鳥の贋物を作る「奸賈」

うま味が多い野鳥商売をめぐっては、密猟や密輸、密売以外にも、多種多様な非合法な闇の取引が行われていた。悪知恵の限りを尽くしたといってもよいその手口は、まさに巧妙である。

最初に紹介するアンダーグラウンドの鳥商売は、鳥の「贋物作り」である。

江戸初期の慶安四年（一六五一）、アンコウの肝や魚の卵、さらにはガンやカモの肝（肝臓）を取って「手くろう」いたす者がいたという。「手くろう」とは「手暗《てくら》」、つまり、人をごまかすこと、人の目をくらますことである。ガンやカモの肝臓を取って、そこに詰め物をして腹を縫い閉じ、素知らぬ顔で普通の値段で売り飛ばす詐欺行為。肝は肝で売り物になるから、儲けは増える。江戸っ子のカツオ好きが昂じていたことは有名だが、古くなったカツオを新しく見せかけるという「手くろう」をする輩もいた。幕府は、そのような偽造販売を固く禁じる町触を江戸に出している（『正宝事録　一』）。

江戸後期（一九世紀中葉）の書物には、このような贋物を売る仕事を、もとは京都、大坂では「中《なか》差《ざし》商人」、江戸では「のれん師」と呼んでいて、いまはそれらを「奸賈《かんこ》」と呼ぶとある。奸賈は、種々の贋物を欺き売ったり、商品を掠め取ったりする、たちの悪い輩である。その奸賈が、カモやガンの身体から肉を抜き取って、代わりに豆腐殻（おから）を詰めて売り飛ばしていたという（『守貞謾稿』）。カモの肝のみならず肉までも抜き取っていたというのだから、その手口は江戸初期に比べ、より巧妙になっている。肉や内臓は、どこか別のところで売り捌いていたのであろう。なかなか悪質である。

野鳥の出所を詐称する「武家方払鳥」

次に紹介するアンダーグラウンドの鳥商売は、野鳥の「出所詐称」である。密輸とまでは断定できないのだが、しかし正規ルートとは異なる野鳥の取引があった。それは「武家方払鳥《ぶけかたはらいどり》」と称する鳥、すなわち「御武家様から払い下げを受けた鳥」の商売である。江戸時代、武家方では献上品、音物《いんもつ》（贈り物）として、水鳥が用いられていたことはすでに述べたが、そのような鳥は正規ルートで購入された後、贈り先へと届けられたはずである。贈り先ではありがたく受け取り、自分たちの食卓に上らせることもあれば、また別の人への献上や音物に使い回すこともあった。そして余った分はさらに、武家方から払い下げられることもあった。

江戸時代には「献残屋《けんざんや》」といって、献上品や音物の余り物を買い取る商人がいた。いまでいうところの、リサイクルショップである。献残とは、大名や武家などが受けた献上品のうち、余ったり残ったりしたものである。献残屋は幕臣や大名の屋敷を回り、余り物を現金化してくれるので、武家にとっても重宝であった。それは武家の儀式用の道具類や熨斗鮑《のしあわび》、干物、干貝、昆布、葛粉、片栗粉、水餅、金海鼠《きんこ》（海鼠《なまこ》の乾燥品）、干鮑《ほしあわび》、くるみ、唐墨《からすみ》、海鼠腸《このわた》（海鼠の内臓の塩蔵品）、雲丹《うに》などの食品も取り扱っていた（『守貞謾稿』）。そして、さらに献残の鳥も取り扱っていた。ただし、それが取り扱う鳥は日持ちするものでなければならないため、塩蔵品である「塩鳥」であった。したがって、生鳥を扱う武家方払鳥は、この献残屋たちが取り扱っていた商品ではなさそうである。

献残屋は、ちゃんとした商売なので、その塩鳥の売買は合法であろうが、武家方払鳥と称する鳥はかなり怪しい。この武家方払鳥という販売方法では、「自分たちは、単に御武家様の払い下げ品を販売しているだけだ」と主張されているだけである。御武家様の鳥であるから、もちろん合法な鳥であるというロジックである。しかし、その出所を証明する判形などの証拠は何もない。

このような商売を見過ごせば、密猟や密輸の取り締まりに支障をきたすのは必至である。その払鳥には、どこからもたらされたのか来歴を証明するものは何もないのだから、隠鳥が紛れ込む可能性がある。いや、この武家方払鳥と称する鳥を、武家が払い下げたということ自体が、かなり怪しいのである。むしろ、その多くが密輸された非合法の鳥であり、武家の権威を笠に着て鳥の出所を詐称したというのが、事の真相ではなかろうか。マネーロンダリングならぬ、バードロンダリングである。文政五年（一八二二）、幕府はこの武家方払鳥を禁ずる町触を出している（『御触書天保集成 下』）。

うま味のある江戸の鳥商売をめぐって、あの手この手で儲けようとする逞しい江戸の人びと。江戸の鳥商売は、このような闇の世界に生きる、したたかなアウトローたちを引き寄せたのである。

3 鳥商売と大岡裁き

鳥問屋の再度の制限

もちろん、このような野鳥をめぐる違法行為が横行する状態に、幕府も手をこまねいてはいない。

先に述べた下総国布施村の水戸様御鷹場での密猟事件と同じ年の享保九年（一七二四）六月、江戸深川筋の海辺の町々に対し、鳥盗人（密猟者）がいるため、密猟防止のために鳥番《とりばん》という監視人を置くように関東郡代が命じていた。密猟は、江戸のすぐそばでも行われるようになっていた。

江戸表へと運ばれる隠鳥が、後を絶たなかったことに業を煮やした幕府は、同じく享保九年に、再度、江戸での鳥商売の規制強化に踏み切った。享保三年に鳥問屋の数を一〇軒に制限して、享保五年にその制限を解除したのも束の間、再び軒数を制限することにしたのである。この時点で、在方での狩猟の取り締まりと、町方での鳥商売の取り締まりとが同時に強化された。これら在方と町方の一連の取り締まりは、連動していたものと考えるべきであろう。

水戸藩鷹場での密猟事件摘発の前日にあたる享保九年一二月二四日（一七二五年二月六日）、江戸南町奉行の大岡越前守と江戸北町奉行の諏訪美濃守（諏訪頼篤《よりあつ》）らは、鳥問屋を「水鳥問屋」と「岡鳥問屋」との二つに分けて、水鳥問屋を一八軒、岡鳥問屋を八軒とする町触を出した（後に修正）。そして、それ以外の者は一切鳥商売をしてはならないとした。これは享保三年に鳥問屋を一〇軒にした前回の鳥商売の制限と異なり、鳥の種類で扱う問屋を分けている点が特徴的である。

水鳥問屋は、ガンやカモ、ハクチョウ、ツル、サギといった鷹狩の狩猟対象となる水鳥を扱った。一方、岡鳥問屋は、キジなど鷹狩の狩猟対象も含まれるが、その多くはスズメやウズラ、ヒバリ、ハトなどの鷹狩のタカの餌、すなわち餌鳥となる岡鳥（陸鳥）を取り扱っていた。実は、このとき岡鳥問屋に任命された八軒は、御鷹餌鳥屋（餌鳥請負人）であった八名を横滑りさせた（『撰要類集　三』）。すべてが餌鳥請負人であり、それ以外の者を岡鳥問屋に加入させていない。このことから、この措置が「餌鳥確保の問題と密接に関連している」（大友　一九九九、二八三）ことが推察される。鳥商売は鷹狩と切っても切れないものとして、政策的には一体化されていたのである。

鳥問屋は、享保五年の一〇軒制限の解除以後に、その数を増していたが、鳥商売専業の「鳥一式問屋」である一七軒が水鳥問屋として認められ、兼業者は除外された。またその一七軒に、千住小塚原《せんじゅこつかっぱら》町（現・荒川区南千住）の小左衛門なる者が、あえて一軒付け加えられ、全一八軒となった。

実は、この小左衛門だけが鳥商売をやっていなかったのにもかかわらず付け加えられた。幕府は鳥問屋を減らしたかったはずなのに、なぜこの者を加えたのだろうか。その理由が、すこぶる興味深い。

闇の鳥商売に精通した男——千住小塚原町の小左衛門

上記の鳥商売の制限を検討するさなか、鳥見役人がこの小左衛門なる者を加えたいと、書付をもって申し出た。鳥見役人はすでに紹介したように、鷹場の管理にあたり、密猟を取り締まる役人である。鳥見役人は、この小左衛門が「近在盗鳥之手《ぬすみどりのて》筋存知《すじをぞんじ》、御鳥見方以後吟味之為《ぎんみのため》ニ宜《よろしき》候間、鳥商売人之内江差加度《さしくわえたき》旨」(『撰要類集 三』)上申している。なんと小左衛門が、近在の「盗鳥之手筋」、すなわち密猟のやり方を知っているため、今後の取り締まりに役に立つので、鳥商売人に加えたいというのである。

密猟のやり方を知っている者とは、いったいどのような人物なのか。小左衛門が住むのは、江戸の北端の千住小塚原町。次章で解説するように、このとき(享保九年)選ばれた水鳥問屋一八軒の内、一五軒が江戸の真ん中の日本橋界隈に集住し、その他二軒が、日本橋の隣の神田に住んでいたのに対し、この男ひとりだけが江戸のはずれの千住に住んでいた(表4)。千住小塚原町の南には、小塚原の刑場があったことで有名であるが、隅田川にかかる千住大橋の北側の宿場町千住宿が橋の南側へも広がって、この千住小塚原町も宿場となった。そこは江戸と外との境界である。

千住宿は、日光街道と奥州街道、そして水戸街道が集まる交通の要衝であり、荒川や隅田川、綾瀬川といった河川の合流部にも近く、河岸《かし》が置かれて物資の運輸の拠点となっていた。北関東以北の物資はここを通って江戸に入ってくるのであり、当然、水鳥産地であった北関東からの野鳥は千住宿を経由して江戸に入ってくる。ちなみに、水戸藩鷹場密猟事件のあった現在の千葉県我孫子市や柏市も、水戸街道沿いにあり、そこからの江戸への密輸もこの千住宿を経由していた可能性が高い。そういった場所に拠点をもつ小左衛門が、水鳥問屋になることと引き換えに、違法な鳥商売の取り締まりの協力者となることは、鳥見役人にとって心強かったことであろう。

小左衛門は、水鳥問屋に加えられて一六年後の元文六年（一七四一）の史料には、山田屋小左衛門という名で登場する。小左衛門はほかの水鳥問屋と同じく日本橋の本小田原町《ほんおだわらちょう》に本店を構えて水鳥問屋を開業し、千住では商売をやっていなかった。しかし、元文四年一二月に「不埒有之《ふらちこれあり》」ということで、小左衛門は水鳥問屋から除外されてしまった（『東京市史稿　産業篇　一五』）。

どのような不埒なことをはたらいたのか判然としないが、無法なことをしてもおかしくないような、ただならぬ男であった。この男の後任をめぐって、その後綱引きがなされ、結果、かつて小左衛門の水鳥問屋参入時に入れ替わるように追放された男――小左衛門以上に闇の世界に精通していた俠

享保３年（10名）	
室町二丁目（日本橋）	七左衛門
瀬戸物町（日本橋）	甚兵衛
本小田原町二丁目（日本橋）	七兵衛
本小田原町二丁目（日本橋）	孫兵衛
長浜町一丁目（日本橋）	喜兵衛
通二丁目（日本橋）	伊兵衛
安針町（日本橋）	久次郎
安針町（日本橋）	吉兵衛
須田町二丁目（神田）	清兵衛
通新石町（神田）	仁兵衛

享保９年（18名）	
室町二丁目（日本橋）	七左衛門
瀬戸物町（日本橋）	甚兵衛
本小田原町一丁目（日本橋）	七兵衛
本小田原町一丁目（日本橋）	孫兵衛
瀬戸物町（日本橋）	喜兵衛
長浜町二丁目（日本橋）	三郎兵衛
瀬戸物町（日本橋）	太兵衛
瀬戸物町（日本橋）	長左衛門
瀬戸物町（日本橋）	重兵衛
本小田原町一丁目（日本橋）	伊兵衛
本小田原町一丁目（日本橋）	清兵衛
本小田原町一丁目（日本橋）	与兵衛
本小田原町一丁目（日本橋）	次郎兵衛
本小田原町一丁目（日本橋）	勘兵衛
本両替町（日本橋）	伊兵衛
通新石町（神田）	清兵衛
神田鍋町（神田）	吉兵衛
千住小塚原町（千住）	小左衛門

享保10年（６名）	
室町二丁目（日本橋）	七左衛門
瀬戸物町（日本橋）	甚兵衛
本小田原町一丁目（日本橋）	七兵衛
瀬戸物町（日本橋）	喜兵衛
長浜町（日本橋）	三郎兵衛
千住小塚原町（千住）	小左衛門

表４　享保年間の水鳥問屋の移り変わり。水鳥問屋が日本橋に集中していたことがわかる

客――がこの水鳥問屋に復帰するが、その話は次章で詳しく話そう。
さて残念ながら、小左衛門の詳細は、これ以上わからない。密猟などの違法行為の手口を熟知し、闇の世界に内通した男。小左衛門自身が、かなり怪しい存在である。蛇の道は蛇か。小左衛門は、何らかの形で、鳥の密猟、あるいは密輸に関係したことがある者だったのだろうか。こういういかがわしい人物を必要とするほど、密猟、密輸の摘発は困難だったと考えられる。

鳥一式問屋になりすます者たち

水鳥問屋を一八軒に制限するとした、大岡南町奉行らの町触は、鳥商売のうま味に群がっていた多くの関係者を排除する内容になっていた。そのため、除外された者たちが次々と反発した。

まずは、それまで野鳥の「仲買」を行っていた者たち。彼らは問屋ではないので鳥商売をしてはならないとされたが、それでは「渡世難儀（生活に苦労）」することは必至と申し出た。しかし、幕府としては、江戸に鳥を売る種々雑多の商人が林立すると、管理に支障をきたす。そのため、仲買たちの申し出は認められなかった（『撰要類集　三』）。

次いで、水鳥問屋に選ばれなかった「魚鳥問屋」たちも、不服を申し立てた。水鳥問屋一八軒の選定にあたって、鳥一式問屋、すなわち鳥専業の問屋で、ほかの物資の取り扱いをやっていない問屋であることが条件とされたことについては、すでに述べた。それはほかの物資に紛れ込ませて野鳥を密輸することを、防ぐ手立てであったと考えられる。幕府側も、もうその手口くらいはお見通しだ。

不服の声を上げた魚鳥問屋は、その名の通り、鳥一式ではなく魚も売っていた、あるいは、魚を売るついでに鳥も売っていた兼業の店である。そのため、町奉行の定めた案では除外されてしまった。

しかし、鳥商売から放逐された魚鳥問屋たちも黙ってはいられない。彼らがいうには、町触での水鳥問屋選定にあたって、自らを鳥一式問屋と称している者たちのなかには、実際はそれを専業とせず、仲買や自分たちと同じように魚商売を兼業する者がおり、また本当に水鳥問屋か定かではない者たちもいるとのこと。自分たちが、鳥と一緒に魚も取り扱っているという理由で鳥商売から閉め出されたのに対し、なんでこいつらが選ばれたのだ、という不満があったのだろう。鳥商売から外された腹いせか、魚鳥問屋たちは、水鳥問屋に選ばれた者たちを不適だと申し出た。

幕府は、これを受けて再吟味をした。その結果、以前は鳥問屋を営んでいたが近年は仕入れ金も支払えないような状態で鳥を扱えなくなっている者や、また在方から直に水鳥を仕入れるのではなく、よそに来た鳥を横流しする者、その上、自分の家ではなく、隣町で店を借りて開業する者などがいた。さらにその年、鳥が払底したために仕入れ金を送っていた在方は鳥の出荷ができずにいたが、その代わりに魚荷物で補塡する者もいた。確かに鳥一式ではない者がいたのである。

享保九年一二月に大岡越前守らが、水鳥問屋を一八軒とする町触を出してから一ヵ月も経たぬ享保一〇年一月一九日、再吟味の結果、再び御触が出された（『正宝事録　二』）。村々にある所々の鷹場で密猟をする者がいて、さらに江戸にそれを送り、無秩序に商売しているので、幕府は原案で内定していた水鳥問屋一八軒のうち、一二軒もの許可を撤回し、鳥一式問屋と認めた六人（六軒、小左衛門も含む）だけを水鳥問屋に認め（岡鳥問屋は八人のまま）、その他は仲買を始め、小売り（脇店）まですべての鳥商売を禁止するとされた（表4）。

一度は水鳥問屋に選ばれていたのに、一ヵ月後に突然、外された者たちは、さぞかし悔しい思いをしたことだろう。うま味のある商売に参画できなくなったのだから、まさしく死活問題であったと考えられる。どうにかして、水鳥問屋へ復帰したかったはずである。しかし、なかなかその願いはかなわない。外されて一二年後の元文二年（一七三七）になっても、まだ粘り強く再認可を願い出る者たちもいた。ほかの商売をやったけれども不慣れで、だんだん困窮して親妻子などを養えなくなったと御上に泣きついたが、結局、許可されなかった。後述するように、その四年後、ひとりの男が水鳥問屋へ特別に復帰するが、それはかなり例外であった。

水鳥問屋による密輸の摘発——鳥屋と魚屋の関係

上記のような魚商売と水鳥商売の兼業は、幕府の水鳥管理制度に違背する商行為とされるものの、実は至極普通の、自然な経営形態として営まれていたであろう。なぜならば、水鳥の生産地は湖や川に隣接する水辺なのであり、そこでの生計活動は、水鳥猟に限らず、漁撈、採集などが複合的に営まれていたからである（菅　一九九〇）。つまり水鳥の猟師は、かたや魚の漁師でもあったわけで、鳥を売買する鳥商人も複合的な産物を取り扱うことが可能であったということである。

第七章で述べるように、千葉県手賀沼などの水鳥供給地は、水鳥とともにウナギなどの淡水魚の生産地でもあり、水辺の産物を通じて消費地である江戸と密接につながっていた。そのような水辺の複数の産物から、あえて鳥だけに取り扱いを限定する必要もないし、季節性のある産物で稼ぎを上げるには、魚鳥を一緒に扱うのが合理的であった。しかし、幕府にはそのような理屈は通じなかった。

鳥以外の産物を扱う商人が、水鳥商売にこっそり手を出すことは、十分にあり得ることだった。それは、正規の水鳥問屋にとっても自分たちの独占的な利権を侵害するものであり、見過ごすわけにはいかない。そのため、水鳥問屋を許された六軒の者たちは、水鳥密売防止のため見回りして、疑わしい卵売りや魚屋の荷物を検査する権限を与えてもらいたい旨、幕府に願い出て認められている。自分たちが勝ち得た利権を守るための算段である。最終的に選ばれた六軒の水鳥問屋は、自分たちの商売に支障をきたさないように、ほかの鳥商売を排除したのである。

水鳥問屋による密猟や密輸の監視はまた、鳥商売を許された者の一種の御用、いわゆる義務でもあった。「水鳥問屋という存在そのものが、盗鳥取締りとの関わりで創出されていた」（大友　一九九九、二九四）から、そのような違法行為を取り締まることも、水鳥問屋の職務だったのである。

闇で江戸へと密猟の鳥を持ち込むときに、卵屋や魚屋の荷に紛れ込ませたり、その荷に偽装したりして密輸していたが、これは鳥商売をやっている者ならば、誰でも知っている手口だったのだろう。怪しい風呂敷包み、魚籠なども吟味の対象になり、吟味の範囲も広げられた。在方での密猟の取り締まりは、村役人や鳥見役人が担い、一方、江戸の闇で流れる鳥の取り締まりは水鳥問屋が担ったのである。もちろん町人である水鳥問屋は、あくまで違反者を幕府へ訴えることが基本で、自ら違反者を捕縛することはできなかった（大友　一九九九、二九六）。

このような闇で流れる鳥を買う消費者は、町人だけではなかった。なんと武家方ですら、水鳥を入り用のときは、出入りの魚屋などに申しつけて入手していたらしい。そういう魚屋では水鳥問屋から仕入れ、余ったものを横流ししたり、また密猟鳥に手を出したりすることもあった。そのため幕府は、武士にも水鳥問屋からの直接購入を命じている。

以上のような、享保期に矢継ぎ早に出された鳥商売の厳しい統制政策は、鷹場制度の再編成と軌を一にするものである。しかし、この時代にはすでにかなりの量の水鳥が江戸の町中へ流入しており、そこではそれに対する欲求が非常に高まっていたことが、その政策の遂行過程を見ることにより明らかになる。江戸中期には、野鳥は江戸町民にとって欠かせない食材となったのである。

鳥問屋組合の停止と再興

享保期の鳥商売の厳しい取り締まりが、鷹場制度の復興と密接に関わっていたことは、すでに述べた通りである。幕府は正規に売買される鳥には目印となる「羽印」をつけ、密猟鳥の流通を取り締まった。また、延享元年（一七四四）には「会所」という水鳥荷物の検査所を設け、そこで一手に荷物改めを行ってから水鳥問屋が売買するという幕府公認の仕組みができ上がった。このあたりで、鳥商売をめぐるめぼしい新規政策は行われなくなる。その後も十数年おきに水鳥統制の御触が出され続けることから、当然、密猟や密輸、密売に関する取り締まりは、一応、継続された。とはいえ、格段、鳥商売に関しては目立った動きは幕末までない。

天保一二年（一八四一）、株仲間の解散が命じられ、問屋組合が停止された。その際、享保一〇年以降、百十数年もの長きにわたって継続された水鳥・岡鳥問屋の問屋制度が停止させられた。これ以降、「会所」は「改所《あらためしょ》」と名を変え、江戸城内で消費する御用の鳥を選り分けた後、自由に販売することができた。そして新しく水鳥商売への参入も認められた。しかし、実際は新規の水鳥商売を始める者はいなかったようで、嘉永年間（一八四八～五五）の問屋組合再興時には、旧来の水鳥問屋のみが、再び認められているだけである。

この時代、鳥商売のうま味や儲けがなくなったとは到底考えられない。先に述べたように、江戸では一九世紀初頭の文化・文政期以降、鳥料理の大衆化が進み、上流階級の料亭料理から鍋や蕎麦、うどんといった大衆料理にまで、ガンやカモなどの鳥が積極的に使われるようになった。幕末になれば、当然、享保の時代以上に野鳥の消費量は拡大していたはずである。
さらに幕末に野鳥の消費量を拡大させる大事件が起こった。黒船来航である。

ペリーの理不尽な要求

嘉永六年（一八五三）、アメリカ東インド艦隊を率いてペリーが浦賀にやって来た。翌年、日米和親条約を締結し、伊豆下田に滞留したアメリカ側はさまざまな要求をしたが、そのなかのひとつとして、山野における銃による遊猟を要求してきた。そしてその交渉がまとまらないうちに、アメリカ船の乗組員が上陸して勝手に鳥を撃ってしまった。日本側は、ペリーに対し要求を拒否し、また不法な狩猟行為に強く抗議したが効果はなかった。それどころか安政五年（一八五八）にアメリカに加えてオランダやロシア、イギリス、フランスと修好通商条約を締結すると、それらの国々も鳥猟を公式に要求し、そして、それらの国々の者たちも日本の禁制を犯して傍若無人に遊猟を行うようになったのである。これに対し、幕府は鷹場を根拠にして諸外国へ狩猟を禁じたが、まったく効き目がなかった（安田　二〇二〇、二四―四五）。これまで江戸近辺で、野鳥の狩猟や売買を厳重に管理し、取り締まってきた幕府も、列強諸国の前ではすっかり形無しである。

諸外国が遊猟を要求したのは、まずは西洋文化に根差した狩猟を普通にやりたいという欲求からであったが、さらにもう一つ、西洋食文化に欠かせない鳥獣類の肉を確保するという重要な目的もあった。安政六年（一八五九）の横浜開港後、集住した西洋人たちは肉を多く消費した。とくに日本では入手しやすい鳥肉の需要が飛躍的に増加した。居留外国人に対応するため、幕府は横浜への鳥類の供給を江戸の水鳥問屋や岡鳥問屋に委せ、商機とみた鳥問屋たちはさっそく横浜に出店し、江戸に集まった鳥をそちらに回すようになった。しかし、一方で横浜向けの盗鳥や隠鳥も横行するようになり、江戸近郊の野鳥の捕獲と流通の仕組みが、大きく揺らぐことになる（安田　二〇〇四、六一―七二）。

鷹場制度の終焉、鳥商売管理の終焉

第一三代将軍家定、第一四代将軍家茂の時代になると鷹狩の頻度が少なくなり、文久三年（一八六三）の正月を以て、将軍の鷹狩は行われなくなった。結果、慶応二年（一八六六）、鷹匠や鳥見役人に退役命令が下され、翌慶応三年、すなわち明治維新の前年に、ついに鷹場が廃止された（村上・根崎　一九八五、七八）。

同年の「鳥猟証文」のひな形（村上・根崎　一九八五、七八―七九）によると、鷹場の御用がなくなったので営業の許可をもらって鑑札を持っている者は狩猟が可とされ、またツルやハクチョウを除き、ガン、カモ、そのほかの鳥は捕獲可、鷹狩や鉄炮以外の狩猟方法は何でも使用可とある。そして「鳥猟之鳥《とりりょうのちょう》　類《るい》惣而《すべて》日本橋水鳥《みずとり》　改《あらため》　所江《しょへ》相送リ」、そこで証明となる羽印を確認の上、「銘々《めいめい》勝手《かって》次第《しだい》売《ばい》買《ばい》可致事《いたすべきこと》」とある。つまり、証明のある鳥は勝手に売買してよろしいということである。享保期の規制と比べたら、まさに雲泥の差である。羽印を確認するなど、まだ統制する意思を示してはいるが、それは明らかに緩すぎる。これでは鳥は江戸に入り放題になってしまう。この時期にもなると、長らく幕府によって継続されてきた鳥流通システムの管理は、ほぼ崩壊していた。

第五章

俠客の鳥商人

東国屋伊兵衛の武勇伝

鞘町東伊こと、東国屋伊兵衛。『本朝俠客伝』(国立国会図書館所蔵)より

1　日本橋・水鳥市場の男伊達

日本橋魚河岸は水鳥市場でもあった

お江戸日本橋《にほんばし》。江戸時代、この橋の北側の本船町《ほんふなちょう》や本小田原町《ほんおだわらちょう》、安針町《あんじんちょう》を中心とする一帯に魚河岸《うおがし》が広がり、「江戸の台所」と呼ばれていた。天正年間（一五七三〜九二）に、摂津国から移ってきた佃の漁民らによって、ここに白魚《しらうお》市が開かれたのをきっかけとして、後に魚市場として発展したといわれる。昭和一〇年（一九三五）にそれが築地に移転するまでは、東京の魚類の販売、流通の中心地であった。この町が、江戸時代から大正末まで、江戸・東京の水鳥商売の中心地でもあったことは、あまり知られていない。

まず、図9を見て欲しい。これは江戸時代後期の天保年間に刊行された『江戸名所図会』「日本橋魚市」の図である。多種多様な魚介類が、ずらりと並べられた市場には多くの人が集まり、賑わっている。少々わかりづらくはあるのだが、この活況を呈する魚市の図のなかに、鳥を買った客、そして鳥売りと思しき人物が描かれている。

この図の右下をよく見ると、そこに左手に鳥を持った男が歩いている。鳥を買った町人だろうか。さらに、ちょうどその向かいには、天秤棒を担いでいるひとりの男。その荷のなかには、たくさんの鳥が積んである。鳥を運ぶ鳥屋の者だろうか。じっくりと目を凝らして見ないと、発見できないような小さな描き方ではあるが、多くの魚に交じって鳥が、確かに描かれている。

図９　日本橋魚市の図。下は円で囲んだ部分を拡大（『江戸名所図会』、国立国会図書館所蔵）

次に、図10を見て欲しい。これは、江戸時代初期の江戸市街地を描いた『江戸図屛風』左隻第二扇下の部分である。この部分は、日本橋本小田原町や安針町、室町などの繁華街を描いたもので、左上隅には日本橋が見える。反対の右下隅の交差点では、ひとりの男が手に鳥を持って上（西）に向かって歩んでいる。この鳥は、その描き方からいってガン・カモ類のようだ。男は帯刀しており武士のようだが、その身形からいって下級武士のようである。

日本橋は、魚市場としてあまりにも有名であったため、いままで気がつかれなかったのだが、そこを描いた絵には鳥が描かれている。それはここが江戸随一の水鳥市場だったことを示している。

小林一茶が見た水鳥問屋

江戸後期の俳人小林一茶は、水鳥問屋に興味をもったのか、その風景を句に詠み込んでいる。

○春雨や喰《くわ》れ残りの鴨が鳴《なく》

これは文化一〇年（一八一三）に詠まれた句である（『七番日記』）。春雨が降るなか、本来食われるところをどうにか生き残ったカモの鳴き声を聞いて哀れんでいる。

○花さくや目を縫《ぬわ》れたる鳥の鳴

文化五年（一八〇八）三月の句（『文化句帖』）。当時、水鳥問屋では、飼養している鳥が暴れないように目を糸で縫っていた。本来ならば北へと渡り帰っているはずの春なのに、囚われて目を塞がれた鳥の鳴き声を聞いて、一茶は哀れんでいる。類作に「かすむ日や目を縫はれたる雁が鳴く」という文化一〇年の句もある（『近世俳句集』）。また文化二年（一八〇五）一一月七日、随斎会という句会に行く道すがら日本橋の小田原町（本小田原町の古名）を通って、一句詠んだ。

図10　日本橋附近で鳥を持って歩く男。下は円で囲んだ部分を拡大（『江戸図屏風』、国立歴史民俗博物館所蔵）

○雁鴨の命待間《いのちまつま》を鳴《なき》にけり

この句は、売られるときに命を絶たれる水鳥問屋のガンやカモが、それまでの間、鳴いている場景を描いたものである（『文化句帖』）。感傷的である。

○目をぬひて鳥を鳴かせて門涼（『文化六年句日記』）

目を縫った鳥を不憫《ふびん》にも鳴かせているのに、鳥屋の者たちは門口に出て涼んでいると、少々、批判がましい表現になっている。文化六年（一八〇九）六月一〇日に詠まれたこの句に付された解説によると、本小田原町に鳥をたくさん飼っている家があったという。きっと水鳥問屋であろう。そこでは床下の狭いところに、ガンやカモを押し込んで飼っていたようだ。そのなかでは、雛も生まれてその鳴き声が哀れであるが、この鳥屋は親の代から受け継いだ商売だから仕方がないと嘆き、そして、これらの鳥は貴人の酒食の場を喜ばせるためのものとしている。

「目をぬひて」という表現は、すでに紹介した文化五年の句や文化一〇年の類作と同じモチーフを詠んだものである。一茶は、よほど鳥の目を縫うという水鳥問屋の所業に、惨《むご》さを感じ取っていたのであろう。この句を詠んだ六月は本来ならばガンやカモがいない時期である。したがって、それは猟期に捕獲して、殺さずにそのまま生かして飼養していた様子を描いたものである。

床下に身動きもできないほど鳥が詰め込まれていることは悲しいとか、ついには羹《あつもの》（熱い吸い物）にされる鳥の心に思いやられるとか、俳人一茶は鳥にかなり同情的である。が、そうかといって、彼が野鳥を食べられないほど哀れんでいたかどうかは不明である。

魚問屋の水鳥商売

前章に掲載した表4は、享保三年（鳥問屋一〇軒）、享保九年（水鳥問屋一八軒）、そして享保一〇年（水鳥問屋六軒）の鳥問屋制限時のリストであるが、それを見ると、日本橋がまさに水鳥市場であったことが理解できる。享保三年には一〇軒中八軒、享保九年には水鳥問屋一八軒中一五軒、そして享保一〇年には六軒中五軒が室町、瀬戸物町、本小田原町、長浜町といった日本橋に集住していた。

このように多くの水鳥問屋が日本橋の魚河岸に紛れ込んでいたため、先の絵図類に自然と鳥が描かれたのである。したがって江戸の人びとにとっては、日本橋に水鳥を買いに行くのは、自然なことであった。前章で、江戸では魚商売と水鳥商売とを兼業する魚鳥問屋があって、それが幕府の水鳥管理制度に違背する商行為として否定されたことを解説したが、このような市場環境もそれに影響していたのだろう。鳥が儲かるとみれば、魚問屋が鳥に手を出しても不思議ではない。とくにそれが川魚問屋だった場合、鳥と川魚の産地は重なり、さらにそれを捕っていた人びとも重なるのである。

さて、この表4には、享保九年一二月に一度は水鳥問屋の開業が認められたものの、再吟味の結果、一ヵ月後の享保一〇年一月にすぐに開業許可が撤回された不運な一二名が記されている。彼らが魚鳥問屋たちの「讒言《ざんげん》」により除外されたことは、すでに述べた通りである。

権利を剥奪されたこの一二名のなかに、「伊兵衛」という男がいた。享保三年には通二丁目に、また享保九年には本小田原町一丁目と本両替町とにその名が見える。それぞれの関係は不詳である。この伊兵衛は東国屋の屋号をもつが、それは江戸の鳥商売を語る上で外せない大名跡である。

侠客の鳥商人、東国屋伊兵衛

伊兵衛が享保一〇年に鳥商売の権利を剥奪されてから、約三〇年後の宝暦六年（一七五六）に書か

図11　名だたる侠客の面々。左下に鞘町東伊が描かれている（『本朝侠客伝』、国立国会図書館所蔵）

れた巷談《こうだん》集（噂話を集めた本）『当世武野俗《とうせいぶやぞく》談《だん》』に、「鞘町東伊《さやちょうとうい》」というすこぶる痛快な男の話が載っている。この男が、水鳥商売の権利を剥奪された伊兵衛と考えられる。同書刊行時には、東国屋は再び水鳥問屋に返り咲いていた。

鞘町とは、日本橋の北鞘町（現・日本橋本石町一丁目のうち）のこと。そして、東伊とは、東国屋伊兵衛の略称である。この男は、強きをくじき弱きを助ける男伊達であり、『本朝侠客伝』（一八八四）では町奴《まちやっこ》の幡随院長兵衛《ばんずいいんちょうべえ》や、旗本奴《はたもとやっこ》の水野十郎左衛門、金看板甚九郎《きんかんばんのじんくろう》などと並んで、江戸の著名な侠客に列せられているほどの人物である（図11）。江戸に名だたる豪気の器量者が、鳥商売を営んでいた。『当世武野俗談』に描かれた武勇伝から、その豪傑ぶりがうかがえる。

鞘町に住居する東国屋伊兵衛、これまた世の中で知らぬ者はいない。安針町にあるその水鳥屋は江戸で第一である。伊兵衛は、いまは隠居の悠々自適の身で、毎日、芝居や新吉原などに通い、夜は品川町、瀬戸物町あたりの夜講釈へ欠かさず出て楽しんでいる。鳥問屋は息子源八に譲って、それが公儀の御鷹の御用も務めている。

この東国屋伊兵衛は、いまの世広く世間に名の通った粋な人であり、通り者（侠客や博徒）や、芝居者、芸者などにこの人を敬わぬ者はいない。若い頃は器量自慢してあちこちで喧嘩口論し、さらに鬼のような者どもに一度も後れを取ったことがない。また博打場に身を置いて、だんだん出世した。一二三だけに張るという、なかなか強気で頑固な博打の張り方をするのが有名で、その張り方を彼の名前からとって「東張《とうばり》」というほどである。

この男、水鳥の「もち鳥縄」のことで入牢させられたことがあるが、間もなく出牢した。ただし、その獄中にあっても安針町の店を閉めることはなく御鷹の御用を務めていた。この頃、将軍徳川吉宗の御側衆《おそばしゅう》の渋谷和泉守殿と、とても懇意にしていた（「御側衆御出頭渋谷和泉守殿と云人《いうひと》甚《はなはだ》懇意《こんい》」）。

（ただし、この懇意なことの詳細をいうならば、伊兵衛が渋谷和泉守の妾をもらって女房としたからである。そして、この女房には渋谷和泉守のご落胤である息子がいた。その子は東里《とうり》といって、いま本郷で「まし屋長門《ながと》」という菓子屋をやっている）（『当世武野俗談』、現代語訳筆者）

侠客や芝居者、芸者に慕われる剛毅の者。気《き》っ風《ぷ》のよい博打の張り方。確かに、かなりの強者である。水鳥の「もち鳥縄」というのは、細い縄に鳥黐をつけて湖沼に流し、遊泳する水鳥を絡め取るという狩猟方法のこと（第七章参照）。これに絡んで入牢させられたということは、何らかの密猟、密売の疑いがかけられたということであろう。すぐに牢から出たところを見ると、嫌疑が晴れてお咎めなしだったということか。とはいうものの、嫌疑をかけられ入牢したということは、伊兵衛もほかのアウトローたちと同じく、鳥商売をめぐって、かなり危ない橋を渡っていたのであろう。

魔物にも負けない東伊の器量

伊兵衛の武勇伝を続けよう。

先年御巣鷹《おすたか》の御用（鷹狩用のタカを献上する公務）のとき、東国屋伊兵衛は、日光の山奥へ入った。そこは土地の樵夫《きこり》さえ入らないような山で、とくに魔所とされ、天狗の住み家とされた。そのため、絶対に入ることをやめた方がよいと土地の者どもがいったが、伊兵衛はいうことを聞かない。伊兵衛はかまわずその山奥へ入って行った。彼につき従った百姓どもは大いに恐れて、魔所だから麓に帰ってくれと懇願したが、彼は聞き入れることはなかった。それで伊兵衛ひとりが、そこで夜を明かすこととなった。百姓どもだけは恐れて麓へ帰り、東国屋だけがそこで夜を明かした。

翌朝、みんなは、昨夜きっと伊兵衛が天狗にさらわれたに違いないと噂し、大勢でその奥山へ怖々入ってみた。すると伊兵衛は、大きな岩角を枕として、ぐっすり眠っていたのである。皆は怪異のことを考え、伊兵衛が大丈夫そうだったので、昨夜何か怪しいことはなかったのかと尋ねた。すると彼は「よく寝入っていて、まったく気がつかなかった」と答えた。人びとは、非常に驚き恐れ、舌を巻いてその勇気のほどに感じ入った（図12）。

その後、日光の御普請が始まり、再び東国屋伊兵衛が日光へ参ると、当地の者は、東伊殿こそ、先年魔所に入ってただひとりでおられた並外れた方なので、この人に天狗のまじないの御守りをもらおうと、伊兵衛へ願った。伊兵衛は天狗の御守りとして、小菊の鼻紙（薄手の和紙の鼻紙）を小さく切り、裏に印形の判を捺したものを人びとにくれてやったところ、百姓どもは大いに喜んで、家々に貼った。東伊の天狗除けの守り札が、いまでも日光あたりに多くあるのは面白いことだ。至極威勢のよい男で江戸では知らぬ者はない。

この正月、新材木町より出火し、堺町や葺屋町《ふきやちょう》（現・日本橋人形町付近）の芝居者が焼け出された折、伊兵衛が直接芝居の近辺を見回って、市川柏莚《はくえん》（栢莚＝団十郎）、瀬川仙魚という歌舞伎役者両人を自分の家へ連れ帰り、まず江戸で正真正銘、極めのついた「三ヶ津（京、江戸、大坂）の名人と謳われた両人は、我らの家に身を寄せている」と、人びとに語り大いに自慢した。まことに闊達な者である。

図12「樵夫《しょうふ》（きこり）等鞘町東伊の胆力に驚く図」。岩角を枕として眠る伊兵衛（『本朝侠客伝』、国立国会図書館所蔵）

私（『当世武野俗談』の筆者）が、夜講釈を聞きに行ったとき、東国屋伊兵衛は毎回来ていたが、あるとき伊兵衛が次のようにいった。肥前島原のキリシタン一揆（島原の乱）の折、西国の諸侯はお骨を折られた。いま時分あのようなことがあったら、町人に請け負わせて打ち潰すと費用が少なくてすむ。この伊兵衛ならその入札に最も安い札を入れるであろう、という。一座の者は大いに笑った。皆が、あっぱれ名高きご仁であるというほどの、器量者である

（『当世武野俗談』、現代語訳筆者）

このように東国屋伊兵衛の器量のほどは、江戸中に知れ渡っていたわけであるが、その伊兵衛が取り組んでいた商売こそが、水鳥商売なのであった。芸者や芝居の者、講釈師など遊芸の者のパトロンとなるには十分な経済的な裏づけがなければならなかっただろうから、水鳥商売の経済的意味を考える上で大いに参考となる。喧嘩をいとわず、博打で活躍し、入牢経験をもち、田舎の迷信などはものともしない威勢のよさは、水鳥問屋を営む上で鍛えられたのか、はたまた彼独自のパーソナリティーなのか断言できないが、このような魅力ある人物が水鳥流通の現場にいたことは興味深い。

先に述べたように、水鳥商売には権力が大きく関与し、幕府の管理統制がなされていた。しかし、実際はその隙間を縫うように水鳥がアンダーグラウンドで流通し、市中には少なからず密猟の鳥が入り込んでいた。そして、さまざまなアウトローたちが暗躍していた。推測の域を出ないが、そのような状況で水鳥商売を営む者には、東国屋伊兵衛のような剛胆さとアンダーグラウンドに精通する能力が必要だったのではないだろうか。実際、彼の才覚は、鳥商売をめぐって遺憾なく発揮された。

2　幕臣と侠客との親密な関係

東国屋伊兵衛の復帰工作

享保一〇年（一七二五）一月に、伊兵衛が水鳥問屋の権限を失ったことは、先に述べた通りである。何らかの理由で、伊兵衛は鳥商売から外された。東国屋はこれによって、水鳥問屋の公的な営業権を喪失することとなるが、『当世武野俗談』にも、「もち鳥縄」の一件で入牢中も安針町で御鷹の御用を務めていたことが書かれているように、鳥をめぐる商売から完全に遠ざかったわけではない。

このとき伊兵衛が携わった御鷹の御用とは、具体的には前章で紹介した餌鳥請負人と考えられる。享保一〇年一〇月に、吹上御鷹部屋の餌鳥請負人として伊兵衛と申すものほか一名が勤め始めたとされており（『撰要類集　三』）、これが「安針町での御鷹の御用」だとすれば、この伊兵衛が東国屋伊兵衛に比定できる。この比定が正しいとすれば、伊兵衛は水鳥問屋から外されて、餌鳥請負人に転じたことになる。餌鳥請負人とは、タカの餌の鳥（餌鳥）を餌差《えさし》より集荷し、幕府に納入する役割をもつことは、すでに解説した。享保七年（一七二二）、公儀餌差が廃されることにより町人の請負に一元化されたが、これに水鳥問屋の権限を失った伊兵衛が、加わったものと考えられる。

伊兵衛としては、うま味のある水鳥商売に、どうにか復帰したかったはずである。その足がかりとして、餌鳥関係の仕事に食い込んだのだろうか。先にも述べたように、鳥商売の取り締まりなどの統制システムは、鷹場制度や鷹狩制度と表裏一体であったから、そこに目をつけたのは悪くはない。

水鳥問屋への復帰を願っていたのは、なにも東国屋伊兵衛ばかりではない。享保一〇年に六軒に水鳥問屋が制限されたときに、伊兵衛と同じく除外された者たちも復帰を願っていた。

水鳥問屋小左衛門の不埒

実際、元文二年（一七三七）八月に、東国屋伊兵衛と同じく水鳥商売の権限を剝奪された元鳥問屋たちが、その復権を幕府に願い出た。しかし、それは許されなかった（『東京市史稿 産業篇 一五』）。ところが、その二年後、東国屋伊兵衛に失地回復の一大好機が訪れた。水鳥問屋の一人が「不埒《ふらち》有之《これあり》」ということでその問屋から召し放たれたため、水鳥問屋の定員が一名分空いたのである。

このとき、不埒なことをやって失職した水鳥問屋とはほかでもない。先に紹介した、「盗鳥之手筋（密猟のやり方）」に詳しいという理由で、鳥見役推薦で水鳥問屋に特別に加えられた、あの千住小塚原町の山田屋小左衛門である（第四章参照）。鳥の密輸、密売に精通した怪しい男である。享保九年一二月（一七二五年二月）には東国屋伊兵衛も、水鳥問屋一八軒に名を連ね、このとき小左衛門が新しく加えられた。ところが、伊兵衛は一ヵ月も経たぬうちに、何らかの理由で水鳥問屋から除外されたのに対し、小左衛門は水鳥問屋として、しっかりととどまっている。しかし元文四年一二月（一七四〇年一月）、今度は小左衛門が不埒なことをやってしまい、勘定奉行によって水鳥問屋から解任された。残念なことに、小左衛門がやったその不埒なことの詳細はわからない。

この小左衛門の後任をめぐって、まずは品川町源四郎と田所町弥右衛門という者が、手広く盗鳥の吟味をすることを条件に水鳥問屋の新規開業を願い出た。鳥見役人はこれを受けて、その者たちを町奉行に推薦した。鳥見役人は、かつて盗鳥吟味のために小左衛門を水鳥問屋に加えた先例がある。

ところが、この品川町源四郎は、実はなんと小左衛門の親だった（『東京市史稿 産業篇 一五』）。小左衛門は不祥事を起こして水鳥問屋を務められなくなったが、それでは鳥見役人は密輸、密売の取り締まりに支障をきたす。そのため表向きは小左衛門の水鳥問屋の権利を剝奪する形にして、一方でその親に水鳥問屋の名義を移し替えることによって、裏で小左衛門の関与を継続させようとしたのだろうか。はたまた、小左衛門は密輸、密売に関して鳥見役人たちの弱みを握っていたのだろうか。事情は詳らかではないが、鳥見役人にとって、彼は外すに外せない存在になっていたようである。

小左衛門の跡を襲った伊兵衛

さてこの好機に、御鷹餌鳥請負人の東国屋伊兵衛も黙ってはいない。伊兵衛は対抗して、水鳥問屋の開業を願い出た。伊兵衛と小左衛門。この両人に、因縁めいたものを感ぜずにはいられない。

伊兵衛の水鳥問屋への復帰戦略は、品川町源四郎たちとは大きく異なっていた。伊兵衛は、近年、御用のタカの品質が低下していることに目をつけ、自分自身が巣元に行って、良質のタカを差し上げる御巣鷹の御用を引き受けることを条件に、町奉行に開業を出願した。重ねて願い出ることによって、町奉行は御側衆の渋谷和泉守に取り次ぎ、渋谷は、もし良質のタカの上納ができたら、それと引き換えに水鳥問屋を許可する旨、申し渡した。

そこで伊兵衛は、その約にたがわず、元文五年（一七四〇）に「巣鷹（雛から飼養され調教されたタカ）十居、巣廻り鷹一居」を差し上げ、その後も継続してタカを納めることを条件に、水鳥問屋二軒の開業を相願った（安田　二〇〇四、五九）。これを受けて、渋谷和泉守は老中本多中務大輔《なかつかさたいふ》忠良《ただなが》にお伺いを立てた。その結果、鳥見役より上申された二名は許可されず、元文六年二月一〇日（一七四一年三月二六日）、伊兵衛は念願の水鳥問屋復帰を果たすこととなる（『東京市史稿　産業篇　一五』）。ちなみに田所町弥右衛門は寛保元年（一七四一）に、盗鳥、隠鳥の取り締まりのため、鳥見方からの推薦で水鳥問屋に加えられた。しかし、このときも小左衛門の親の品川町源四郎は許されなかった。

伊兵衛の水鳥問屋復帰には、鷹御用と結びつけた伊兵衛の戦略が功を奏したことはいうまでもない。鳥商売が鷹場制度と表裏一体であることを見抜いていた。なかなか抜け目がない男である。しかし、それだけで伊兵衛が、水鳥問屋への復帰に成功したのかというと、そうでもなさそうである。もう一方で、別の成功の理由が取り沙汰されていたのである。

その理由とは、幕臣との親密な関係である。

幕臣と親密な関係

水鳥問屋開業をめぐる伊兵衛との競争に敗れた、小左衛門の親である品川町源四郎ら二名は、鳥見役人を介して幕府に申し出た。鳥見役人は下級役人であり、その権限は小さく、町奉行に上申する立場であった。ところが、伊兵衛は直接、町奉行に願い出た。そして町奉行は、なんとも優しいことに御側衆の渋谷和泉守へと取り次いだ。そして渋谷和泉守は、さらに老中にまで伊兵衛を認めたい旨、上申している。恐ろしいほど順調である。

この渋谷和泉守という御側衆が、先に紹介した『当世武野俗談』に登場することは、すでにお気づきだろう。伊兵衛が「御側衆御出頭渋谷和泉守殿と云人《いうひと》甚《はなはだ》懇意《こんい》」だったと書かれた人物である。

この渋谷《しぶや》良信《よしのぶ》（一六八二～一七五四）は、和泉守、あるいは隠岐守の称呼をもつ。もとは紀伊和歌山藩士で、将軍に就任した徳川吉宗に従って江戸に上った。幕臣となり、小姓組番頭《ばんがしら》や御側衆を務め、まさに吉宗の側近くに仕えた。渋谷は、吉宗が語った話を『柳営夜話《りゅうえいやわ》』として書き残している。

御側衆の職格は町奉行とそれほど変わらない。交替で江戸城内に宿直し、老中退出後はその代理で殿中の職務全般を処理し、また、将軍の側で警護をする役割を担った。そのなかから、将軍との取り次ぎをする御側御用取次が選ばれる重職である。『当世武野俗談』では、伊兵衛と渋谷和泉守殿とが「甚懇意」と述べた後に、「ただし、この懇意なことの詳細をいうならば」と、その懇意にしている理由についてわざわざ解説してある。同書によれば、なんと伊兵衛が、御側衆御出頭の渋谷和泉守の妾をもらって、女房にしたというのである。そして、渋谷の落胤も引き取ったというのである。

将軍の側に仕える幕臣と町の侠客との間に、本当にそのような関係があったのかどうか、真偽のほどは定かではない。講釈師である馬場文耕《ぶんこう》が著した『当世武野俗談』は噂話を集めた巷談集であるため脚色気味のところがあり、その事績の信憑性には欠ける。しかし、その真偽は別として、そのような噂が世間を賑わせていたからこそ、その内容が記載されたと考えるべきであろう。そのような関係を邪推させるほどの親密な関係が、両者にはあったと考えられる。

鷹将軍吉宗のお気に入り？

江戸文化研究家である三田村鳶魚《えんぎょ》は、伊兵衛が渋谷和泉守の妾を女房にしたので、その伝手《つて》で強情なこともしがちであるとする。そして、両者の関係について、次のように想像している。

渋谷の領地が下野の都賀郡にあって、東伊はこの都賀郡の者だった。それだけしかわかっておりませんが、どういうことかがあって、それ以上に結びつくようになったのだろうと思う。東伊がばからしい羽振りを見せたのも渋谷のお陰なので、世間に東伊が光って見えたのは、吉宗将軍のお気に入りということもあった。これは無論渋谷が取り持って、吉宗将軍のお耳に入れるようにしたのでしょう。（三田村　一九九七、一九八）

確かに渋谷和泉守は、下野国都賀（現・栃木県西部）に三千石の知行地があった。また都賀郡は、伊兵衛が御巣鷹の御用で赴き、天狗の御守りを配った日光を含んでいる。しかし伊兵衛が、都賀の者だったとする根拠を三田村は示していないし、「どういうことかがあって」結びついた理由も述べていない。伊兵衛は鷹将軍吉宗のお気に入りだったというが、その内容もわからない。ただ、伊兵衛と渋谷和泉守に親密な関係があったということだけは、風聞として囁かれていた。

弟は有名な菓子屋

『当世武野俗談』には、伊兵衛が引き取った渋谷和泉守の落とし胤《だね》東里が、本郷で「まし屋長門」という菓子屋をやっているとあるが、三田村は「まし屋の話についていては、いろいろあって、鷗外博士なども書いておられるようです」（三田村　一九九七、一九八）と述べる。ここで名を上げられた森鷗外が書いた『寿阿弥の手紙』（一九一六）には、「真志《まし》屋の七代は西誉浄賀信士である。過去帳一本に『実は東国屋伊兵衛弟、俳名東之』と註してある。東清の婿養子であらう。浄賀は安永十年三月二十七日に歿した」（森　二〇一六、七六）と書かれている。寿阿弥こと長島寿阿弥《ながしまじゅあみ》（一七六九〜一八四八）は、江戸時代後期の歌舞伎作者で、通称は真志屋五郎作といって「まし屋」の人であった。鷗外は、それを調べていて「東国屋伊兵衛弟」なる東之に辿り着いている。真志屋は水戸藩御用達という由緒ある菓子屋であった。そこに伊兵衛の弟が養子に入ったという。この東之（浄賀）は一七八一年没なので、一八世紀前半に活躍した侠客伊兵衛の弟であっても矛盾はしない。

伊兵衛には確かに弟がいたようで、明和八年（一七七一）に問屋株のひとつを弟の「五郎兵衛」なる者に譲っている（安田　二〇〇四、六〇）。真志屋の主人は代々、五郎兵衛、あるいは五郎作を名乗っており、晩年の伊兵衛が、弟に水鳥問屋の権利を分け与えた可能性もある。文化八年（一八一一）に真志屋茂兵衛という人物が東国屋伊兵衛らと水鳥問屋を務めており、これが五郎兵衛の家筋とされていることから（安田　二〇〇四、六〇―六一）、東国屋と「まし屋」との間には、やはり因縁浅からぬ関係があったことがわかる。弟の伝手で伊兵衛は渋谷の御落胤を真志屋に入れたのだろうか。

御鷹御用と結びつけた伊兵衛の戦略が、水鳥問屋復帰成功の大きな要因であったことは間違いない。しかし、このような幕臣との親密な関係が、その成功の本当の要因だったのではないだろうか。豪放磊落《らいらく》な東国屋伊兵衛の行跡は、私たちの想像をかき立てる。

江戸の川柳に描かれる鳥商売

東国屋伊兵衛の破天荒で魅力的なキャラクターは、江戸中に知れ渡っていた。また、東国屋自体が、鳥商売の代表的な名店として、江戸にその名を轟かせていた。そのため、江戸の多くの川柳に、東国屋が詠まれている。『川柳江戸名物』には、「安針町の鳥屋店」（西原　一九二六、一〇八―一〇九）と題して、東国屋の鳥商売が数多く登場する。

○罪なこと安針町で針仕事
○安針で諸鳥はみんな目を縫はれ

この二句は、鳥を売る東国屋で目を縫う様子を描いた句。鳥が暴れないようにする工夫である。後の句の安針は、「安針《やすばり》（安物の針）」と日本橋の安針《あんじん》町をかけたものであろう。『嬉遊笑覧』にも、「水鳥屋にては鷺の目を縫ふなり」とあるから、鳥商売では生鳥の目を縫うのは普通のことであった。先に紹介した小林一茶の句にも、鳥の目を縫う光景が描かれていた。
○明日知らぬ鷺に餌を飼ふ東国屋
いつ殺されてもおかしくない、明日をも知れぬ身のサギに餌を与える東国屋の意。
○番内《ばんない》を九太夫《くだゆう》にする東国屋
これは少々ひねった句で、浄瑠璃『仮名手本忠臣蔵』を知らないとうまく理解できない。「番内」とは、『仮名手本忠臣蔵』に登場する赤穂浪士の敵方の「鷺坂伴内」を指す。その姓は「鷺」を連想させる。そして九太夫も同じく敵方で、縁の下に潜んで大星由良之助（大石内蔵助がモデル）を張り込み、結局、引き摺り出されて殺される密偵斧《おの》九太夫を意味している。すなわち「番内を九太夫にする東国屋」とは、「鷺を縁の下に閉じ込め、最後に殺す東国屋」という解釈ができる。東国屋の縁の下には大量の鳥がいたようだ。
○東国屋春は燕が軒を借り
鳥商売の東国屋は、鳥にとっては危険な場所であるにもかかわらず、春にはツバメが暢気に軒先に巣を作っているという意。
○〆売《しめうり》にする商買は東国屋
「〆売（締め売り）」とは、品物を買い占めて供給量を制限し、高値に釣り上げて売ることである。東国屋が、鳥の値段の趨勢に大きな影響力をもっていたことが偲ばれる。この句の面白さは、さらに〆を鳥商人が行う「（鳥の首を）絞め」るということにかけているところにある。
○水鳥の羽音で〆《しめ》る東国屋
羽で水をたたく音で勘定をする東国屋。この句の面白さは、勘定をする意味の〆と首を絞めるとをかけたところにある。
○東国屋首をひねつて書く仕切り
「仕切り」とは、帳簿または取引の締めくくりをつけることで、いわゆる決算である。決算するときに数字が合わないのだろうか、首をひねりながら帳簿をつけている。それと、鳥の首をひねる（絞める）ということをかけた句。
○ぎつ〳〵の肉を安針町で買ひ
　ぎつぎつとはガチョウの鳴く声。その肉を、安針町で買ったの意。
○青首の受判をする東国屋
「青首」はマガモのこと。マガモの江戸への輸送に不可欠な証明札である判形を受け、確認する東国屋の様子を描いたもの。
○其直《そのね》では安針町で買ふと云ふ
　これは東国屋ではない別の店で鳥を買っているときに、値切っている様子を描いた句。東国屋は水鳥問屋としては有名ブランドだったのだろう。品質も上等であった分、値も張った。だから、「そんな値段を出すくらいだったら、東国屋で買った方がましだ」と啖呵を切ったのだろう。

　これらのたくさんの川柳から、東国屋の水鳥商売の様子が生々しく伝わってくる。

鳥問屋の稼ぎ

「鞘町東伊」を描いた『当世武野俗談』が書かれたのと同じく、江戸中期に書かれた百科事典『雑事《ざつじ》紛冗解《ふんじょうかい》』には、水鳥商売の様子が描かれている。同書には、江戸で鳥を荷受けする「鳥問屋」の項目がある。それが書かれた安永七年（一七七八）、江戸には一一軒の鳥問屋があり、うち一軒が休んでいたという。営業している鳥問屋一〇軒のうち六軒が水鳥を対象とする水鳥問屋で、四軒が陸鳥を対象とする岡鳥問屋であったという。

鳥問屋は、一〇月から正月までの間、一日あたり八〇〜九〇両くらい、二月から九月までの間は一日あたり二〇両くらい（暑い時期は商いはなし）もの稼ぎがあったという。この冬場に稼ぎが多くなるのは、ガン・カモ類の渡来シーズンになり、その上がりが増えるからである。したがって、その稼ぎはガン・カモ類を扱う水鳥問屋の収益と推測できる。

浅草寺と東国屋との一悶着

東国屋の家業は、剛毅な侠客伊兵衛が亡くなった後も、その子孫たちに連綿と受け継がれる。一八世紀末には餌鳥請負人、水鳥問屋、そして岡鳥問屋といった鳥商売のすべてを兼ねて、江戸の鳥流通を一手に握った（大友　一九九九、三四二）。東国屋伊兵衛の屋号と名前は続くが、幕末には伊之助と名乗る者が跡を継ぎ、その幼少期には後見人が東国屋の名跡を支えた。その侠客伊兵衛の後継者たちも、鳥商売をめぐって手腕を振るった。

天明六年（一七八六）、餌鳥請負人が集めなければならないスズメなどのタカの餌鳥が、洪水などにより払底するという事態になった。通常ならば関東の農村部を餌差が巡回し、鳥刺《とりさし》（竹棹の先に鳥黐をつけ、突き取る猟法）で餌鳥を捕り集めていたが、その供給が滞ったのである。餌鳥が払底すれば、当然、鷹狩用のタカの飼育に支障をきたしてしまう。そのため、幕府は東国屋伊兵衛（侠客伊兵衛の子孫）に命じて、江戸でも小鳥猟を執り行わせることにした。そのとき伊兵衛はなんと、浅草寺で小鳥猟を行うことを思いついたのである。

当時、江戸では徳川家ゆかりの寛永寺や増上寺、氷川社などの六ヵ所の寺社は、幕府公認の殺生禁断の聖地として禁猟とされていたが、それ以外のところは、基本的に餌差が鳥を捕ることができた。そこは殺生禁断の場所に含まれていなかった浅草寺でも、理屈の上では餌差の小鳥猟が可能だった。そこは寺院のため緑が豊富で、小鳥も多く生息している。餌鳥を確保するにはうってつけである。

とはいえ、やはり浅草寺などの格式のある寺社のなかで猟を行うことは、なかなか遠慮されることであった。そのため従来、餌差たちはそこを避けて鳥刺を行っていたのである。だが、御鷹御用の緊急事態で背に腹はかえられぬ。伊兵衛は餌鳥の猟場として浅草寺に目をつけ、タブーであったと思われる寺内での殺生に挑戦した。

浅草寺の日記によると、「このたび洪水のせいで御鷹餌鳥に差し支えがあり、江戸の六ヵ所以外の場所で殺生人《せっしょうにん》（餌差）が餌鳥を捕るように幕府から仰せつけられたが、この浅草寺境内もそれ以外の場所であるので、餌差たちを召し連れて参上する」と、東国屋伊兵衛と申す者が、突然届けてきたという（『浅草寺日記』）。ここで一悶着あったらしい。

当然、浅草寺側は一介の餌鳥請負人の要求に、おいそれと従うわけにはいかない。浅草寺は本寺である上野寛永寺の指示を仰いで、当境内は古くより殺生禁断の場であると主張して、餌差たち殺生人が侵入することを拒み、寺社奉行へその旨を願い出た。だが、それは認められなかった。そのため浅草寺は、寛永寺の別当を兼ねる日光門主の力や、大奥の威光を借りるなど、あの手この手を使って東国屋伊兵衛の目論見を阻止しようとした。結局、それでも最終的には、大奥から依頼のあった天下安全の祈禱が終わり次第、餌差たちが浅草寺境内へ入って、殺生をすることを認める裁許が寺社奉行からなされた。自らの境内地が殺生禁断の聖地であるという浅草寺の主張は退けられ、浅草寺における餌差の殺生が公認となったのである。浅草寺の面目は丸潰れである。一方、東国屋伊兵衛や餌差は、新しい猟場を手に入れることになった。

アンビバレントな存在としての餌差

実は、東国屋伊兵衛や餌差たちの境内侵入を拒否した、「殺生禁断」という浅草寺の理由はあくまで建て前で、本当は「穢れのものとして排除されるべき最も下位のグループに置かれる構造にあった」餌差を境内に入れないことが、浅草寺の目的であったとする、興味深い指摘もなされている（大友　一九九九、三三八）。実際、浅草寺境内参道では、当時「生物魚鳥之類商売」（『浅草寺日記』）をするものがいたというから、殺生禁断の戒めはすでに形骸化しており、それを理由に持ち出すのはお門違いである。それは、あくまで餌差を排除する口実でしかなかった。

一八世紀中頃、餌差は八〇〇名ほど存在し、それぞれの地域で鳥屋の札親のもとに編成され、一年間で四〇〜五〇万羽ものスズメを幕府に供給するという、大事な務めを果たしていた（大友　一九九九、三三九—三四〇）。しかし一方で、当時、餌差は殺生人という形で差別視され、それが巡回する地域社会では厄介視され、人びとといざこざが絶えなかった。たとえば、幕末の天保一三年（一八四二）のことであるが、餌差が町裏の空き地で餌鳥を捕っていたところ、その行為を咎めたり、鳥を追い散らして鳥刺を妨害したりするということが横行しており、そのような邪魔立てをしないように町人に触れを出している。

一方で、餌差には、町人に対して「かさつケ間《が》敷儀（乱暴で野蛮なこと）」をやってはいけないと申しつけている。ということは、餌差はがさつなことをしがちで、ときに乱暴をはたらいていたということである。餌差のなかには、公儀の御用の一翼を担っているという権威を示すためか、物騒にも腰に脇差を帯びる者もいた。また「ねだ《だ》りケ間敷儀（言いがかりをつけて金品を強要すること）」をする者もいて、問題視されていた（『幕末御触書集成　二』）。また、餌鳥以外のガンやカモなどの鳥を密かに捕る「悪殺生」を行う在方の餌差もいたという（榎本　二〇一六、七八―七九）。

一方で卑賤視され厄介者扱いされるものの、一方で大事な公儀の仕事を支えるという餌差は、聖俗合わせたアンビバレントな存在であった。そのような一筋縄ではいかない者たちを餌鳥請負人東国屋は束ねていたのである。ちなみに、当時、江戸周辺農村の鷹場を管理し監視する「野廻り」という在方の者がおり、鷹匠頭の配下にあって鳥見役人と同様の職務を行っていた。名主などから選ばれて、百姓ではあるが名字帯刀を許されていた。この野廻りの者が、鷹匠の威を借りて「権柄《けんぺいが》かましく（権力を笠に着て）」、みだりに田畑を踏み荒らすような所業にも及んでいた。百姓どもは、それを怖れて事を荒立てないようにご馳走でもてなしていたという（『幕末御触書集成　二』）。それは、一種のたかりであり、恐喝である。鷹狩という行為の周りにたむろする人びとは、とかく権柄尽くで、驕り、つけあがることがあった。それほどまでに、鷹狩には権威があった。

幕末の東国屋

幕末には東国屋は、伊兵衛の子孫である伊之助が水鳥問屋の跡を継ぐ。また天保一二年（一八四一）に問屋組合が停止されて以降、慶応三年（一八六七）に鷹場制度が解体されるまで、岡鳥問屋兼餌鳥請負人も東国屋伊之助が務め続けた。御用の負担に耐えかねて岡鳥問屋の多くが撤退したのに対し、東国屋は江戸時代の最後まで餌鳥御用を務め果たしたのである。水鳥と岡鳥両方を手広く商売していた東国屋の「商いにおける体力は相当なものであった」と推測されている（安田　二〇二〇、六四）。

横浜開港後、居留外国人の鳥肉需要を満たすために、江戸の鳥問屋たちが出店したことはすでに述べたが、東国屋ももちろん横浜に進出している。安政六年（一八五九）には東国屋伊之助が岡鳥や飼い鳥を商う店を、横浜本町一丁目の大通りに拝借地を願って開店している。それは開港に先駆けての出願であり、まさに横浜開港を一大商機ととらえた積極性を読み取ることができる（安田　二〇〇四、六八）。商才に長けた東国屋の血筋は、脈々と受け継がれたのである。

明治維新後の東国屋

さて、江戸時代が幕を閉じて以降、この東国屋はいったいどうなったのであろうか。

明治維新後、鳥類の流通に関する細かすぎるほどの管理システムは崩壊し、鳥商売が自由になった。当然、東国屋たち鳥問屋がもっていた既得権も失われたのである。しかしこの東国屋は、明治末、あるいは大正初頭までは東京でしぶとく、鳥を売り続けていた。

明治二七年（一八九四）に出版された『東京諸営業員録』、通称『買物手引』に東国屋の名前が載っている。同書は、東京の商人の住所を業種ごとに整理した名簿である。たとえば、料理の項目には、いまでも「あひ鴨一品」としてその名が知られる明治五年創業の日本橋の名店鳥安などの名前が見える。また、先に紹介した夏目漱石が愛した上野山下の雁鍋も、その頃、まだ健在である。

そして、食料諸売肉業の項目を見ると、やはり多くの鳥問屋の名前が記載されている。江戸時代のように日本橋だけに集中しているわけではないが、やはり日本橋あたりは鳥問屋が多い。その日本橋の店の一軒に、「食料鳥問屋　東國屋　伊東延　日区（日本橋区——引用者注）本小田原町七　日本橋北詰ヲ東ヘ一丁北ヘ一丁」（『東京諸営業員録』）とある（図13）。

東国屋の跡継ぎは、明治になって「伊東」の姓を名乗ったようである。これは、伊兵衛という名と、東国屋という屋号に由来するのであろう。この時代、店を切り盛りしていたのは、女店主の伊東延《のぶ》。この伊東延には夏子という娘がいた。この伊東夏子は、明治五年（一八七二）六月一〇日、日本橋本小田原町生まれで、明治の女性小説家樋口一葉の親友であったことで知られている（河野　二〇一六）。母と一緒に、歌塾萩《はぎ》の舎《や》に入門し、そこで樋口一葉と出会い、彼女を金銭的に支援したという。明治三一年、長州出身の近衛連隊士官と結婚して田辺姓になり、山口県に転居して、昭和二〇年（一九四五）に山口市で没した（田辺家資料を読む会　一九九七、一）。伊東家は裕福であり、明治に入っても鳥商売は実入りのよい商売であったことがうかがわれる。

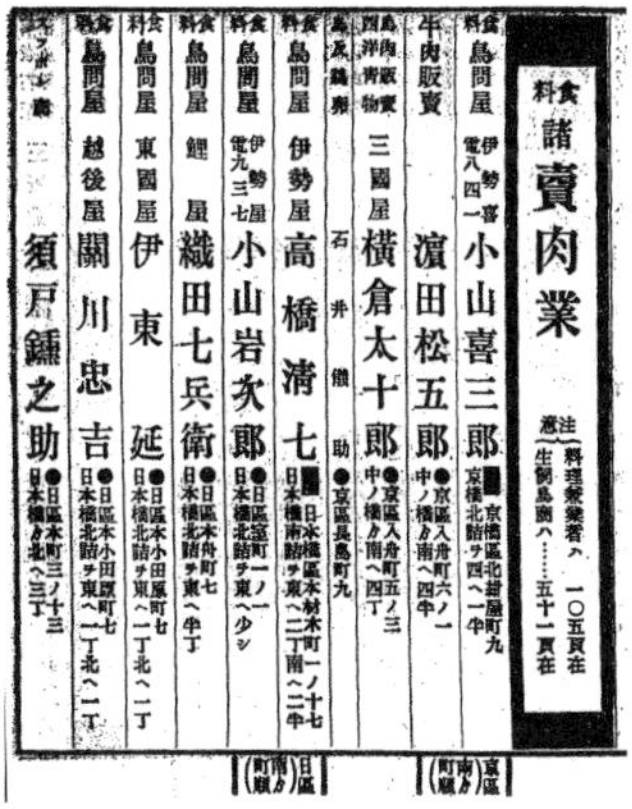

図13　明治時代の東京の鳥問屋名簿。東国屋の名前が見える（『東京諸営業員録（買物手引）』、国立国会図書館所蔵』）

鳥商売の老舗東国屋の終焉

この東国屋は、残念なことに関東大震災（一九二三）に見舞われる少し前に潰れたようだ。昭和六年に、明治の古老からの聞き書きをまとめた『明治百話』には次のように描かれている。

火の消えたような裏道
魚河岸《かし》の廃《すた》れた跡は、実際お話にならね

エんで、昔の話をしたッて、今時の人にゃア解りッこねエンだから、地震後に『魚河岸《うおがし》キネマ』のオッ立った土地が、モトを言いやア知ってる人もあろうが、『東国屋《とうごくや》』という鳥問屋があった。鎌倉以来の鳥屋なんで、姓を伊東、紋が丸にもっこうだ。裏がズーッと鶏舎で玉子なんか家《うち》の嬶《かか》アが、「一つ貰うよ」といって、裏へ廻って、五ツや六と持って来たッて、ビクともしねエ屋体骨だッたが、やはり時よ時節で潰《まい》ってしまった。旦那が欺されて、銀行をオッ初《ぱじ》めたから、とうとう身代を投出してしまッた。(篠田　一九九六、七三―七四)

鎌倉以来の老舗というのは少し大げさではあるが、東国屋は名が通った鳥問屋だった。近所の嬶たちが図々しくも卵をただでもらいに来ても、怒ることもない。ただ残念なことに、結局、騙されて慣れない事業に手を出してしまい、身上《しんしょう》を潰したという。それが大正の頭くらいだとすると、東国屋は、享保期の侠客の伊兵衛(鞘町東伊)以降、少なくとも二〇〇年の鳥商売の歴史を刻んだということになる。江戸時代から続く鳥商売の老舗が、惜しくもここに終焉を迎えた。

第六章

将軍様の贈り物

王権の威光を支える鳥たち

天皇による鶴庖丁の御覧。『旧儀式図画帖』(東京国立博物館所蔵)より

1　鷹狩と贈答による秩序維持

なぜ鳥商売を厳しく取り締まったのか？

第四章で詳しく解説したように、江戸幕府は江戸への鳥類の輸送や販売、そしてその利用に関して、小うるさいほどに規則を設け、取り締まった。しかし、江戸において鳥類以上に日常的に大量消費され、経済的重要度も高かった魚類に関しては、ここまで厳重な管理はなされていない。ではなぜ江戸幕府は鳥類だけをターゲットとして、江戸の消費、流通を必死に掌握しようとしたのだろうか。

それは、すでに第四章で解説したように、幕府が、将軍や御三家の鷹場を厳重に管理して、そこに生息する獲物の鳥たちを守っていたからである。江戸市中で鳥の消費が野放図に行われると、鷹場の管理に支障をきたすことは間違いない。江戸の人びとの食欲は野鳥資源にとって最大の敵であった。

一方、魚類には、このような鷹狩や鷹場に相当するものがなかった。将軍たちは自ら魚捕りをすることはないし、そのための特別な漁場も設定されていない。漁撈と狩猟とでは、その行為の象徴的意味が異なった。この点が、江戸における鳥類と魚類との流通、消費の管理に根本的な違いを生じさせた最大の理由である。もし、江戸に住む将軍が鷹狩を行わず、あるいは江戸の周りに鷹場が設定されなければ、これほどまでに江戸の鳥商売の管理は厳しくはなかったといえるだろう。

鷹狩は、将軍の単なる遊びや趣味、手慰みではなく、権威ある公式行事であった。極端な話、もし将軍が鷹狩にまったく興味がなくとも、鷹狩を挙行しなければならなかった。さらに、将軍自らが鷹狩を行わなくとも、鷹匠などに代行させて、タカで捕った鳥を確保しなければならなかった。なぜならば江戸時代、いやそれ以前から、鷹狩という行為、そして鷹狩で得られた鳥の贈答が、王権を支える格別の儀礼的、政治的、社会的意味を有していたからである。それは、権力者の権威と社会秩序の維持とに密接に関わっており、将軍と朝廷、そして各大名や幕臣との間で、鷹狩で捕らえられた鳥による贈与関係が取り結ばれ、それが当時の社会で重大事とされていたのである。

その重大さを、江戸幕府を開いた徳川家康は熟知していた。家康が鷹狩をこよなく愛し、頻繁に鷹狩に赴いていたことはつとに有名だが、彼はそれをただ楽しんでいたのではない。鷹狩が、支配システムを維持する上で必要不可欠であることを、彼は見事に見抜いていたのである。それ故、近世以前からの慣わしである鷹狩と、それで捕獲された鳥の贈答行為を江戸開府以降も継承し、さらに高度に精緻化し、制度化し、より強化した。そのため鷹狩の獲物である鳥を確保することが必須となり、江戸幕府は、民間の鳥猟や鳥商売を厳しく取り締まらなければならなかったのである。

写真11　鷹を手にした徳川家康の銅像。静岡市・駿府城公園

王権と結びつく鷹狩

日本では、タカ目タカ科の鳥で比較的大きいものをワシ（鷲）、小さめのものをタカ（鷹）と、一般的に呼ぶ。鷹狩にはオオタカやハイタカ、クマタカ、ハヤブサなどの猛禽類が用いられた。ワシやタカの仲間の骨は、縄文時代の遺

跡から出土し、その時代には矢羽根に用いる羽を採取するために捕獲されていたと推測されている（新美　二〇〇八、二三一）。さらに時代が下ると、このような直接利用のためではなく、小動物を狩猟する鷹狩の用途で使役するために捕獲されていた。

鷹狩は、世界各国で行われているが、日本において古くは『日本書紀』に記載されており、また古墳時代後期（六世紀後半）のオクマン山古墳（群馬県太田市）などから鷹匠埴輪が出土していることから、古代においてすでにその狩猟技術が確立していたことがわかる。当初は朝廷が中心となって天皇などが鷹狩を行っていた。当時、鷹狩は一般庶民が行う生業ではなく、天皇や貴族に限定的に許される特権的行為、あるいは高貴な遊びだったのである。

古代から近世にかけて、タカはときの権力者や王権、すなわち「天皇の大権」と密接に関わり、鷹狩を組み入れた社会制度や権力体系が生み出された（根崎　一九九九、五）。基本的に、山野の動物を捕る狩猟の理念的な支配権は、近世まで権力者が保持し続けてきた。すなわち、鷹狩は単なるスポーツハンティングではなく、自らの権力と威光を知らしめる象徴的行為だったのである。古くは天皇、後には将軍や領主など、「鷹の利用者が、強大な権力をもつものに限られたとき、鷹は御鷹とよばれるものになり、多くの人民を戦慄させる生物」（塚本　一九八三、九二）となった。

たとえば、江戸時代には威光を帯びた将軍のタカが御鷹であり、それを運んでいる途中に出くわすと、騎乗している者は「かろき者（身分が軽い者）」であれば、畏れ多いために下馬することがあったようで、幕府は下馬までする必要がないことを確認している（『正宝事録　二』）。ただし、御鷹の邪魔にならないように避けて通り、また道が狭いところでは、みだりに行き違わず、馬を止めて片方に寄せてやり過ごすように命じている。あたかも、高貴な人と接するような作法で、御鷹と接していたのである。

元々、貴族階級が行っていた鷹狩は、中世には武家の間へ広まり、戦国時代以降、武家優位の時代へと移行するなかで、武士たちによって、よりいっそう愛好されることとなる。戦国の乱世には戦国大名たちが鷹狩などの狩猟を好み、また鷹狩で得られた獲物の鳥たちを好んでいたのである。鷹狩は、貴人のステータスシンボルであり、武士たちが威を張るために欠かせない行為でもあった。

さらに江戸時代に入ると、幕府は鷹狩を行使する権力を手中に収め、武家が行う鷹狩も含めて中央集権的に統括した。「徳川政権の御鷹支配は、古代天皇家のそれをうけつぐものであったと同時に、また古くからこれと拮抗し、あるいはこれと補完しあった在地領主の鷹支配権を吸収するもの」（塚本　一九八三、九七）だったのである。

江戸時代、鷹狩は儀式化されて江戸幕府の年中行事のひとつとなる。寒の入りの後、将軍が自ら鷹場に赴いて鷹狩をすることを「鶴御成《つるのおなり》」と称し、鷹狩のなかで最も権威のある鷹狩とされた。なぜならば、そこで捕ったツルは朝廷に献上されていたからである。

将軍による鳥贈答システムの支配

近世のタカをめぐる贈答儀礼の構造を精密に究明した大友一雄は、「将軍が鷹狩に用いる鷹は、諸藩や朝鮮から献上され……（将軍の――引用者注）鷹狩によって得られた獲物は、諸大名などへ下賜された。また、諸大名へは鷹や鷹場も下賜され、これを得た大名は、拝領した鷹場や鷹を用いて鷹狩を実施し、獲物を将軍や家中へ贈った」（大友　一九九九、二〇二―二〇三）という、鷹狩をめぐる贈答の互酬性を指摘している。つまり、タカやそれによって捕られた獲物が、将軍―諸大名―家臣といった、異なる階級の間で贈り、贈られていたのである。江戸幕府はまず、この「下」へ、あるいは「下」からの双方向的な鳥の贈答ルートを掌握した。

さらに、幕府は「上」への贈答ルートも掌握した。将軍は、朝廷に鳥を献上する権限を一手に独占した。将軍のタカが捕った鳥は「御鷹之鳥」、とくに将軍が自ら捕った鳥は「御拳之鳥《おこぶしのとり》」と呼ばれ、天皇に進献、大名に下賜されたのである。また、大名たちが捕ったツルを朝廷への献上に「使い回し」することもあったが、この場合も一度大名から将軍へ献上され、そこで将軍の鳥となって朝廷に進献された。朝廷への鳥奉献の主体は、あくまで将軍に限定されていたのである。

本来ならば、御鷹之鳥は天皇自身が捕り、それを将軍や大名に下賜するのが道理であろう。しかし、その鷹狩を幕府が支配し、御鷹之鳥を捕り、下賜する天皇の代行者としての権威を将軍が身につけた。そして、朝廷へ奉献する名誉ある権能を独占して、権威ある鳥が移動する経路の中心に立った。そういう権威を背景に、当時の身分的ヒエラルキーの実質的な頂点に将軍は君臨したのである。

豊臣秀吉の鷹狩

鷹狩の支配権を朝廷から奪い、朝廷への鳥の献上をもって権威を示すあり方は、徳川家康が初めてではない。それは室町時代の権力者たちから引き継いだ手法である。たとえば、豊臣政権は、天皇がもっていた鷹狩の支配権を奪い、公家の鷹狩を禁じ武士の特権とするまでに至った（大友 一九九九、二〇〇三）。そして、関白となった秀吉は、天正一五年（一五八七）から、後陽成天皇に鷹狩で捕った鳥を献上するようになった。秀吉にとって、鷹狩、およびその獲物の天皇への献上は、「単なる娯楽ではなく、『天下人』と天皇の関係を示す政治文化」（中澤 二〇一八、三八五）だった。このような仕組みを、江戸幕府も踏襲したのである。

天正一九年（一五九一）、秀吉は百五十余人もの鷹匠を引き連れて、美濃、尾張、三河で大規模な鷹狩を行ったが、事前に大量の「御鷹之鳥」を諸国に集めさせ、「帰路それを人々に見せつけながら京へ」入り、「その盛大な行進を天皇・公家にも見物させ、獲物を彼らにも配った」という（中澤二〇一八、三八六）。それはまさに秀吉の権力と威光を示す政治的な示威行動であった。

朝廷への進献は、江戸での鳥商売を根絶しようと必死になっていた徳川綱吉の治世下においてすら継続された。そのとき鷹狩をやめた将軍綱吉は、盛岡藩や仙台藩などの東北諸藩から献上された鳥を「使い回し」して、朝廷に献上しているほどである。幕府自体が、生類憐れみの政策と矛盾する行為を続けたのであるから、この朝廷への鳥の進献が、いかに重要な行為であったかが推し量られよう。

御鷹之鳥を朝廷に献上し、また大名たちに下賜する行為は、将軍の政治的、社会的な最上の地位を確認するための象徴的行為だったともいえる。そのため、たとえば大名が捕った初物の鳥は、将軍に献上すべきとか、また将軍から大名が拝領した御鷹之鳥は、ほかの鳥と比べ格段に丁重に扱うべきなどといった細かいしきたりが決められ、さらに、鳥種ごとに、「この格の大名に対しては、この格の鳥を下賜すべき」という取り決めまでも、厳格に明文化されていたのである。鳥の贈答は、まさしく儀礼であった。

鳥の「格付け」による大名の「格付け」

江戸時代前期には、将軍から御鷹之鳥として下賜される鳥はツル、ガン、ヒバリの三種であり、ツルの格が最も高かった。それらは、下賜される者の家柄や官職に応じて、どの鳥が下賜されるか決められていた。たとえば尾張、紀州、水戸の御三家や、甲府と館林の徳川家である御両典《ごりょうてん》、さらに前田家や島津家、毛利家など国持大名といわれる家柄の大大名で、少将以上の官職に任ぜられた者は、最もランクが高いツルを拝領した。また、家督相続の間もない国持大名や老中、若年寄、城代などは、次のランクであるガンを拝領していた。将軍の子女も鳥を拝領していた。下賜される鳥の格は、拝領する側の大名や幕職にある者の家格や官職を反映していたのである。

将軍が捕った御鷹之鳥を拝領することなど、普通の大名ではあり得ない。ほんのわずかな限られた者だけが、その栄誉に与れたのである。それは稀なことであったから、当時の武士たちにとって至極名誉なこととされ、その下賜の知らせを伝える使者の接遇や、その受け取りの挨拶の作法までもが有職故実で厳しく取り決められ、一種の儀式となっていた。それは、現代の褒章制度とも微かに似ている。そのように見れば、御鷹之鳥は、象徴的な一種の「記章」と見なすこともできる。

その時代、人間に身分や序列があったように、食べたり贈り物にしたりする鳥にも身分の上下、序列があった。その序列は、食材にとって本来ならば大事とされる「味」という要件で決められるのではなく、その食材に込められた社会的権威という要件が重視されている。そして、鳥の序列と人間の序列は、構造的にパラレルな関係にあり、序列の高い人には、やはりそれにふさわしい序列の高い鳥を贈ったり、それでもてなしたりするのが作法とされた。その結果、ツル、ガン、ヒバリといった「鳥すらも、家格を反映し、将軍と各大名との関係を象徴的に物語」り、「将軍による『御鷹之鳥』の下賜は、その制度的な確立によって、大名支配のための一つの装置としても機能することになった」（大友　一九九九、二二四）のである。

御鷹之鳥の饗宴——鳥開

御鷹之鳥を拝領した大名は、名誉ある鳥をお披露目するために他の大名を招待し、また家中の有力者を集めて大々的に振る舞って一緒に食した。そのような饗宴には、幕府への答礼のために老中を招くこともあった。丁重に扱わねばならない大事な御鷹之鳥は、お抱えの庖丁人たちが庖丁道の礼法に則って、儀礼的に、そして慎重に調理しなければならなかった。大名にとって御鷹之鳥を頂戴することは光栄であったものの、一方で饗宴や返礼で出費がかさむ負担でもあった。

饗宴による共食は、将軍から分配された鳥の再分配であり、その宴への参加もまた家格などによって、差がつけられていたのは当然である。振る舞われた者たちは、さぞかし誇りに思い、自慢したことであろう。そのような将軍から拝領した鳥を振る舞うことを「鳥開《とりびらき》」といった。

老中、大老を数多く輩出した名門姫路藩酒井家では、鳥開に客を招いた際に、当日「御鳥（将軍から下賜された鳥）」を持参する御使番《おつかいばん》を上客として最も上座に座らせ、来賓の国持大名や溜《たまり》詰衆《づめしゅう》（江戸城黒書院の溜の間《たまりのま》に席を与えられる親藩や譜代の重臣大名）ですら、次席に座らせることを古来の家法としていた。江戸時代中期の老中で美濃国岩村藩主の松平乗賢《のりかた》は、「御拳之鳥（将軍が捕った鳥）」を拝領し、鳥開で親類を招待したとき、第一の吸い物の膳は主人に出し、それから順々に上座の客から吸い物を出し、主人がいただいて味をみて、客に挨拶した後で、全客がその蓋を取って頂戴するという作法を守っていたという（『甲子夜話　三』）。

このような「上」から「下」への鳥の儀礼的分与は、室町時代から行われていた。江戸時代と同様に、室町時代の鷹狩は、それ自体で完結するものではなく、捕らえられた鳥たちの贈答や共食といった、一種、儀式的な分配を経てようやく完結する。たとえば、一六世紀末に織田信長は、安土の町人たちに「御鷹の雁・鶴」を下賜している。また、徳川家康やその嫡子秀忠は、幕府を開く前の天正や文禄年間（一六世紀末）に、「鷹鶴《たかつる》ノ振舞《ふるまい》」「御鷹雁之《おんたかがんの》御《お》振舞《ふるまい》」「白鳥之《はくちょうの》御《お》振舞《ふるまい》」「御たかのつるの御ふる舞」といって、鷹狩で捕ったツルやガン、ハクチョウなどの獲物を家臣たちへ振る舞ったという（盛本　一九九七、二九八―二九九）。

室町時代には、ハクチョウやツル、ガンといった鷹狩の獲物は町人などに下賜されたり、家臣を呼んで共食されたりすることもあり、このような行為は家臣や町人に対する恩恵となり、権力者の権威を示すことにもなったという重要な指摘もなされている（盛本　一九九七、二九九）。

鳥の「格付け」

鳥の贈答と鳥の格付けの制度は、江戸時代に生み出されたのではない。すでに室町時代には鳥の贈答をもって階級や序列を確認し、人間関係を強化する仕組みは精緻化され、慣習とされていた。江戸幕府は、中世からのその仕組みを継承し、より強固にしただけである。

一五世紀末に出された室町時代の代表的料理書『四條流庖丁書』によれば、食べ物には上下の格の区別があり、基本的に海のものを上とし、河のものを中、山のものを下とするという。ただし、魚類ではコイが最上で、それにタイなどが次ぐ。クジラも序列が上で、コイと並び立つものであった。同様に鳥にも、賞玩するにあたっての序列、格付けがあった。

江戸時代、御鷹之鳥にはツル、ガン、ヒバリという格付けがなされていたことはすでに述べたが、それに先立つ室町時代、鳥の格付けを決定する第一の要件は、「タカで捕った鳥であるかどうか」ということだった。江戸時代も同様であるが、当時から貴人が独占し儀礼化してきた、鷹狩という権威ある狩猟で捕られた鳥にこそ、特別な価値があるという観念が、特権階級の間で広まっていた。鷹狩で捕られた鳥と、それ以外の方法で捕られた鳥とでは、ありがたみがまったく異なっていたのである。

『四條流庖丁書』には、鳥種に関係なくタカが捕った鳥を賞玩することが勝っていると、タカで捕った鳥の絶対的な優位性が述べられている。タカが捕った鳥は特別な鳥であるから、当然、特別な取り扱いが求められる。たとえば、それを人にあげるときには、余りの肴と一緒に組み合わせてはならないと、同書は細心の注意を払っている。同書と同じ時代に書かれた食膳仕立ての伝書『山内料理書』には、タカで捕った鳥は基本的に箸では食べない、すなわち手で持って食べるとある。ただし、「いりたる鳥（煎りたる鳥）」などは熱いのでその限りではない。貴人をもてなす際には、「まるのくち（頭部か）」を上にして盛りつけるものとする。

また、一六世紀後期に成立したと考えられている『庖丁聞書』では、鳥を賞玩するためにまな板に載せる際に、タカで捕った鳥は「志�《くちえ》（タカが噛んだ食み《は》跡）」が上になるように置き、矢で射捕った鳥は「矢目（矢の射し跡）」が上になるようにして置くようにし、順序を間違えてはならないと念押しされている。さらに、酒肴にウズラを出すとき、タカで捕った鳥と網で捕った鳥には違いがあり、「鷹の鶉《うずら》」を焼き盛り出すときには脚を立てて盛りつけ、「網鶉」は横に盛る。ただし頭はいつも上を向けて置くとする。立った脚は、タカが捕らえた鳥であることの一種の表示、あるいは証しであって、そうすることによって賓客の貴人たちは、その鳥がタカで捕った貴重な鳥であることを知る、あるいは気がつくことができるのである。

饗宴において、タカで捕った鳥を客人に供することは、主催者の最高のもてなしだった。そして賓客を厚遇していることの証しだった。そこでは最高の鳥の肉をいただくだけではなく、そのもてなしの厚情をもいただいていた。

中世の最高位の鳥――ハクチョウ

中世では、タカによる捕獲という要件を最重要視して、その次に鳥種による序列、格付けが決められていた。中世における鳥種別の序列の最高位は、ハクチョウである。ガン・カモ類のオオハクチョウ、コハクチョウなどが白鳥、あるいはクグイと表現される。『四條流庖丁書』によれば、ハクチョウを鳥の最上とし、次いでヒシクイ、ガンという順番になる。ヒシクイとガンとに、ハクチョウに次ぐ高い序列が与えられたのは、その体軀の大きさによるものなのだろう。ただ、ハクチョウといえども、すでに述べたように「タカで捕った鳥」と並ぶものではない。すなわち、タカによって捕らえられた鳥という条件が、この鳥種ごとに与えられた上下の条件よりも優先するのである。同書の論理に素直に従えば、ただのハクチョウよりも、タカで捕ったヒシクイの方が、序列は上ということになる。

キジは山の鳥であるが、古代では序列の高い鳥とされ、『徒然草』などの記事によって、鎌倉後期あたりまではキジが最上位で、ガンなどは下品とされていたことがわかる（盛本　二〇〇八、八九―九〇）。しかし、水鳥がその地位を徐々に上げたため、相対的にキジの序列は下がって、中世にはハクチョウに最上位の座を譲ってしまった。人間の序列が時代によって変化するように、鳥の序列も時代によって変化するのである。

日本においてハクチョウは、古来、瑞鳥《ずいちょう》（めでたい鳥）とされ、神秘的な力を有すると考えられ、神聖視されてきた。それは霊魂のかたどりとされ、ヤマトタケルが死して白鳥《しらとり》に化身し天に飛翔するなど、記紀神話のなかにも登場する聖なる鳥である（谷川　一九八五）。そのようなハクチョウの神秘性と霊力によって、その肉にも特別な力が見出されたのだろう。さまざまな儀礼の場において、その肉は珍重されている。

たとえば、享禄元年（一五二八）に、古河公方足利晴氏の元服の儀で家臣にハクチョウが振る舞われ、永禄一一年（一五六八）に朝倉義景が足利義昭を一乗谷に饗応した際には、「御汁白鳥」でもてなすなど、「儀礼的場で白鳥は必須のもの」であり、そのような「特定の鳥には身体の養生を保つ薬という社会的認識」が存在していたことが指摘されている（盛本　一九九七、三〇四―三〇五）。それらのハクチョウがどのような狩猟方法で捕獲されたのか詳らかではないが、身分の高い人びとの間でなされた饗応であることからして、タカで捕ったハクチョウであった可能性が高い。

このような儀式の場での鳥食は単に美味しい料理を味わうという以上に、身体によい力を得るという感覚が込められた薬食いであった。もちろん、その滋養強壮の薬効は現代科学が証明するような成分ではなく、当時の観念的世界が裏打ちする神秘的な力であった。

近世の最高位の鳥――ツル

この神秘的な力に注目するならば、さらに高い序列をもつ鳥として、ツルを見逃すことはできない。先に紹介した信長や家康の鷹狩記事のなかにも、「鷹の鶴」が登場するが、時代が下がって江戸時代ともなると、ツルがハクチョウを追い越して最上位の鳥となる。その時代、御鷹之鳥の最上位がツルであったことは、すでに述べた通りである。

オランダ海軍の軍人リッダー・ホイセン・ファン・カッテンディーケは、一九世紀中頃に来日し福岡藩を訪れた。このときに藩主より五羽のツルを賜ったが、ツルは日本では最大の贈り物であり、これを贈り得る者は将軍と殿様だけであるとしている（『長崎海軍伝習所の日々』）。日本に生息するツルの仲間には数種類あるが、ツルといえば、タンチョウ（丹頂鶴、*Grus japonensis*）を思い浮かべる日本人が多い。ただそれは、本州にもかつて生息していたものの、その数は僅少だった。江戸時代に著された本草書『本朝食鑑』によれば、「鶴」といえばこのタンチョウを意味すると記されている。しかし食用としては、ナベヅル（*Grus monacha*、古くは漢字で「黒鶴」と書く）、マナヅル（*Grus vipio*）などのツルの仲間が多く用いられていた可能性が高い。同書にはナベヅルが最も美味であり、肉、血とも香臭があってほかの鳥とは異なるが、タンチョウは肉が硬くて味がよくなく、食べることは少ないと記されている（人見　一九七七、一五〇）。ただし、ツルは象徴的な価値が高い鳥であり、その味覚は二の次であり、タンチョウはその美しさもあり珍重された。タンチョウは、北海道の松前藩などからも供給された（久井・赤坂　二〇〇九）。

ツルもハクチョウと同じく瑞鳥で、「鶴は千年、亀は万年」ということわざがあるように、長寿のシンボルとなっている。それは中国において古代より長寿の象徴とされる、仙鶴に対する尊崇の念が伝わったものである。中国でツルは、仙人の乗り物ともされ、神聖かつ吉祥の動物として絵画や意匠に描かれており、日本にもこのツルの文化が伝わり、「一品鳥（最上の鳥）」「陽鳥」として、これを神聖視するようになった。したがって、ツルもまたハクチョウに負けず劣らず、高位の序列に位置する鳥であってもおかしくない。ただし、不思議なことに中世の後期まで、ご馳走としてはあまり頻繁には登場しない。時代が下って中世末から江戸時代にかけてその序列が高まり、ついに江戸時代にハ

図14　タカが捕ったツルを押さえる鷹匠たち（『千代田之御表　鶴御成』、国立国会図書館所蔵）

クチョウを抜いて、最高位の鳥に昇り詰めるという大出世を遂げたのである。

鶴御成と鶴庖丁

先にも述べたように、江戸時代、ツルは将軍の「鶴御成」（図14）によって捕らえられ、朝廷に奉献されていた。その羽数は四羽と定められ、非常に儀礼的に扱われた。鶴御成の当日、ツルを捕った鷹匠には金五両、タカを押さえた者には三両が褒美として遣わされた。将軍の御前で、鷹匠が捕ったツルの左脇を刀で開き、肝を取り出してタカに与え、その後、開いた部分を縫合する。昼食時に酒が入った薦樽《こもだる》二つの鏡を開き、そこにツルの血を絞り入れて「鶴酒」を作り、御供の者たちにも振る舞っていた（『放鷹』）。ともにツルの血の入った酒をすすって、長寿を祈ったのである。

鶴御成の後、そのツルは、すぐに京に運ばれ朝廷に献上された。そして、正月一七日（のちに一九日）に、清涼殿で行われる「鶴庖丁《つるのほうちょう》」（本章扉の図を参照）という重要な儀式で使われた。武家がツルを献上し、それをもとに鶴庖丁という儀式を行うようになったのは、豊臣秀吉が天正一五年（一五八七）にツルを献上したのを端緒とする（西村　二〇一二、九六）。四条流庖丁道を家職として継承してきた庖丁人の名家である、御厨子所《みずしどころ》預《あずかり》の高橋家と小《こ》預《あずかり》の大隅家とが、鶴庖丁を隔年で勤めた。天皇の御前に厳かな出で立ちで進み、まな箸と庖丁のみで秘伝に則ってツルを切り捌く（図5、第二章参照）。調理されたツルは、その後、天皇が舞を観覧する舞御覧《まいごらん》の膳として供された。

これを擬した鶴庖丁は、将軍家や大大名などでも行われたが、それは京で四条流庖丁道を学んだ一流シェフの庖丁人たちが担う大役だった。別の言い方をするならば、鶴庖丁を挙行する可能性のある大大名は、庖丁道免許皆伝の格式ある庖丁人を雇っていなければならなかったということである。

中流層の鳥の贈答――歳暮や寒中見舞い

江戸時代、ツルやガン、ヒバリといった御鷹之鳥をめぐって、将軍、朝廷、大名、幕閣という最上位の階層で儀礼的な贈答がなされていたが、それよりも下の階層の武士や裕福な町人たちの間でも、鳥の贈答は積極的に行われていた。

○一羽づゝなでゝ使いは台へ積み

この川柳は、贈り物に用いる鳥を、丁寧に台に載せている様子を描いたものである（『誹風柳多留』）。享保三年（一七一八）、野鳥資源枯渇の理由で、幕府が三年間に限り、ツルやヒシクイ、ガン、カモを献上したり、贈答品にしたり、饗応料理にしたりすることを禁じたことはすでに述べた（第四章参照）。ということは、裏返せば、当時、それら水鳥の贈答やそれを用いた饗宴が、普通に広く行われていたということである。もちろん、一般の贈答で使われる鳥は鷹狩で捕らえられた御鷹之鳥ではないし、鳥の種類も異なる。それは庶民の狩猟で捕らえられ、正規、あるいは非正規ルートで江戸にもたらされた鳥たちである。そして、それは東国屋伊兵衛のような鳥問屋が販売していた鳥である。

一八二〇年代に来日した、フィリップ・フランツ・フォン・シーボルトが後に著した『日本（*Nippon*）』の挿絵（図15）には、歳暮の品々のやり取りの場面が描かれている。鳥類をうやうやしく差し上げる武士と、受け取る武士。平身低頭する両者の間の台に載せられた鳥は、ツルのようだ。彼らの右手にはコイと思しき魚と、籠に入れられた一つがいのカモが置かれ、その前で別の武士が帳面をつけている。江戸時代には、カモを贈り物にするときには、竹籠に笹の葉を敷き、その上に和合の意味を込めて雌雄のつがいを載せて贈るのが通例であった。後ろではキジらしき鳥を運んでいる。ここまでたくさんの鳥が集まるとは、この絵のモデルになった家は、かなり上層の武家であろう。

図15　シーボルトが見た歳暮の鳥（『日本（*Nippon*）』、九州大学附属図書館所蔵）

○帳面に鯛〱鴨といそがしさ

これは歳暮で誰それはタイを贈ってきた、また誰それはカモを贈ってきた、と案分して台帳をつける忙しさを詠んだものである（『川柳評万句合《まんくあわせ》』）。まさに、シーボルトの挿絵を彷彿とさせる。いまの日本で、羽毛がついたままの丸の野鳥を贈り物にすることなど、普通は想像できないだろう。しかし、昭和二〇〜三〇年頃までは、まだそのような歳暮としてのカモの贈答が各地で行われていた。歳末の鳥の贈答文化は、日本の鳥食文化が廃れるとともに、ほぼ消滅してしまった文化である。

鳥の「使い回し」——カモ好きの曲亭馬琴

近世後期の戯作者曲亭馬琴の日記には、歳暮や寒中見舞いとしてカモをもらった記事が多く見える(『曲亭馬琴日記』)。たとえば、文政一〇年一一月二九日(一八二八年一月一五日)には婿養子の吉田信六(清右衛門)が、寒中見舞いにカモ肉を持参してきた。また同年一二月六日には、馬琴の作品の愛読者であった蝦夷松前藩第八代藩主松前道広から、コガモ三羽が届けられている。さらに翌年一二月四日にも、松前御老公の使いが寒中見舞いのカモを一羽持参している。松前侯は、馬琴がカモ好きであったことを知っていたのであろう、定期的に送って寄越した。

ところが、文政一〇年一一月三〇日にも、松前の御老公は馬琴にカモを贈ったのだが、それには贈り物としてふさわしくないような品が混じっていた。馬琴は、カモの雌雄のつがいを頂戴したが、翌日調理したところ、雄鳥は見事であったものの、雌鳥の方は残念ながら古くなっていた。臭いがあって、さすがのカモ好きの馬琴も食べることができず、植木の肥やしにするしかなかったという。この松前侯が馬琴に贈ったカモのつがいは、もしかしたら、贈答品の「使い回し」のカモだったのかもしれない。

○鴨つがひ寒気当りの目がくぼみ

これは、冬場のカモの贈答を詠んだ句である(『誹風柳多留』)。カモのつがいをもらって、よくよく見ると寒気に当たったためか痩せて目がくぼんでいるという意味であるが、裏には歳暮や寒中見舞いとして使い回されて、傷んだカモの姿を揶揄しているのである。いわゆる、贈答品の「流用」であり、カモをもらった家は、また別の家への贈り物にそのカモを使っていたのである。そのような贈答品の流用は、江戸時代は日常茶飯事だった。だから、献残屋のような残り物を買い取り販売する商売も成立していたのである。

この「使い回し」は、当時、カモが貴重であったことを示している。貴重であるからこそ、贈答品になり、さらにそれは使い回されたのである。ただしここで、この鳥の使い回しが一種の文化であり、ときと場合によっては意図的、積極的に使い回すこともあったことを指摘しておきたい。江戸幕府は仙台藩、白河藩、二本松藩、秋田藩といった東北諸藩から、定期的にツルの進献を受けていたが、興味深いことに、大名から献上されたこのツルが、禁裏《きんり》（宮中）、仙洞《せんとう》（上皇の御所）など朝廷に献上されることもあった。これも進献する鳥の一種の使い回しと考えられよう。このような使い回しは、将軍の御鷹之鳥が不足したときだけではなく、平時にも行われていたようである。それは、あえて積極的に使い回されていたようで、献上された鳥をさらに献上することにこそ意味が見出されていた。

使い回しに特別な意味を見出すあり方は、実はこの江戸時代ではなく、もっと前の室町時代に形作られている。江戸の鳥の贈答と饗応の原点は、中世にあるといっても過言ではない。江戸の原点となった中世の鳥類贈答と饗宴に関し、次に詳しく分析してみたい。

2　「美物」の使い回し――中世の主従関係

美物――将軍から贈られた鳥たち

室町時代、貴族や武士たちは美味しいもの、ご馳走を「美物《びぶつ》」と称した。美物は「美味なる物」の略で食品を指し、魚や鳥は美物の代表である（春田　二〇〇〇、六八）。もちろんすべての魚や鳥が美物だったわけではなく、特定の美味な魚鳥が、美物として扱われた。水鳥でいえばハクチョウ（クグイ）やヒシクイ、マガンなどのガンの仲間が、カモの仲間に比べて、より美物として扱われた。またこれらガンの仲間以外では、キジが美物であった。

美物としての鳥は、高級食材である。誰もが日常的に購入し、消費できるような日用食材ではない。それは年中行事や儀式に欠かせない、ハレの日のご馳走であった。室町時代、鳥は目上の者へ贈る進献品や客をもてなす饗応料理、また客への贈答品、さらに家来や下の者に遣わす下賜品といった典型的な進物として、江戸時代以上に積極的に利用されていた。

室町時代の第一〇二代天皇後花園天皇の父である伏見宮貞成親王《ふしみのみやさだふさしんのう》（一三七二～一四五六）は、三三年間にわたって『看聞日記《かんもんにっき》』を書き綴ったが、そのなかに美物の贈答に関する記事が多数見られる。天皇の父に対し、室町幕府第六代将軍足利義教《よしのり》（室町殿）やその正室（室町殿上様）など、いわゆる将軍家から、魚や鳥など美物の頻繁な贈答があった。江戸幕府の将軍のみならず、室町幕府の将軍も、せっせと鳥を朝廷へと献上していた。

たとえば、永享二年一二月二六日（一四三一年二月八日）に、将軍義教は、貞成親王の妻へ、「鵠《くぐい》（ハクチョウ）一、雁《がん》三、雉《きじ》十、捶《たる》（酒樽）十」を贈り、またその四日後の一二月三〇日には義教は貞成親王へ、車一両分もの美物を贈っている。この三〇日に行われた贈答品の目録「美物目録」には「くゝ《ぐ》い（ハクチョウ）一、ひしくい（ヒシクイ、ガンの仲間）三、かん（マガンか）十、うさき五、ゑひ（エビ）五籠、くるくる（タラ、ブリなどの内臓）五十、大かに十、雉十、くらけ（クラゲ）五桶、かき一折、捶十」とある（『看聞日記』）。

荷車に一〇樽もの酒樽が積み上げられ、エビやカニ、ウサギなど山海の珍味とともに、ハクチョウやガン、キジなどの鳥類が満載され、送り届けられた。なんとも豪華な贈り物である。この車一台分の贅沢な贈り物は、季節柄、歳末の贈答品、すなわち歳暮と考えて差し支えなかろう。昭和二〇〜三〇年頃まで、連綿と引き継がれていた歳末のカモの贈答は、六百年以上も前にすでに行われていたのである。

ガン・カモ類は、冬の渡り鳥であるから、年末年始の贈答品にふさわしい。永享四年（一四三二）一月二日には、年始にあたって将軍義教より、ハクチョウ、ガン、ウズラが届けられたが、これは歳末の贈答が遅れたもののようだ（『看聞日記』）。足利義教の永享期に幕府の年中行事の定例化が進展するが、それと軌を一にして、美物の歳末贈答が定例化したという（春田　二〇〇〇）。つまり、鳥などの美物が歳末の歳暮の定例となるのも、ちょうどこの頃に始まった可能性がある。

人びとを取り結ぶ鳥の贈答

以上のような歳末の贈答以外に、「初物」の臨時的な贈答も頻繁に行われていた。たとえば、永享五年（一四三三）八月一三日には、貞成親王は将軍より「初雁《はつかり》一」を贈られている（『看聞日記』）。江戸時代には初物をありがたがり、高値で取引されていたし、また大名たちの鷹狩で捕られた初物のツルは将軍に献上されていたが、初物に特別な意味を付与する習いは、この中世にすでにあった。

また、初物の贈答以外に、「精進解《しょうじんほどき》」でも鳥の贈答が行われた。当時の貴人は仏教的な教えでときおり喪に服していた。その服喪期間が明けて日常生活に戻ることを精進解という。服喪期間中は静かに精進潔斎し、清浄なる食べ物、いわゆるいまでいう精進料理を食さねばならない。魚鳥などの生臭ものは、その期間にはタブーである。しかし、その服喪期間が明けると、むしろそのような生臭ものをあえて食べて日常生活へとときを戻す必要がある。それが精進解である。現在も精進振舞《しょうじんふるま》いなどの形で、葬儀後の会食で魚を食べる風習があるが、それはその名残である。魚鳥を中心とする美物は、まさに精進から解放し、日常の時間に戻す特別な力をもつ食物であった。

このような精進解を行ったり、あるいは、将軍を自邸に招待したりする際には、臨時的に大量の美物が必要となる。その場合、饗応の宴に出すための美物を、さまざまな関係者が、ホストを支援するために送り寄せるような助力型の美物贈答もみられた。

このように鳥の贈答には、歳暮の美物贈答のように定例化、年中行事化したものと、臨時的なものの二通りがあった。前者は美物が「社会を垂直方向に移動することで、諸階層を相互に結びつける役割を果たしていた」が、後者は「相互扶助の原理に支えられて社会を水平方向に移動する」ものであったという（春田　二〇〇〇、七四）。つまり、鳥に引きつけていえば、鳥たちは、身分や位階の違う上下の階層をつなげる役割を果たすとともに、さらに近しい仲間の紐帯を強める役割ももっていた。それは単に美味な食材ではなく、人間関係の結びつきを強めるシンボリックな道具でもあった。

『看聞日記』によれば、ハクチョウ（クグイ）、ヒシクイ、ガン、キジ、ウズラ、サギ、水鳥（鳥名不詳）、鳥（鳥名不詳）という鳥が、将軍家から伏見宮家へ贈られている（春田　二〇〇〇、七六―七九）。

そのうちハクチョウ、ヒシクイ、ガンを贈る頻度が、ほかの鳥に比べて多いのが特徴的である。そこでは、江戸時代の鳥の王様であるツルは、まだ贈られていない。

大名から将軍へ、将軍から宮家・公家へ

室町時代、美物としての鳥は、贈与の連鎖、贈与の循環によって、身分の高い貴族や武家貴人たちの間を行き来していた（盛本　一九九七、二〇〇八、春田　二〇〇〇）。江戸時代にも盛んに行われていた、鳥の贈り物の「使い回し」「流用」は、この頃すでに普通に行われていた。

たとえば、貞成親王に鳥を贈った室町将軍は、禁裏（天皇）や上皇、摂政クラスの公家などに美物を贈る「送り手」であったとともに、美物を贈られる「受け手」でもあった。その際、誰でも将軍に美物を献上できるのではなく、格式ある大名のみにその献上が認められていた。そして、種々の献上物のなかでも、鳥が最上のものであり、その鳥を献上できるのは室町幕府内の身分秩序における上位者に限られ、献上行為そのものが室町幕府内における自らの地位を確認する行為であった（盛本　一九九七、三〇〇—三〇一）。

足利義教の子である第八代将軍義政の時代、将軍と諸大名たちが対面して、大名諸家が献上した美物の一つひとつを書き記した目録を披露する儀式が行われていた。「どの大名が、何をどれくらい将軍様へ献上した」ということが、衆人環視のなかで発表されるのである。それは、大名たちが将軍への崇敬の念を表す儀式である。

美物を将軍に進献できたのは、三職《さんしょく》や御相伴衆《ごしょうばんしゅう》、国持衆《くにもちしゅう》など高位の家格の重鎮大名家である（春田　二〇〇〇、七一）。三職とは、将軍を補佐する管領職《かんれい》に任じられる三管領家であり、室町幕府の中枢で

ある。御相伴衆とは三職に次ぐ身分の家で、将軍の宴席や他家を訪問しもてなされるときに相伴に与れる身分。国持衆は御相伴衆に次ぐ格式で、畿内の有力大名や三職、御相伴衆の一族などであり、いずれも幕府の要職に就く高い位の武家である。

そのような高位の大名諸家が、鳥類を含む美物を将軍へ献上できたし、献上しなければならなかった。将軍家へ届けられた鳥は、当然、将軍家の食卓に上り、また将軍家の宴席などでの料理に使われたことだろう。御相伴衆は、まさにそのような美物としての鳥のご相伴に与れたのである。江戸時代には、御鷹之鳥を拝領した大名は、家臣たちを集めて一緒に食していたが、室町時代にも、宴席などを通じて多くの人びとに分け与えられ、共食されていた。

ただ、大名諸家より将軍家に贈られた鳥は、このような宴席ですべて消費し尽くされたわけではない。将軍にもたらされた鳥の一部は、天皇家や高位の宮家、公家への贈り物としても使い回され、流用されていたのである。先に述べた、将軍義教から伏見宮家への贈答などにも、そのような大名から将軍へともたらされた鳥の「使い回し」が含まれていた可能性がある。

贈答用の鳥の確保とセレクション

文明一七年（一四八五）、山城国の守護伊勢《いせ》貞陸《さだみち》は、東山殿（隠居した足利義政）の精進解のために一年間でカモ（九回、一八羽）、アオサギ（三回、九羽）、ツグミ（二回、二折〔一折は三〇羽か〕）、ヒバリ（二回、二折〔一折は五〇羽か〕）、ガン（二回、二羽）、ゴイサギ（一回、三羽）、水鳥（鳥名不詳、二回、四羽）を贈っている（盛本　二〇〇八、一〇〇―一〇二）。最も頻度が高いのはカモである。羽数でみるとツグミやヒバリが多いが、それらは小鳥のため折（箱）に詰められている。

ここで興味深いのは、伊勢氏から前将軍義政（大名→前将軍）へと贈られた鳥と、先に紹介した将軍家から伏見宮家（将軍家→宮家）へ贈られた鳥とでは、その種類に大きな違いがあることである。先に述べたように、将軍家から宮家への贈答の鳥は、その名がわかっているものだけでハクチョウ、ヒシクイ、ガン、キジ、ウズラ、サギであった。これに対し、伊勢氏から前将軍への贈答には小鳥が多く、珍重される格上のハクチョウ、ヒシクイはなく、ガンも少ない。つまり、大名から前将軍へ贈答された鳥は、将軍家から宮家へ贈答された鳥と比べて、格下の鳥だった。言い換えれば、将軍家から宮家へ贈答される鳥は、より精選された格の高い鳥が選ばれていたことになる。

もちろん、二つのデータの時代も違うし、そのデータの取られたタイムスパンも季節も異なる。また伊勢氏の例でいえば、義政はすでに隠居の身であることから必ずしも将軍と同等ではない。そのため単純な断定はできないものの、この比較からやはり階級間の贈答において贈与物に違いがあり、上位の階級の人びとに贈る鳥ほど精選されていた可能性がある。鳥の「使い回し」「流用」は、贈られた鳥を単純に横流ししていたのではなく、次に贈る人びとの階級に合わせてふさわしいものを選び、使い回していた。

美物贈答をめぐる鳥の集積と、その選別の流れをまとめれば次のようになる。

まず格式の高い複数の大名諸家は、自ら鷹狩で狩猟した鳥や、領内から献上された鳥を、将軍家へと献上する。その際、鳥の種類や量は捕獲状況、上納状況に応じて変動したことであろう。その段階では、いろいろな鳥が贈られたのである。将軍のもとには大名諸家から、さまざまな種類の大量の鳥が集められた。将軍家は、その大量、かつ多種類の鳥のなかから、高貴な天皇家や宮家にふさわしい、格の高いハクチョウやヒシクイを選別し、贈り物とした。鳥の序列からいうと、カモや小鳥などの鳥は、天皇家や宮家への贈り物とするには、いささか格が落ちるものである。それらは皇室への贈答ではなく、別の用途に回されたのであろう。このような形で、贈答用の鳥の確保と、セレクションが行われていた可能性がある。

「使い回し」が絆を深める

　さらに、将軍が宮家や公家へ贈った鳥は、次に別の公家、あるいは近臣の公家などへ順々に、使い回されていた。たとえば、永享六年（一四三四年）一月二日の『看聞日記』の記事によれば、「室町殿上様（将軍義教の正室尹子）」より、伏見宮へ「菱食《ひしくい》二、雁五、雉十番《つがい》、鯛廿、海老一折」など、鳥類を含む美物が届けられたが、同じ日に伏見宮は、その美物贈答の仲介の労にあたった公家正親町三《おおぎまちさん》条実雅《じょうさねまさ》（尹子の兄）に「菱食一、雉三番、鯛五懸」を分け与えている。また永享四年（一四三二）一月二日に、ハクチョウ、ガン、ウズラなどの歳暮美物が遅れて将軍から伏見宮へ届けられたことはすでに紹介したが、その二日後の一月四日、伏見宮は近習の公家たちに、この「公方之美物《くぼうのびぶつ》（将軍からの美物）」を分け与えている（『看聞日記』）。これらの分与や下賜は、単なるお裾分けといった心遣いではなく、それ以上の意味をもった社会で必要とされる作法であったといえるであろう。

　以上のように、室町時代には、有力大名→将軍家→天皇家・宮家→公家や近習の者という、鳥の「使い回し」「流用」が頻繁に行われていた。よそからもらった贈答品を、別のところへ使い回す行為は、現代人にとっては、いささかけち臭い行為のように感じ取られるかもしれない。しかし、この鳥の「使い回し」は、中世の倹約家や吝嗇《りんしょく》家によってなされた、贈答品購入費用の節約ではない。この時代の朝廷と幕府という権力構造の上に、贈り贈られる関係が張り巡らされ、その関係を通じて「美物移動の連鎖」（春田　二〇〇〇、七二）がなされ、多くの人びとがその連鎖によってつながれていたのである。そして、その美物移動の連鎖によって人びとの連鎖が強められ、さらに、その連鎖を通じて、身分や序列、関係というものが再確認されていた。その美物に付与された、「使い回し」の来歴は、むしろ肯定的に受け止められたことであろう。鳥の「使い回し」は、特段隠す必要はなかった。

中世の身分の高い人びとのなかで育まれた鳥食文化は、単に美味いものを食べるという卑近な食事行為ではなく、政治や社会統治とも関わる高次元の様式をもった鳥食文化としてとらえなければならない。そしてその高次元の鳥食文化を、近世の江戸幕府も踏襲したのである。

3　「饗応料理」の鳥の意味

将軍をもてなした一三種類の鳥料理

自分より偉い地位の人びとを接待、饗応するためには、それ相応の美物を用意しなければならない。そのもてなしもまた、贈答と同じく人間の上下関係を確認し、相手に敬意を表し、そして相手との関係を強化するためのものである。へたなものを出すと、客に対して失礼。礼を欠くと、後々の人間関係に大きく影響する。粗相があっては一大事。公式の食事である饗宴を主催することは、その主人にとっては一大イベントなのだから、手配にあたる饗応役は、緊張して夜もおちおち眠れなかったことであろう。

そういう饗応の場では、美物としての鳥と魚が食材の主役となる、いわば美物のコース料理が準備された。それも位階の高い人物を迎えるとなると、フルコースのメニューをもってもてなすのが礼儀であった。それは、現在の会席料理など、その足下にもおよばぬほどの豪華さであった。

明応九年（一五〇〇）、室町幕府の第一〇代将軍足利義材《よしき》（当時の名は義尹《よしただ》、将軍職復帰後、義稙《よしたね》に改名）は、京を追われて山口の大内義興《おおうちよしおき》を頼った。大内氏はこれを喜んで、贅の限りを尽くした料理で、この前将軍をもてなしている。そのときに出された豪華な料理のメニュー『明応九年三月五日将軍御成雑掌注文《おなりざつしょうちゅうもん》』には、ひとつの三方（白木の膳）に、三～六の美物の料理を並べた膳料理が書き連ねられている。一献、二献、三献……と順番に出される美物の膳が二五膳。さらにその間に供御や御台という別の膳が合わさり、全部で三十数膳にも上る。この百十数品目にも上る豪奢な料理には、選りすぐりの鳥料理が登場する。

まず、二献の膳に載せられた「菱喰かは煎（ヒシクイの皮煎）」を皮切りに、二御台で「鳥の焼物」、三御台で「厂のかハ煎（ガンの皮煎）」、四御台で「厂の焼物（ガンの焼き物）」、五献「御そへ物鵠生鳥（副菜のハクチョウのなま鳥）」、六献「ひしを煎《いり》（魚鳥の肉の醬を摺って味噌仕立てにし山芋などにかけた料理）」、九献「鶴煎物（ツルの煎り焼き）」、十献「御そへ物羽しきうつら（副菜の羽敷きウズラ）」、十四献「鳥の足」、十七献「小串差厂（小串に刺したガン）」、十九献「羽ふしあへ（羽節あえ、キジの羽の根本をたたいて細かくし酢と山葵で和えたもの）」、廿一献「鴨のいり物（カモの煎り焼き）」、そして、廿四献「つくミ煎物（ツグミの煎り焼き）」。

一三種類の鳥料理。もちろん、その数は魚介類には到底およばないが、前将軍への敬意を示すには十分すぎるほどの質と量である。鳥の序列で最高位にあるツルやハクチョウ、さらにヒシクイ、ガン、カモ、キジ、ウズラ、ツグミといった、美物としての鳥のそろい踏み。調理法は、焼きもの、串焼き、和え物、そして煎りものと実に多種多彩。とくに鳥料理の定番である煎りものが、多く登場するところが本献立の特徴である。廃されたとはいえ権門の出の前将軍に対する、戦国大名の尊敬の念と心尽くしが、この豪勢な料理にあらわれている。そのもてなしの心は、逃亡を繰り返し、流れ公方とまで揶揄された悲運の将軍にも届いたことであろう。

信長が嫉妬した光秀の饗応

さて、このような饗応での鳥料理は、その後の有名な戦国大名たちにも引き継がれる。食文化史の研究によれば、織田信長や豊臣秀吉などの饗応料理でも、鳥が頻繁に用いられていたようだ（江後二〇〇七）。たとえば天正一〇年（一五八二）五月一五、一六日の両日に安土城で行われた信長による徳川家康の饗応は有名である。家康は安土に参上し、信長に拝謁した。そのときの饗応の責任者である「饗応司」は、その翌月に謀反を起こし本能寺で主君信長を自害に追い込む明智光秀であった。光秀は家康の接待に余念なく最大の心配りをし、山海の珍味を取り寄せたという。もちろん、このときの料理にも鳥料理がたくさん登場した。

そのときのメニューである『天正十年安土御献立』には、「やきとり（焼き鳥）」「つるしる（ツルの汁）」「かも汁（カモの汁）」「ひしくひ（ヒシクイ）」「ひはり（ヒバリ）」「ふかんの汁（鳧雁の汁、カモとガンの汁）」「はくてう（ハクチョウ）」「あを鷺汁（アオサギの汁）」「しきのはもり（鴫の羽盛、シギを焼いて翼や頭、脚を、鳥が飛翔する形に整えて鉢に盛ったもの）」など、多彩な鳥料理が記載されている。鳥の序列で最高位にあるハクチョウやツル、そしてそれに次ぐヒシクイやガン、さらにカモ、ヒバリ、アオサギ、シギなどが並べられた格式ある饗応の膳であった。この宴が催された天正一〇年五月といえば、太陽暦（ユリウス暦）では六月になる。当然、秋冬の渡り鳥であるガン・カモ類は日本にはいない。それら季節はずれの食材を入手するのは容易なことではなかっただろう。汁ものが多いことからして、鳥の塩蔵品が用いられた可能性もある。光秀は、主君信長に恥をかかせないために、苦心しながらこれらの貴重な食材を取り揃えたに違いない。

　ところが、光秀のこの一生懸命さは、裏目に出た。「嫉妬偏執《しっとへんじゅう》の深き御本性（性格）」である信長は、この饗応を「将軍家の御成の式と全く同じ（家康を将軍と同等扱いしたという意味）」で、幾千万貫も費やしたその支度は浪費であると光秀をきつく叱責したという。そのときの遺恨がもとで、光秀は「本能寺の変」を起こしたとする俗説が、『真書太閤記』という江戸後期の通俗的な実録風読物に残されている。

　光秀謀反の理由に関しては、数多の俗説や陰謀論が簇生《そうせい》しており、光秀が家康を過剰にもてなしたとするこの説もまた、その域を出るものではない。信長はこの饗応の前年にも徳川家康を饗応しており、そのときの料理と比べて光秀が差配した饗応が、特段に贅沢で華美であったとはいえないとの指摘もある（江後　二〇〇七、三一—三六）。

　しかし、ここで重要なのは、江戸後期の通俗的読物のなかで、この俗説が受け入れられるようなリアリティを有していたということである。もし、江戸の人びととの想像力からかけ離れた荒唐無稽な話ならば、講釈師などが口演する読物のストーリーとしては不適であろう。この過剰な接待料理という設定は、江戸後期の人びとに「さもありなん」と思わせるくらいの現実味があったからこそ、読物に含み込まれたのである。

　家康に出された料理に使用された高位の鳥種を改めて確認してみると、その約八〇年前に催された大内氏の前将軍饗宴の豪華メニューには劣るものの、確かにそれは将軍饗応に匹敵する、あるいは近いもてなしであるといえる。先例に反してはいないものの、調度やほかの食材も含め、信長から言いがかりをつけられても、いたしかたない「危険な」品揃えであった。

明智光秀が鳥料理で表現した敬意のメッセージは、賓客であった徳川家康には十分に届いたことであろう。鳥の贈り物や料理がもつ儀礼的、社会的意味については、同時代の格式や作法を身につけ、自身も鷹狩を愛好し、鳥による饗応や贈答を行っていた家康も熟知していた。だからこそ、この家康、さらに彼が開いた江戸幕府は、中世の貴族社会、武家社会から継承した鳥の贈答や饗応といった鳥食文化をさらに発展させ、周到に精緻化し、支配統制に利用したのである。

江戸幕府崩壊と野鳥支配の崩壊——大政奉還と鷹狩奉還

徳川政権は、その権威維持と武家社会の統合のために野鳥を支配し、その野鳥の贈答と饗応のシステムを手中に収め、権力の頂点としての将軍の地位を確固たるものとした。

しかし、徳川政権が揺らぎ、将軍の威光が陰りを見せると、将軍を頂点とする鳥贈答と饗応システムも機能しなくなる。幕末期、欧米列強の圧力や、それに対抗する攘夷運動の高まり、さらに財政難などの混乱によって幕府が弱体化し、崩壊の道を進むなか、文久二年（一八六二）、ついに御鷹之鳥の大名への下賜が取り止めになった。またその翌年の徳川家茂《いえもち》の鷹狩を最後に、将軍による鷹狩が行われなくなった。さらに、政権を天皇に返上する大政奉還の前年の慶応二年（一八六六）には、「鷹合鶴（御鷹之鶴のこと）」の献上を御免願いたい旨、幕府は朝廷に申し出た（安田　二〇二〇、三一一）。そして大政奉還の年に、ついに鷹場が廃止されるに至った。幕府はその政治権力を失う過程で、鷹狩によって御鷹之鳥を朝廷へ献上し、大名たちへ下賜する権能をも失った。天下国家の政治を行う力がない政権に、鷹狩と鳥贈答を支配する資格はない。徳川幕府による鷹狩や鳥贈答の中止は、幕府が政権の座から滑り落ち、諸藩を統御する能力を喪失したことを示す象徴的な出来事だったといえる。鷹狩、および鳥贈答の権能と政治権力とは一体だったのである。

明治維新後、権威、権力の源泉としての鷹狩と鳥贈答の権能も、政権とともに天皇に実質的に「奉還」された。しかし、政治体制の近代化、西洋化にともない、それがもつ意味は大きく変容し、その重要性は大きく低下した。将軍の鷹狩を頂点とする「江戸の鳥食文化」も、武家社会の解体と足並みをそろえるように衰退していったのである。

幕府の鷹場廃止後、旧鷹場は一時荒廃したが、明治一二年（一八七九）、諏訪流一四代鷹師の小林宇太郎が宮内省に仕え、幕府の鷹場であった浜離宮（旧・浜御殿、現在の東京都中央区浜離宮恩賜庭園）の鴨場を整備した。また明治一四年には鷹匠が正式に設置され、明治政府によって鷹狩が復興された（安田　二〇二〇、三二九―三三〇）。そして、新宿御苑の鴨場や、現在でも宮内庁施設である新浜鴨場（千葉県市川市）、埼玉鴨場（埼玉県越谷市）で公式の鷹狩が行われるようになった。しかし明治以降の鷹狩、鷹場は江戸時代に比べて規模が大幅に縮小された。

明治以降、鷹狩は鳥の贈答ではなく、国内外の賓客接遇という西洋化した近代的儀礼システムの一部を担う行為になった。またカモを細い溝に誘き寄せ、それが飛翔するところを網で捕獲する叉手網《さであみ》という狩猟方法が、鷹狩に代わって次第に主流となり、第二次世界大戦後には、ついに公的な鷹狩が廃絶された。昭和二〇年（一九四五）に、浜離宮は東京都へ下賜され公園となり、狩猟は行われなくなった（服部・進士　一九九四、五）。

現在、新浜鴨場と埼玉鴨場において、閣僚や国会議員、最高裁判所判事、各国大使、外交使節などの賓客の接遇を行っている。そこではカモを無傷で捕獲する叉手網の技法が皇室によって継承されている。そこでは捕らえたカモを食べるのではなく、鳥類標識調査のために、標識を着けてすべて放鳥する。そのカモ猟は、鳥類保護という現代的意義と新しい正統性を獲得した。その組み換えられた「伝統」のなかに、千数百年もの間継承され、「王権」と密接に関わってきた野鳥の支配、そして鷹狩、およびそれによって獲得された野鳥の象徴的意味を、かすかに読み取ることができる。

第七章

江戸に鳥を送る村

ある野鳥供給地の盛衰

手賀沼での鴨の流し黐縄（ボタナ）の様子。昭和12年（1937）、堀内讃位氏撮影。『写真記録　日本伝統狩猟法』より

1　手賀沼の水鳥猟

鳥問屋の名前を刻んだ村の石碑

千葉県柏市布瀬《ふぜ》。江戸の日本橋から直線で三十数キロメートル北東に位置するその村は、手賀沼《てがぬま》という湖沼に突き出した舌状台地の先端部に立地している。第二次世界大戦後に行われた大規模な手賀沼干拓の以前には、布瀬は三方が沼に囲まれる水辺の村であった。この村の鎮守香取鳥見《かとりとりみ》神社は一九八六年に焼失したが、その焼失前の旧社殿は精巧な彫刻を施した総檜造りの神社であった。その立派な旧社殿を、天保六年（一八三五）に再建した際の寄付の明細を記した石碑が残っている（写真12）。

その碑文には、布瀬の村が社殿造立にあたり、「金百両　江戸安針町　東国屋伊兵衛、金五十両同町　鯉屋七兵衛、金三十両　千住河原　鮒屋新兵衛」と、江戸の者三名より一八〇両に上る寄付を受けた事績が刻まれている。この三名のなかに「東国屋伊兵衛」の文字が見えるが、それは他でもない、第五章で詳しく紹介した侠客の鳥商人東国屋伊兵衛の末裔である。

江戸の鳥商売を一手に引き受け、日本橋で開業していた東国屋が、いったいなにゆえ、江戸から離れたこの鄙《ひな》びた農村へ一〇〇両もの多額の寄付を施したのだろうか。

この布瀬の石碑は、江戸近郊の農村と江戸にある鳥問屋とのつながりの深さを示していて興味深い。手賀沼は、江戸時代から昭和まで、江戸・東京で消費されるガン・カモ類の最大の供給地であった。そして布瀬は、その手賀沼で水鳥を狩猟する村々の中心であり、その水鳥猟を取りしきる「親《おや》浜《はま》」という特別な地位にあって、水鳥猟の特権を有していた。その水鳥猟の村と、水鳥商売の大元締めの東国屋は、まさに持ちつ持たれつの関係であった。

社殿造立寄進の石碑がある布瀬の香取鳥見神社には、昭和一七年（一九四二）に鴨猟記念碑が建てられており、それには手賀沼の水鳥猟の来歴（『手賀沼鳥猟沿革』）が刻まれている。そこでは、東国屋たち江戸の者が、このような大金を寄進したのは、「我《わが》店ノ繁栄ハ猟者ノ御《お》陰《かげ》ナレバ相当ノ義務ヲ尽《つく》セシナラン（自分の店の繁栄は猟師たちのお陰なので、それ相応の義務を果たしたのだろう）」（『手賀沼鳥猟沿革』）と、その寄付の理由が述べられている。手賀沼の水鳥猟師たちは、江戸の鳥商売の繁栄を支える重要な存在であった。そのため、東国屋は鳥商売で懇意にしていた布瀬の人びとに、多額の寄付を執り行ったのである。

写真12　布瀬の香取鳥見神社の再建寄付記念碑

江戸時代の手賀沼の水鳥猟や、そこからの江戸への出荷など、鳥の供給地の様相は、史料的な制約もあって細かく知ることはできない。そのため、近代の史料や実際に水鳥猟をやっていた人びとの聞き取り資料なども援用しながら、江戸の鳥食文化を支えた江戸周辺の鳥の狩猟と、その供給地の様相を、ここでは再構成してみたい。

水鳥相場を左右する手賀沼

幕末の安政年間（一八五四～六〇）に書かれた東関東の地誌『利根川図志』には、手賀沼の産物として「水鳥

（鳧《かも》類ナガ・アヂ等、又雁、鴻《ひす》等）、鰻鱺《むなぎ》（夜漁す故にヨムナギといふ、江戸にても賞するとぞ）、鯰小蝦《こえび》」とある。手賀沼の鳥類や魚類といった産物が、江戸に流通していたことが記載されている。

江戸時代には親浜布瀬村を中心とする手賀沼沼畔の村々によって水鳥猟が行われており、遅くとも江戸末期には合法的に水鳥猟が認められていた。そして、明治に入っても手賀沼は水鳥の供給地としてあり続け、その消費地である東京と密接に関わっていた。明治三八年（一九〇五）に発刊された『風俗画報』三三〇号には、「手賀沼の鴨狩」と題する報文が掲載されているが、これには「歳末年頭の贈品に供する青鴨の猟場は、東京附近に在りては千葉県東葛飾郡手賀沼を第一とす、東京の相場は此沼の収獲如何《いかん》に依て昂低《こうてい》を生ずるなり」（画報生　一九〇五、四）とある。年末年始の贈答品とされるマガモに関し、東京近辺では手賀沼が重要な一大生産地であり、そこでの生産が、東京の水鳥相場に大きな影響を与えるほどであった。

水鳥の出荷

江戸中期に編まれた百科事典『雑事紛冗解』のなかには、いまの千葉県一帯で水鳥が捕られ、それが江戸に運ばれる様子について描かれている。それによると、さまざまな鳥が、上総、下総（千葉県中部から茨城県西部）の海辺や水田において、張り網（かすみ網）、敷網（不詳）、罠などさまざまな方法で捕られていたとされる。この下総の北部、いまの千葉県北部の利根川流域の平野には、かつて湖沼や低湿地が広がり、水鳥など野鳥の楽園であった。野鳥の楽園ということは、すなわち野鳥を捕ることに関しても、まさに楽園である。ガン・カモ類の一大生産地として江戸の鳥食文化を支えた千葉県手賀沼も、まさにこの地に含まれる。もちろん、鳥の産地は千葉県に限らず、関東一円から鳥が江戸に集まっていたのであり、またときには関東の外からも、江戸に鳥がもたらされていた。『雑事紛冗解』によれば、そのような在方、すなわち都会から離れた田舎で鳥を捕った猟師たちは、在方の元締め問屋にそのカモを渡し、その元締め問屋が集荷して、江戸へと追い追い出荷したという。カモ類であれば一人で二四～二五羽を一回で運搬していたため、一年でガンやカモ、そのほかの鳥を二七〇〇～三〇〇〇羽も出荷したようだが、これは毎年の決まった数ではない。夏には、サギなど一〇〇羽程度出荷し、そのほかの鳥も江戸へと出すが推計していない。ウズラは駿河（静岡県中部）や信濃（長野県）から、秋から冬にかけて出荷されていたという。

水戸公に毎年献上

手賀沼の水鳥猟は、いつごろ始まったのだろうか。

大正一二年（一九二三）刊の『千葉県東葛飾郡誌』や、昭和六年（一九三一）の農林省の調査書『共同狩猟地ノ沿革慣行其他調査ニ関スル件』、さらに昭和一七年（一九四二）建立の鴨猟記念碑の碑文『手賀沼鳥猟沿革』といった、比較的新しい近代史料では、手賀沼において水鳥猟の猟場が確立し、その猟法が布瀬の住人によって発明されたのは嘉元～建武年間（一三〇三～三六）とされているが、その根拠は薄弱である。下って文禄元年（一五九三）には、豊臣秀吉へマガモ二つがいとハクチョウを献上し、元和二年（一六一六）より、毎年正月、将軍家にマガモ一つがいずつ献上したという記事も見られる（『共同狩猟地ノ沿革慣行其他調査ニ関スル件』）。

また、享保二年（一七一七）以来、地頭（旗本松前氏）と水戸家にマガモ一つがいを献上していたと言い伝えられている。そして、手賀沼周りの集落が共同で水鳥猟をやり始めた後、領主（地頭）に対しては「鳥猟運上」を納めていたという（『共同狩猟地ノ沿革慣行其他調査ニ関スル件』）。また、手賀沼の水鳥猟の開始を、寛政二年（一七九〇）とする説もあるが（『手賀沼鳥猟沿革』）、それらの事績はいずれも伝承の域を出ない。

筆者の管見の限り、布瀬近隣の名主代が江戸の水鳥問屋に入れた、明和二年（一七六五）の密売に関する一札が、この地の水鳥猟に関する地方文書の、最も古いものである（『深山実家文書』）。そのとき、勘三郎という男が水鳥の密売に手を染めてしまい、布瀬村は近隣の手賀村や片山村と立ち会いの下、取り調べることについて江戸の水鳥問屋に確約し、一札を入れている。

また弘化三年（一八四六）、片山村は水戸公から水鳥猟を行うことが許可されている。このとき片山村では、手賀沼の沼畔を埋め立てて新田を作っていた。しかし、元々低湿地であるため、手賀沼の水が沼周辺の新田にあふれ、冠水した稲は腐って種籾まですべて失われるという状況に至った。手賀沼では度重なる沼畔の新田開発が試みられてきたが、いずれも大きな成果を上げることなく失敗に終わっている。そこで沼畔の農民たちはマコモを水際に植えつけ、水田を低湿地へと戻し、カモの狩猟地へと再び復旧させ、カモ二つがいを水戸公に「村運上」として、毎年献上することにより五ヵ年の水鳥猟を許されている（『深山実家文書』）。

二通りの課税方法

弘化四年（一八四七）には、手賀沼沼畔の発作《ほっさく》新田の百姓佐右衛門が江戸に住み、隠鳥の売買に手を染めていたところを水鳥問屋に見咎《とが》められた。そして、親浜布瀬村の名主が江戸に呼びつけられ、奉行の詮議を受けた。その際、その名主は手賀沼沿岸の村々が、領主の松前氏と水戸様に、年始に鳥を献上している事実を根拠に、水鳥猟は合法であることを主張している（『深山実家文書』）。手賀沼は水戸藩の鷹場であった関係で、水戸公へも献上されていたものと推測される。

江戸時代、水鳥猟はひとつの産業であったため、土地の支配者は、さまざまな地方産品と同じく水鳥の生産に税を課した。一八世紀末に高崎藩の郡奉行大石久敬《ひさたか》が著した地方《じかた》農政の手引書『地方凡例録』には、鳥猟に関して二通りの課税方法が解説してある。

ひとつは「鳥取役《とりとりやく》」である。これは里方でやられている小物成（山野湖沼の用益などに課した雑税）で、年々一定額を納める定納《じょうのう》である。「熟地《なれち》（豊かな水田）」で冠水し、ガンやカモがつくところで狩猟を行い、役金を納める。猟師個々に納める場合もあれば、村役として村がまとめて納める場合もある（『地方凡例録』）。

もうひとつは「運上」である。手賀沼で行われていた課税も、これに類するのであろう。運上は、諸商売や漁業、狩猟、手工業などに従事する者に課されていた。まず「鳥札運上」であるが、これは「鳥取役」と同じく、「熟地」で水がつき鳥が寄ってくるところで鳥猟をやりたいと願い出るものがあれば、領地の役所より焼き印の木札を渡し、一枚いくらと相応の運上を申しつける。この札を持っていれば、領内ならばどこでも狩猟ができた。鳥取役は、村の役人に役銀を差し出す定納の小物成であったが、この「鳥札運上」は猟師に札を渡して猟をさせるため「浮役（年期を限り、年によって金額が増減）」であった。伊勢の長島あたりで、冬から春にかけてカモ、コガモの類を捕る「高綱《たかづな》」に課された「高綱《たかづな》役」、さらに、夏から秋にかけてサギ猟に課される「鷺運上」も「運上」であった（『地方凡例録』）。

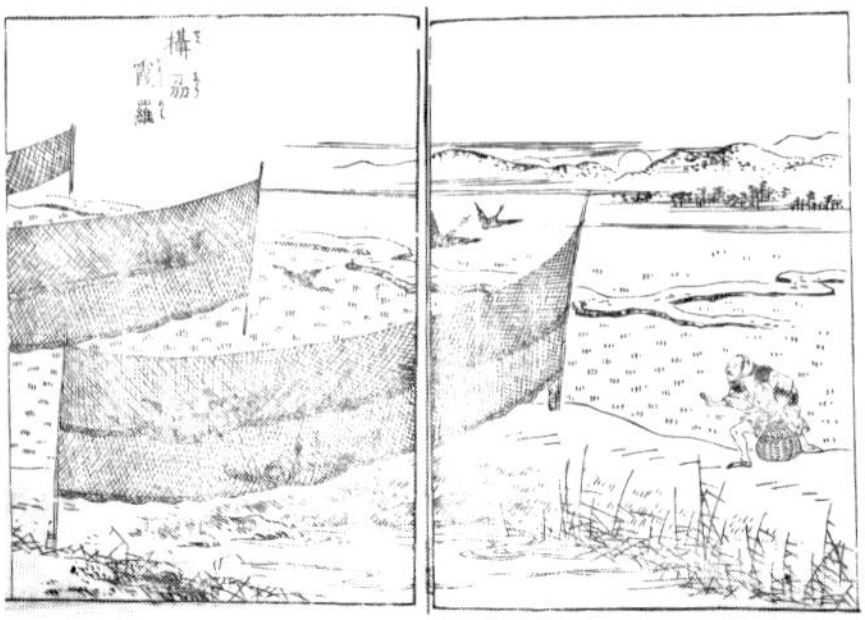

図16　ガン・カモを捕るかすみ網（『日本山海名産図会』、国立国会図書館所蔵）

水鳥猟の技術

江戸時代までは、いまの日本では想像できないほどの広い範囲で、鳥の狩猟が行われていた。現在、カモなどの水鳥を狩猟する方法ですぐに思い浮かぶのは、散弾銃などを用いた銃猟であろう。しかし、銃の管理が厳しかった江戸時代には、そのような銃による鳥猟は行われていない。地域ごとに、それぞれの地形や環境に合わせて創意工夫した、伝統的な鳥の猟法が行われていたのである。

江戸時代の水鳥猟は、網を使用する猟法と、鳥黐《とりもち》を使用する猟法の二系統に大別できる。

たとえば、寛政年間（一八世紀末）に上梓された『日本山海名産図会』には、網使用の狩猟として、幅広い網を張って飛翔する水鳥を捕る「霞網《かすみ》（かすみ網）」（図16）や、三角網を飛翔する鳥に投げつける「峯越網《おごし》」、網の罠を仕掛けた場所に餌で鳥を誘き寄せ、かぶせ捕る「無双《むそう》返し（無双網）」などが紹介されている。また、鳥黐使用の狩猟では、鳥黐を細縄につけて、湖沼の水面を流し水鳥を絡め捕る「流し黐縄」、水田上にモチをつけた細縄を張り巡らす「高縄」、さらに割り竹や細枝に鳥黐をつけて水田に立て、鳥を絡め取る「擌《はご》」などがあった。流し黐縄は、琵琶湖で中世から昭和三〇年代まで行われていた「黐縄」（第一章参照）と同じである。

布瀬においても江戸時代から昭和三〇年代まで、網と鳥黐を用いる二種類の猟法が行われていた。

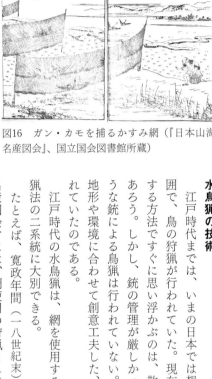

手賀沼では、網猟は「張切《はりきり》網」、鳥黐猟は「ボタナ（べたべたする縄の意）」と呼ばれている。張切網は『日本山海名産図会』の「霞網」であり、ボタナは「流し黐縄」に相当する。手賀沼の場合、親浜である布瀬一村だけがボタナ猟を行う権利があり、他村は張切網猟しか行うことができなかった。

江戸時代には手賀沼の沿岸の村々では、九月下旬から二月上旬の約四ヵ月半の間、共同狩猟が行われており、『利根川図志』には、沼周りの村々の人びとが、五日ごとに狩猟日を定め、晴れの夜を待ち、布瀬の合図をもって猟に出ると書かれている。その狩猟は夜間に行われていた。網は、一人あたり二〇反（約二二〇メートル）分使用してよく、それぞれ個々の猟師には、猟に使用する持ち場があった。岸から沼の深みに向かって竹竿を立てて、それに一〇反の網を張り、二重（二列）に並べる。

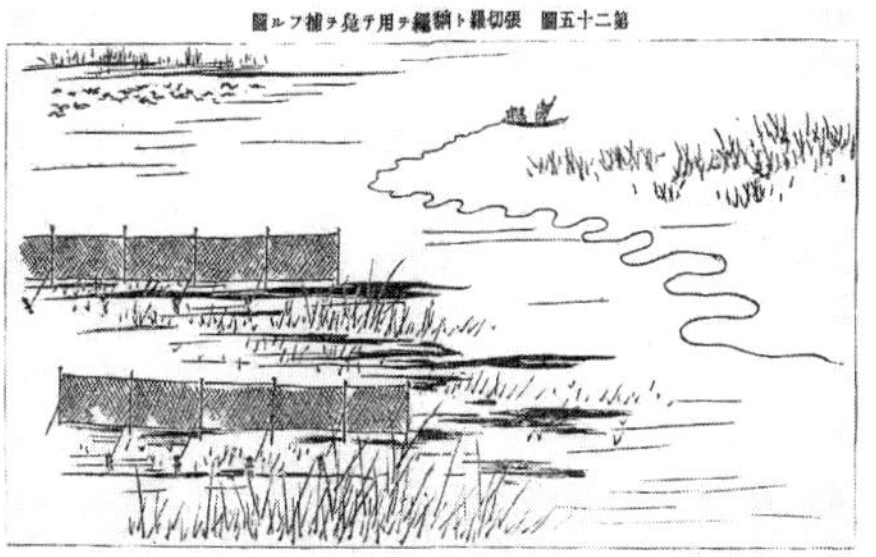

図17　手賀沼の張切網とボタナ猟（『狩猟図説』、国立国会図書館所蔵）

猟師たちがこの網を張ると、沼の全岸が騒がしくなるので、鳥たちがそれに驚いてみんな沼のなかに集まる。このとき、布瀬村の人びとが黐縄を沼の上に流す。そうすると、鳥たちは再び驚いて沼畔に飛び去るが、その沼周りには張切網が張ってあるので、それに引っかかる。この二つの猟法は、「相須《あいま》つの業《わざ》（互いに作用する行為）」であり、共にその約束に背くことはない（『利根川図志』）。

このような記録から、江戸時代の手賀沼の水鳥猟は、猟師が個々勝手に行ってきたのではなく、地域のルールに従って、集団的、組織的、共同的に行われてきたことがわかる。たとえば、手賀沼沿岸の村々は、同じ日時に出猟していた。また猟師たちが使用する猟具には、大きさや使用数に関して村々の統一規定があった。さらに、布瀬村の合図なしに、他の村々は猟を開始することができなかった。そして、張切網とボタナという二つの猟法は、事前に連動することが申し合わされており、猟師たちは勝手に猟ができなかった（図17）。手賀沼において、密猟や密売に関する江戸時代の記録が残っているが、そのような違法行為は、単に鳥を管理する幕府の定めに背くだけではなく、その鳥猟を共同管理する村、あるいはその村連合体の定めにも違背する行為であったといえよう。

水鳥猟師の豊富な自然知

手賀沼の猟師たちは、水鳥猟を行うために自然に関する豊富な知識を身につけていた。その知識がなければ、水鳥を捕獲することはできなかった。張切網猟は、杭などで区画された個々の猟師の縄張りで、一シーズンを通して猟を行う固定的な猟である。一方、ボタナ猟は、猟を行う際に沼水面の移動が不可欠で、水の流れや風の影響を大きく受ける。そのため、張切網猟に比べ水鳥の生態に関する知識や、猟場の自然に関する知識などが獲物の多寡に大きな影響を与えていた。

ボタナ猟は、鳥が下りる場所、集まる場所に関する知識がその猟に、直接影響を与える。ボタナ猟師は、水鳥が多く下りて集まる場所を、沼の底土の性質、そして、そこの水藻の植生から判断することが求められた。たとえばマガモは、水藻の一種のエビモク（ヒルムシロ科エビモ）の多く生える場所に下りるが、ここでは採餌はせず、田で落ち穂などをついばむという。また、オナガガモはセンコモク（標準和名不詳）の根を食べるので、それの繁茂する砂底の場所に集まるという。ハジロの仲間はニラモク（標準和名不詳）の多く生える、砂底から粘土状の泥底への遷移地帯に集まるという。

猟師はこのような沼の底質、藻の植生などの知識を、日常生活の沼をめぐる諸活動で身につける。狩猟に限らず漁撈やドロコギ（肥料用の泥の採取）などを行い、舟で沼の上を移動するときに、沼底の土砂の状況や、藻の生長具合を把握するのである。慣れた猟師にもなると、舟を動かす棹を沼底にさしただけで、その底質が判断できたという。

さて猟師には、このような鳥の降下場所を判断する能力とともに、その降下場所に短時間で到達する能力が求められた。猟師は、その時々の状況に応じて場所を移動する。たとえばボタナを流し、鳥が追われて逃げたとき、鳴き声でマガモだと判断した場合、マガモの逃げ場所であるエビモクの繁茂地に移動することもある。そういう場所は、闇夜に映る山などの地形を目標にして判断する。ボタナ猟の場合、常に沼の上を流されており、猟場を把握するための能力は、とくに重要だった。

手賀沼の狩猟鳥の種類

我孫子市鳥の博物館が、二〇一八年一月に行った手賀沼水面区域鳥類センサス結果（http://acmbs.sakura.ne.jp/hp/tori-inf/tori-1801.html　アクセス日、二〇二〇年三月一〇日）によれば、手賀沼の水面域でカモ科、カイツブリ科、サギ科などを中心に一二科二九種の鳥類が確認されている。一方、筆者による昭和初頭の手賀沼の狩猟対象鳥に関する聞き取り調査（鳥類図鑑をもとに地方名と標準和名を同定する調査）では、三科二二種（カモ目カモ科一九種、ツル目クイナ科一種、カイツブリ目カイツブリ科一種）もの鳥類が確認された（表5）。

昭和初頭に飛来し、狩猟されていたヒシクイやマガンなどのガンの仲間は、現在の手賀沼ではほとんど見かけることができない。ヒシクイやマガンは近年、越冬期に手賀沼で確認されたが、定期的な記録ではないため二〇一九年の千葉県のレッドリストでは「消息不明・絶滅生物」として扱われているほどである（千葉県環境生活部自然保護課　二〇一九、六）。

布瀬の水鳥猟師たちは、このような多種類の水鳥を、鳴き声や行動の特徴、そしてその大きさや形態、色など身体的な特徴で分類する能力を身につけていた。

たとえば、猟師たちは鳥の鳴き声を細かく聞き分けていた（表5に「カナ字綴り法」で表記）。それは、夜に狩猟を行う手賀沼の猟師に特徴的な技能である。暗闇のなか、鳴き声で接近する獲物の種類を、ある程度把握することができた。猟師たちは、闇夜の何も見えない沼の上で、高い値段がつくマガンやヒシクイ、マガモがかかるのを期待しながら、その鳴き声に一喜一憂していたのである。

鳥の値段の不可思議な付け方——羽寄せ

夜中の猟が終わって、明け方には張切網の猟師もボタナの猟師も、村々の船着き場へと戻ってくる。船着き場には籠を背負った主婦たちが、夫たちの帰りにあわせて集まっている。主婦たちは小舟から獲物の鳥を下ろし、家へと持って帰る。ボタナの場合は、鳥についた鳥黐をきれいに取らなければならない。ボタナで捕った鳥には、黐がこびりつき、羽が抜け落ち見すぼらしくなったものもあり、このような鳥は商品価値が低いという。見すぼらしい衣服を着た人を「ボタナで捕ったカモのようだ」と形容するほどである。

鳥は、仲買人が買いつけに来ることが多かった。仲買人には、東京の千住あたりから直接買いつけに来るものと、地元で仲買をして東京の千住や京橋あたりに卸すものの二通りがあった。仲買人に鳥を販売する場所を、会所《かいしょ》と呼んだ。ボタナと張切網では、別々に会所を開くが、布瀬ではその日に最

科	地方名（括弧内は和名）	鳥の特徴に関する民俗知識（括弧内は鳴き声）
カモ目カモ科	ハクチョウ （同定はオオハクチョウ。コハクチョウの可能性あり）	大型の全身白色で嘴が黄色。（ホーイホーイ）
	ヒシガン、ヒシ （ヒシクイ）	大型で嘴が黒い。飛び立つのが遅い。 （ガガンガガン）
	ガン （マガン）	ヒシガンより若干小型で嘴が赤みがかっていて額が白い。警戒心が強い。 （ヒーヒーガンガン）
	マガモ、アカアシ、アオクビ （マガモ）	♂の頭は青緑色で首には白い輪、♀は全身褐色で黒斑点がある。足が赤い。 （♂シーシー、♀ゲーゲー）
	カルガモ （カルガモ）	足、羽毛の色、体の大きさはマガモの♀と同じ。嘴の先が赤みがかっている。 （ゲーゲー）
	ナガ （オナガガモ）	♂の黒い尾が他のカモ類に比べ極端に長い。水の中で逆立ちする。 （♂シューシュー、♀コロッコロッ）
	アカ （ヒドリガモ）	♂の頭が赤色。♀は全体が黒みを帯びた褐色。マガモより一まわり小さい。（ピンヨピンヨ）
	スズヨシ （オカヨシガモか？）	♂は体が灰色、♀は褐色に黒斑点だが雌雄の差があまりない。（ヒューイヒューイ）
	ヨシ （ヨシガモ）	♂の頭が青緑色でマガモの♂に一見似ているが、足が黒い。（ケッケーケッケー）
	ハジロ、ハル （ホシハジロか？）	頭全体が赤茶色で、体が♂が白色、♀が灰色。昼間、沼上で群れをなしている。 （キュッキュッ）
	オオハジロ （和名不明）	ハジロより大きい。
	キメハジロ （和名不明）	—
	コハジロ （和名不明）	—
	キンクロハジロ （キンクロハジロ）	頭、背中が濃い黒色。後頭部に黒い羽毛が突き出ている。（ピュルピュル）
	クツハジロ、クツ （和名不明）	—
	タカ、タカブ （コガモ）	小型で♂は頭が茶色で目の周りが緑色。♀はマガモの子供に似ている。 （♂ピリッピリッ、♀クェクェ）
	アジ （シマアジ）	コガモの♀と区別がつきにくいが、目の下にはっきりとした線がある。（ギリリギリリ）
	ハシヒロ、ハシ （ハシビロガモ）	♂♀とも平たく大きな嘴を持つ。コガモより大きい。（クワックワッ）
	アイサ （ミコアイサ）	体は♂は白色、♀は灰色。共に嘴が細長く尖っている。（ウィーウィー）
ツル目クイナ科	カワ、ハナッチロ （オオバン）	体は真っ黒で額、嘴が白色。♂♀の区別がつかない。（キョンキョン）
カイツブリ目カイツブリ科	カコ、モグリッチョ （カイツブリ）	最も小さく褐色の体。潜るのが得意。 （キリキリキリキリ）

表5　筆者聞き取り調査による昭和初頭の手賀沼の狩猟対象鳥一覧（鳥類図鑑を参照しながら聞き書きし、地方名と標準和名を同定）

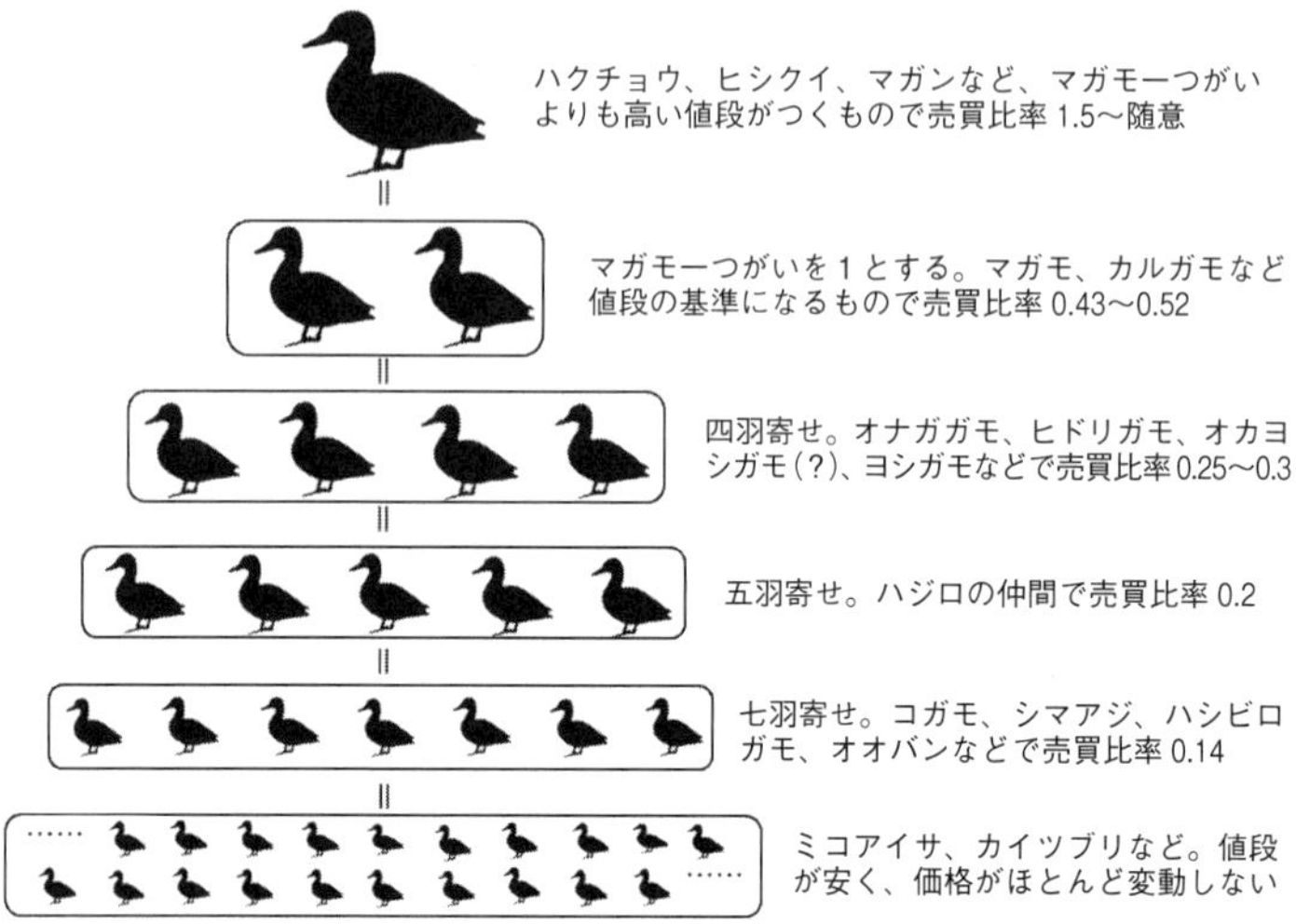

図18　羽寄せの仕組み

も多く捕った人の家で会所が開かれていた。猟師たちは会所に自分の捕った獲物を持ち寄り、仲買人へと売り渡す。ここで鳥の値段が決まり、売買される。手賀沼周辺では「羽寄《はよ》せ」と呼ばれる、かなり独特な値付けのやり方で、鳥の売買が行われていた。

会所に集まった仲買人と猟師は相対で交渉し、その時々の需給関係を見ながら、まずマガモの雌雄一つがい（二羽）の値段を決める。これが、そのときの「相場」と表現される。次に、マガモ以外の鳥の値付けを行うが、実はそのほかの鳥は、このマガモの雌雄一つがいに対して、同じ価値をもつ羽数がそれぞれ決まっている。たとえば、昭和初頭に鳥猟を行っていた布瀬の猟師たちへの筆者による聞き取り調査では、ヒドリガモは「四羽寄せ」といって、マガモの一つがいに対し四羽が同等と評価されていた。またコガモは「七羽寄せ」といって、マガモの一つがいの値段とコガモ七羽の値段が同じとされていた。そして、マガモより大型のマガンなどは、一羽がマガモ一つがいの一・五倍と決まっていた（図18）。

このように羽寄せのシステムは、マガモ一つがいに対しての等価の羽数を固定することにより、マガモ一つがいの相場が変動するのに呼応して、それぞれの価格が連動するという仕組みになっている。要するに、マガモ一つがいを一とすると、ヒドリガモは一羽〇・二五、コガモは一羽〇・一四（小数点第三位以下切り捨て）、マガンは一羽一・五という売買比率が固定されているということである。マガモ一つがいを一〇〇円とした場合、ヒドリガモ一羽は二五円、コガモ一羽は一四円、マガン一羽は一五〇円の値段がつくということである。そして、マガモ一つがいの相場が二倍になれば、それに応じて各鳥の値段が二倍になるということである。

鳥の売買比率

布瀬のボタナ猟師川村孝氏（明治四〇年〔一九〇七〕生まれ）が、昭和一三年（一九三八）度の猟期に記した『狩猟日誌』には、捕った鳥の種類や捕獲数、販売価格、相場が記録されている。その日誌から、実際に捕られた鳥の売買比率を計算することができる。その売買比率と聞き取り調査から計算した売買比率、さらに『手賀沼鳥猟沿革』記載の数値から計算した売買比率とを対照したものが表6である。これを見ればわかるように、それぞれの売買比率はほぼ一致している。

マガモ、オナガガモ、ヒドリガモといった中大型のカモは、雌雄で値段が異なる。見栄えのよいオスがメスよりも売買比率は高くなるのである。カルガモのように体軀はマガモと変わらないのに、雌雄で容貌の違いがあまりないカモには、売買比率の雌雄の区別がないことから、中大型でなおかつ外見の容貌に雌雄差があるものに、売買比率の雌雄差が出ると考えられる。

市場などで売買される動植物は、個々に値付けが行われ、個々に相場も変動するのが普通である。たとえば、魚市場で売られているイワシやマグロは、需給状況に応じて、それぞれ値付けされ、両者の価格はとくに連動することはない。イワシが大量に捕れて値段が下がったからといって、マグロの値段が下がるわけではない。ところが、手賀沼の鳥たちの値段は、マガモ一つがいにすべての鳥が紐づけられており、それに連動している。つまり、マガモの値段の上下に応じて、他の鳥たちの値段も同じ比率で上下したのである。

なぜこのような仕組みになっていたのか、その理由は定かではない。ただ、この羽寄せによって、鳥種ごとに細かく値段を決める手間を省くことは可能である。しかしこの仕組みでは、市場価格の自動調節機構は、マガモ以外の鳥には機能しない。もしマガンの捕獲数が少なくなり希少価値が出たとしても、マガモがたくさん捕れて価格が下がったならばマガンの価格も下がってしまう。また、消費者が味のよいコガモを好んで消費してその需要が多くなったとしても、その価格はやはりマガモの価格次第ということになる。このマガモの需要と供給を基準とする羽寄せという値付け方法は、水鳥の猟師と仲買人との間で行われる値段交渉で採用されていたものである。その次の段階で、仲買人が卸した東京の小売商が、どのような値付けをして庶民に野鳥を売っていたのかは不明である。

鳥の相場変動と収益

次に、昭和一三年度に川村孝氏が記録した『狩猟日誌』をもとに、相場の変動と収益について見てみよう。このシーズンには、昭和一三年一一月一三日を初日（ハッカワという）とし、翌年二月二三

地方名 (括弧内は和名)	筆者聞き取り調査による売買比率	『狩猟日誌』にみる記載名と売買比率	『手賀沼鳥猟沿革』にみる記載名と売買比率
ハクチョウ (オオハクチョウ)	随意		白鳥 随意
ヒシガン、ヒシ (ヒシクイ)	2.00	ひし 1.90〜2.17	ヒシ鴨 2.00
ガン (マガン)	1.50	雁 1.71	雁 1.50
マガモ、アカアシ、アオクビ (マガモのオス)	0.52	鴨 0.54〜0.55	男鴨 0.52
メガモ (マガモのメス)	0.48	めも 0.40〜0.45	女鴨 0.48
カルガモ (カルガモ)	0.43	かる 0.40〜0.43	
ナガ (オナガガモのオス)	0.30	長 0.30〜0.33	長鴨 0.30
メナガ (オナガガモのメス)	0.28	め長 0.27〜0.30	長鴨 0.28
アカ (ヒドリガモのオス)	0.25	赤 0.25〜0.26	
メアカ (ヒドリガモのメス)	0.25	め赤 0.22〜0.25	
スズヨシ (オカヨシガモか?)	0.25		
ヨシ (ヨシガモ)	0.25	よし 0.25〜0.26	葭 0.25
ハジロ、ハル (ホシハジロか？)	0.20	はる 0.2	羽白 0.20
オオハジロ (和名不明)	0.20	大は 0.22〜0.26	
キメハジロ (和名不明)	0.20		
コハジロ (和名不明)	0.20		
キンクロハジロ (キンクロハジロ)	0.20		
クツハジロ、クツ (和名不明)	0.20	くつ 0.16〜0.19	
タカ、タカブ (コガモ)	0.14	たか 0.14〜0.15	高べ 0.14
アジ (シマアジ)	0.14	あじ 0.15	
ハシヒロ、ハシ (ハシビロガモ)	0.14	はし 0.16	
アイサ (ミコアイサ)			
カワ、ハナッチロ (オオバン)	0.14	川 0.12〜0.15	
カコ、モグリッチョ (カイツブリ)		かこ 0.04〜0.05	

表6　手賀沼における水鳥1羽あたりの売買比率（マガモ雌雄一つがいを1とする）

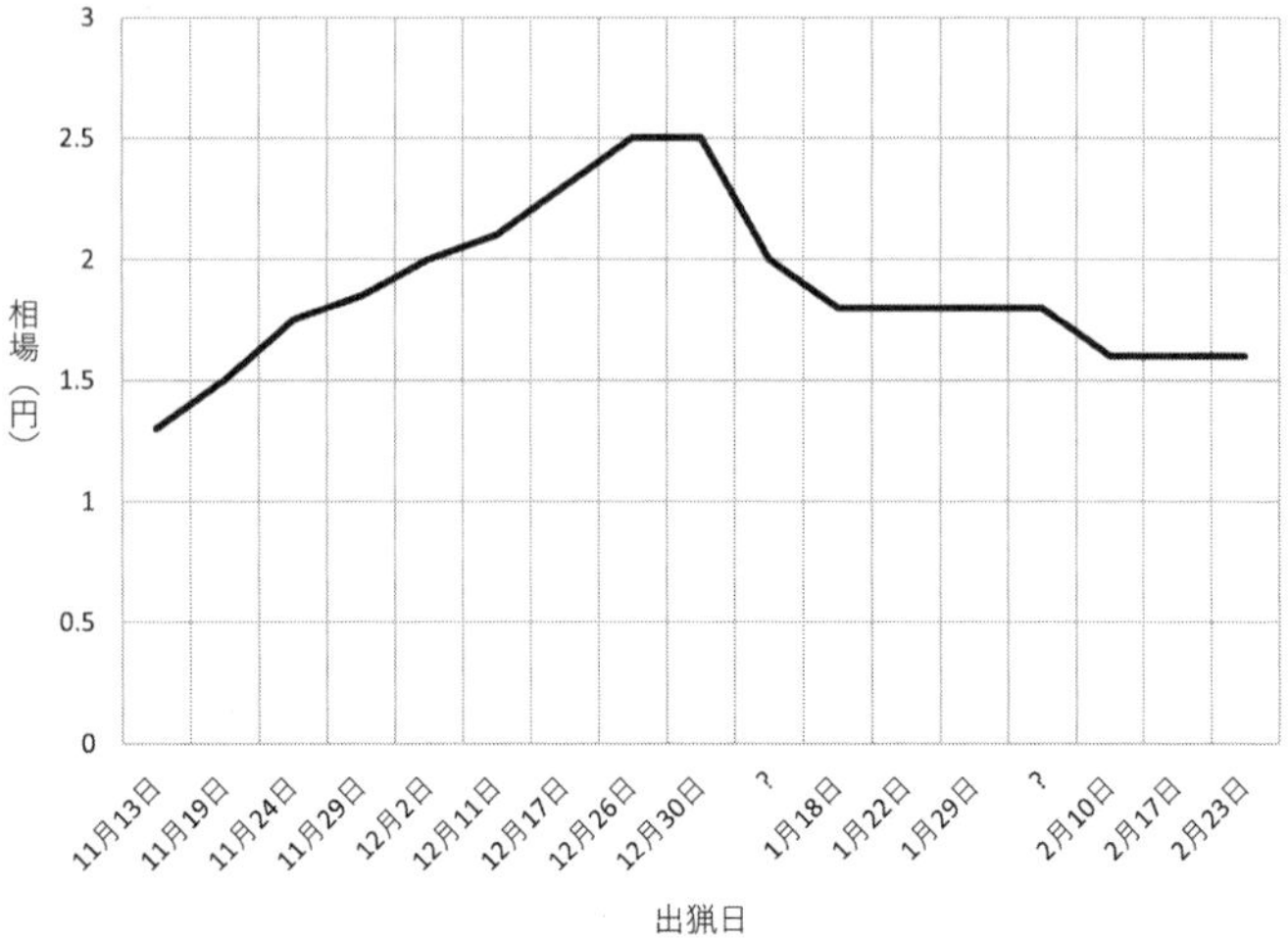

図19　昭和13年（1938）度の鳥価格相場の変動グラフ

日までの約三ヵ月間にわたって計一七回（一七晩）の狩猟が行われた（出猟日不明が二回）。

猟開始の一一月一三日に最低価格（マガモ一つがい一円三〇銭）でスタートし、その後、猟のたびに一〇～二〇銭ずつ値を上げ、一二月二六日と三〇日に最高値（二円五〇銭）をつけた。年末には、猟の始まった頃に比べ相場が倍近くに跳ね上がったということになる。そして一月に入ると相場は急に下落し、一月末からは一円八〇銭～一円六〇銭程度に安定した（図19）。

この相場変動は、年末贈答品、すなわち歳暮としての水鳥の消費を示していて興味深い。水鳥の歳末の贈答利用が高まり、また正月の食材としてこの季節に消費が高まったために、年末に相場が急騰したのである。このような相場変動のパターンがあるため、猟師のなかには猟期の初めに捕れた鳥を生かして飼っておいて、相場の高くなる年末に売り出す強者もいたという。

それではこの一シーズンに、猟師たちはどれくらいの収益を上げていたのだろうか。

『狩猟日誌』を記した川村氏は、この年には山崎某氏、染谷某氏と三人で組んでボタナ猟を行った。川村氏たちは、このシーズンで総計六七〇羽、一五種もの鳥を捕らえていた。その内訳は、第一位はヒドリガモ、第二位オナガガモ、第三位ハジロ（ホシハジロか?）、第四位オオハジロ（和名不詳）、第五位ヨシガモで、中型のカモ類が大半を占めていた。

ボタナ猟の場合、沼の水面で生活するハジロの仲間を捕るのが中心で、マガモなど岸辺近くで生活する仲間はあまり捕れないという。マガモより大型のヒシクイやマガンはさらに少なく、価値のあるガンの仲間は、そう易々と捕れる代物ではなかった。

川村氏たちが、これらの鳥を仲買人に売却して得られた総収入は三二四円八〇銭に上った。捕獲数で上位を占めていた鳥が、収入でも上位を占めるという傾向はあるが、捕獲数では全体の〇・八パーセントに過ぎないヒシクイが、収入では七パーセントまでにその割合を上げている点には注目しなければならない。これは当然、その単価がほかの鳥種に比べ、圧倒的に高いからである。この点からヒシクイ等の大型鳥が一獲千金の魅力のある鳥種であったことがうかがえる。人びとにとって、ヒシクイ一羽でカイツブリ約五〇羽分に相当するという大きな価格差は、まさにヒシクイを垂涎の的たらしめるのに十分だったと思われるのである。

水鳥猟で稼ぐ意味

さて、川村氏ら三氏は、三二四円八〇銭の総収入を、川村氏一一一円九七銭、山崎氏一一二円四〇銭、染谷氏一〇〇円四三銭と分配した。川村氏と山崎氏とはほぼ同額であるが、染谷氏は若干少ない。その理由は定かではないが、実際に猟に携わった日数や労働量が関係しているのかもしれない。

このシーズンには、川村氏たちは一人で約一〇〇～一一〇円台の収入があったわけであるが、この金額は、当時、どの程度の価値をもっていたのであろうか。当時、あんぱん五銭、カレーライス二〇～三〇銭の時代である（週刊朝日編　一九八八）。白米は一〇キログラム三円二五銭だったので、それに換算すると約三〇九～三四五キロ分に相当する。

このような単純な商品換算ではなく、実質的な労働対価としての猟の収入の意味を考えてみよう。昭和の初頭、この冬場の農閑期に、手っ取り早く現金収入を上げようとした場合、まず思いつくのは土木工事などの日雇いの賃稼ぎに出ることであろう。一九三八年、銀行員の初任給が約七〇円であった頃、賃稼ぎは日当一円五八銭であった（週刊朝日編　一九八八）。この数値から換算すると、一人が一シーズン一七日の狩猟で、賃稼ぎ約六四～七一日分の収益を稼ぎ出したことになる。水鳥猟の方が、賃稼ぎよりも約四倍の稼ぎを上げることができたのである。

農林省による調査には、「本共同狩猟地ニ於テハ狩猟ノ動機カ副業ニアリシモノニシテ」（『共同狩猟地ノ沿革慣行其他調査ニ関スル件』）とあるように、この水鳥猟という生業は、あくまで副業であった。しかし、冬場の農閑期に、賃稼ぎ二ヵ月分以上の収入を、わずか一七日の出猟で稼ぐことができたことからいえば、水鳥猟は農間余業として無視できないものであっただろう。もちろん、水鳥猟で大儲けしていたというほどの収入ではない。また水鳥猟からの収入は、一年間、糊口を凌げるような大きさはもっていない。しかし、手賀沼の周りに住む人びとの生活を支えるひとつの活動として、それは重要だったのである。

写真15

写真13

写真14

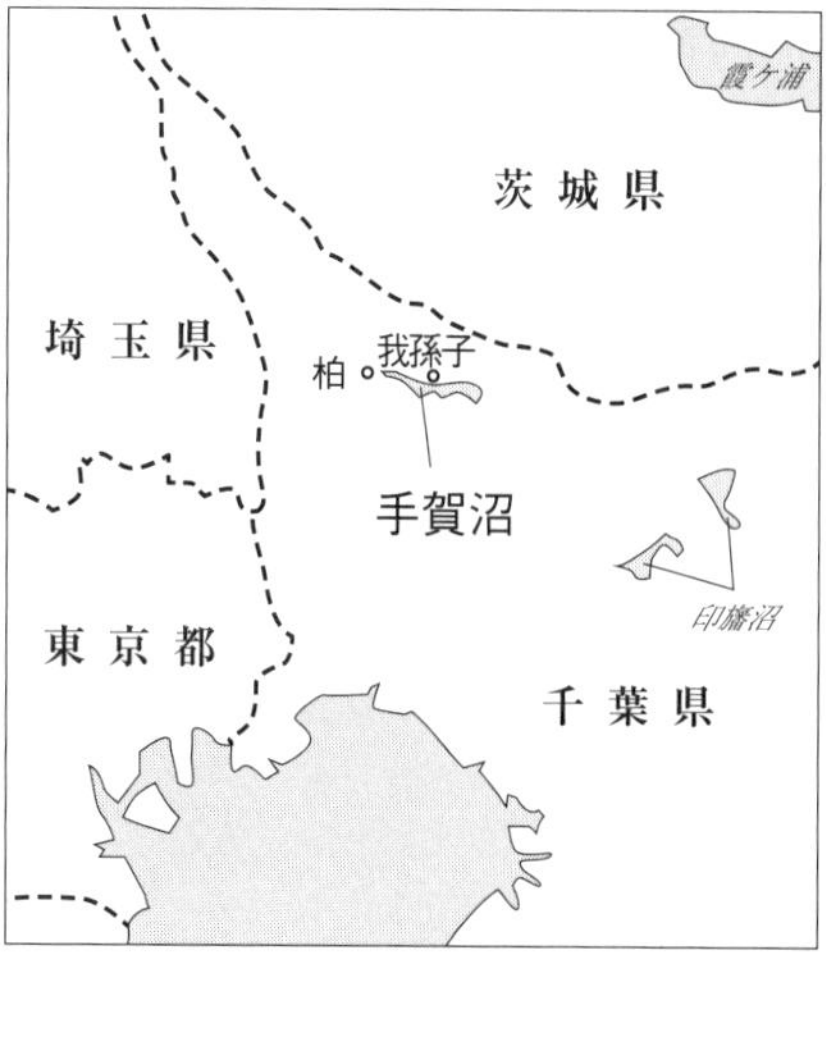

カメラマンの堀内讃位（ほりうちさんみ、1903–1948）は、昭和初頭に、現在では失われてしまった伝統鳥猟の貴重な写真を撮影した。その2000枚余りのネガは、現在、（公財）山階鳥類研究所で保管されている。205ページとここに掲載する写真は、いずれも昭和12年に堀内が撮影した千葉県手賀沼の鳥猟の様子。『写真記録　日本伝統狩猟法』（出版科学総合研究所、1984年刊）より

写真13　親浜布瀬の出猟の合図。手賀沼の猟師たちはこの合図にしたがって猟に出た

写真14　猟師と仲買人との取引

写真15　張切網にかかったカモ

2　西洋的狩猟の浸食

水鳥猟の法律――西洋的狩猟慣習の浸食

明治維新の前年である慶応三年（一八六七）に鷹場が廃止され、江戸幕府の鷹場制度と鳥商売取締まりが終焉を迎えたことは、第四章で詳述した。幕末には、すでに幕府による狩猟や野鳥流通の管理は弛緩していた。そして、明治維新後、かつて江戸一円に広がっていた鷹場などの野鳥管理システムは完全に崩壊した。結果、幕末から明治初頭にかけて鳥獣の乱獲が至るところで始まり、何ら規制のないままに、しばらく放任されてしまった（林野庁編　一九六九、六）。そのため、箍《たが》がはずれたかのように野放図な鳥猟が行われるようになった。この時期、ツルやトキ、コウノトリ、ハクチョウ、ガン類などの大型鳥類が乱獲され、急激にその数を減少させたという。また、幕末から明治維新の混乱のなか一挙に銃が普及し、西洋的な狩猟も導入され、銃猟がはびこるようになって、江戸、そして東京の町中で銃器を用いて狩猟する者までもあらわれ、郊外では農作業中の農民が銃弾によって負傷する事故までも起こっていたという（林野庁編　一九六九、六）。

さすがに、こういう事態に明治政府も手をこまねいているわけにはいかない。明治六年（一八七三）、ようやく「鳥獣猟規則」という狩猟関係の規則を定めた。それによって狩猟可能な地域や狩猟期間、猟法が制限され、銃猟の免許鑑札制が開始され管理されるようになった。また狩猟が、猟師や農民が行う職業的な猟（職猟）と、華族や富裕層が行う遊興的な猟（遊猟）に区分された。この規則では、銃猟だけが制限され、網や鳥黐を使用した伝統的な猟法は、何ら制限されてはいない。

ところが明治二五年（一八九二）に「狩猟規則」が定められ、捕獲を全面禁止とする保護鳥獣（ツルやツバメ、ヒバリなど鳥一四種類）と、期間を決めて捕獲禁止とする保護鳥獣（キジ、ヤマドリ、ウズラなど鳥一五種類）が指定された。そして銃猟を乙種、銃猟以外の網や放鷹（鷹狩）、鳥黐を用いる猟法を甲種として、全般的に管理するようになった。また、私人が「猟区」を設定する制度も作られた。

この私人による「猟区」とは、ヨーロッパの貴族社会の領主的な狩猟慣習をまねたもので、日本の華族や富裕層の間に当時流行っていた遊猟を考慮したものである。日本国民であれば誰でも、農商務大臣の許可のもとに最大五〇〇〇町歩（約五〇〇〇ヘクタール）の猟区を一ヵ年一〇円の免許料で設定でき、それによって排他的に狩猟を行うことができた。この制度は、明治になってハンティングの趣味を覚えた富裕層が、銃猟を行う場所を確保するのには都合がよかったが、逆に昔から自分たちが住んでいる場所で、網や鳥黐などの伝統猟法で鳥を捕って生業としていた人びとにとっては、由々しき事態であった。自分たちが慣習的に使っていた猟場が、よそ者たちによって蹂躙され、またよそ者たちによって野鳥資源が収奪されてしまうのである。

ヨーロッパの法律を模倣したこの「狩猟規則」は、江戸時代から継承してきた庶民の伝統猟法を脅かすものであった。古くから権力者が鷹狩を嗜み、庶民の狩猟を押しのけて猟場を独占してきたことはすでに詳しく述べたが、近代に入って新しい形で猟場の独占がなされそうになったのである。東京への水鳥の最大供給地であった手賀沼にも、そのような遊猟の波が押し寄せてきた。

舶来の法律は日本にそぐわない

ヨーロッパからもたらされた舶来の狩猟制度であるこの「狩猟規則」は、日本にそぐわなかった。

そのためそれが定められた翌年には、早くもそれを修正する新しい法律が貴族院で検討され始めた。そして明治二八年（一八九五）には、狩猟に関する初めての法律「狩猟法」が制定された。

この法律では、「狩猟規則」にあった職猟と遊猟との区別を廃止し、免許料の代わりに免許税を創設し、また保護鳥の販売や、雛や卵の採取、販売を禁止するなどの変更点があったが、最大の変更点は、なんといっても「狩猟規則」で定めた私人による「猟区」の設定を禁じ、それに代えて新たに「共同狩猟地」の認可制度を創設したことである。それは伝統狩猟にとって、画期的な変更であった。

明治二六年（一八九三）一二月八日に開かれた、侯爵蜂須賀茂韶《もちあき》を議長とする第五回帝国議会貴族院狩猟法案第一読会において、狩猟法案特別委員会委員長である子爵谷干城《たてき》によって、「狩猟規則」から「狩猟法」への改正に関する趣旨と変更点の説明がなされた。土佐藩出身の谷は、幕末から明治にかけて活躍した軍人上がりの貴族院議員である。西南戦争において、熊本鎮台司令長官として熊本城攻防戦を指揮し、西郷隆盛率いる薩摩軍を撃退した猛者として、その名は知られている。

谷は、この改正原案の審議にあたり、最も議論があったのが私人による「猟区」を廃する点であったという。谷は、そもそもこの「猟区」という制度は、外国、ことに「独逸《ドイツ》ノ狩猟法案」によって成立したものとする。そして、なぜ委員会がこの制度を排撃し削除したのかというと、「猟区」というものを作ってみると、「金持、貴族」などが至るところに「猟区」を作って、「職猟者（猟で生活を立てている者）」が猟をするところがなくなってしまうからである、と主張する。そして、ドイツあたりの猟区の制度が、本当に公平なものであるか吟味してみると、「貴族ノ権力ノ強イ即《すなわ》チ封建ノ余習《よしゅう》」のようなものであるとまでも言い切っている。

頑固者の谷はさらに、「貴族金持」という言葉を連呼して、それらを優遇する現行制度を強く批判し、「猟区」などをこしらえて「貴族金持」が猟をするに及ばぬ、今日の日本にこんなものは必要ない、独立猟師（職猟者）にとって、はなはだ迷惑なことなので、こんなものはない方がよろしい、と強い調子で「猟区」を削除した審議過程の説明を行った（『第五回帝国議会貴族院議事速記録第五号』）。

谷は、自らも爵位をもつ貴族院議員でありながら、猟師たちの生活に根差した職猟を擁護し、貴族金持ちの手慰みの遊猟を攻撃した。西南戦争で武勲を上げた谷は、ここに気骨を示した。

共同狩猟地の誕生

この「猟区」廃止だけだと、ただ野放図に狩猟がなされかねないことを憂えた狩猟法案特別委員会のメンバーたちは、さらに狩猟で長年生計を立ててきた人びとを保護する制度を考案した。

それが「共同狩猟地」である。共同狩猟地とは、江戸時代より行われてきた伝統的な共同の狩猟慣行を尊重し、制度化したものである。それは、「猟区」を除けば、「日本の狩猟法制の中で、特定の狩猟者による排他的な狩猟を認めた唯一の制度」（高橋　二〇〇八、三〇七）である。

「狩猟法」では「従来地方ノ慣行ニ依《よ》リ一定ノ区域内ニ於《おい》テ共同狩猟ヲ為ス者ハ地方長官ヲ経由シテ農商務大臣ニ願出《ねがいいで》テ免許ヲ受クルコト」（第七条）とされ、そこを管理する者の承認を得た者以外の狩猟が禁じられた（第四条）。江戸時代から、地方の農民たちは、毎年一定期間に鳥を捕獲して、その収入を分配して副収入にしたり、村の共同事業費に充当したりしていた（林野庁編　一九六九、一八三）。鳥猟が、地域住民やそれが属する共同体の収益に大きく貢献しており、そのような農村の現実に目を向けて、一種の権利として保護したのである。

この「狩猟法」が定められた明治二八年（一八九五）に、愛知県東境共同狩猟地、大阪府釈迦ケ池共同狩猟地、福岡県横隈共同狩猟地などとともに、布瀬を中心とする手賀沼沿岸村落も、千葉県手賀沼共同狩猟地として認められた。幕末に刊行された『利根川図志』に、手賀沼の共同狩猟の様子が描かれていることはすでに述べたが、その共同狩猟が明治時代に公的なお墨つきを得たのである。

大正七年（一九一八）のピーク時には、全国で三〇ヵ所の「共同狩猟地」が設定された。そのうち、山野などでキジなどの陸鳥や獣類を捕る「共同狩猟地」はわずか四ヵ所で、残りの二六ヵ所は池沼などでガン・カモ類など水鳥を捕獲する狩猟地であった。「共同狩猟地」の数が最も多い県は千葉県（一一ヵ所）であり、大阪府（四ヵ所）、福岡県（三ヵ所）、茨城県、新潟県、静岡県、愛知県（二ヵ所）、岩手県、富山県、福井県、愛媛県（一ヵ所）がそれに続く。千葉県は全「共同狩猟地」の三六パーセント以上を占めており、二位以下を大きく引き離している。そこが関東有数の野鳥の楽園であり、江戸・東京向けの水鳥供給の中心地であった往時の状況を、その数字は反映している。

在地の伝統的な共同狩猟のあり方が尊重され、西欧化する法体系のなかに汲み取られたことは画期的である。これは、鳥猟という活動が、地域住民の実生活と密接に結びついていたことを示している。

鴨雑煮が食えなくなるぞ！

さて、この「狩猟法」の法案を審議する公式の場で、ある法学者が手賀沼の水鳥猟を引き合いに出して、「共同狩猟地」設立の必要性を力説した。その主張が、すこぶる振るっている。

明治二六年（一八九三）一二月一一日、第五回帝国議会貴族院狩猟法案第二読会でのことである。昼食の休会を挟んで再開された午後の会の冒頭で、「共同狩猟地」に関して集中討議がなされた。そこで熱弁を振るったのが、狩猟法案特別委員会委員の法学者箕作麟祥《みつくりりんしょう》であった。

箕作家は、近代の学術発展に大きく寄与した碩学を数多く輩出した学者一族として著名であり、麟祥はその箕作家の跡取りである。英語、フランス語に堪能で、constitution を翻訳して、「憲法」という日本語を生み出した人物としても知られている。日本の近代法制度の整備に尽力した箕作は、まさに日本の法律学の礎を築いた功労者である。その彼が、「狩猟法」に「共同狩猟地」の制度を盛り込むことに、大いに腐心した。

彼は、特別委員会が「共同狩猟地」の制度を「狩猟法」に盛り込まないと、地方の慣習を保護することができないと考え、私人による「猟区」という考え方を削除したと説明した。そして、「猟区」と「共同狩猟地」とは、性質がはなはだ異なっているもので、共同狩猟は、従来地方の慣行であり、人びとはそれを仕事としており、至って「実着千万（すべてが真面目で落ち着いた）」なものと高く評価したのに対し、一方「猟区」は、これに反して外国からの輸入物であって、日本には随分と贅沢すぎた「慰物《なぐさみもの》」であると、酷評している。

また、共同狩猟を保護しなければ、猟をする人びとは迷惑するばかりでなく、そういう狩猟地に無闇に行って銃を撃つ状態になってしまい、鳥が集まらなくなるとする。零細な農民たちの生活の保障、さらに野鳥資源の保護という崇高な目的を理由に、その制度の必要性を訴えている。

そして、少々熱が入りすぎた箕作は、いささか脱線気味に次のように熱弁を続けた。

東京近所には、千葉県には手賀沼というところがあります。また遠国にもそういうところがありましょうが、この手賀沼では鴨などがたくさん獲れるそうであります。これを取り締まり無しにいたしておきますと、ついには東京には近いものですから、鉄砲を持っていって、雁や鴨も、そこに寄らぬということになると、営業者（猟師――引用者注）も困るのみならず、我々が雁や鴨を食うのも、そういう共同狩猟場があるお陰でありますが、追々正月も近寄りましたが、鴨雑煮も食うこともできないようになるかもしれませぬ。甚《はなは》だ困った話……（『第五回帝国議会貴族院議事速記録第七号』、九一、カタカナをひらがなに変換、句読点の加除等書き換えあり）

箕作は、手賀沼がガン・カモ類の一大産地であることを知っていた。彼はカモが入った正月の雑煮が好物だったのだろうか。「共同狩猟地」を設定し銃猟を規制しないと「鴨雑煮」が食えなくなると憂い、困惑している。その力説の最後に箕作は、「ご賛成願いたい」「文言修正ならばいかようにも応えるからご賛成願います」「些細な修正でこの修正が破棄となれば遺憾なので、文字修正は次の会議に回していただいて、趣意だけにご同感あれば、ご賛成ください」「とにかくこの趣意をもってご賛成いただくことを望みます」と、ほかの議員たちに賛成を強く懇願し、締めくくっている。

冷静沈着で理路整然と語るはずの大法学者をして、ここまで熱く語らしめる魅力が、「鴨雑煮」にはあったのか。ほかの貴族院議員たちは、箕作麟祥が高唱した零細な人民の生活を保障する崇高な理念に賛同したのか、はたまた美味なカモを食べられなくなるという彼の憂慮に共感したのかわからないが、いずれにせよこの法案は見事に可決されたのである。

しかし、遊猟者による銃猟を規制しないと手賀沼でのカモ猟の支障となるため、ひいては東京で「鴨雑煮」を食べられなくなるかもしれないという箕作の悲劇的予言は、残念なことにその数十年後、現実のものとなる。箕作の念願もむなしく、手賀沼の水鳥猟は滅んだのである。

3　カモが米に負けた

強力な社会的規制——手賀沼の共同狩猟地

「狩猟法」によって、千葉県手賀沼共同狩猟地の設定が許可されたのにともない、手賀沼では慣習的に編成されていた共同狩猟の組織を、布瀬を含む一二の村で手賀沼鳥猟営業組合として正式に発足させ、組合規約を整備し、鳥猟の継続に努めた。すでに述べたように、狩猟を行う村々のなかで親浜布瀬の占める地位は別格で、布瀬は出猟日や出猟時間の決定や、また鳥猟営業組合の代表である「幹事長」を選出する権限をもち、そしてボタナ猟を独占的に行う特権を有していた。この鳥猟営業組合は村ごとに支部組織があり、布瀬では布瀬区共同鳥猟組合が、布瀬内の水鳥猟を運営した。各村の鳥猟組合は、猟場の管理、猟具の取り締まり、狩猟許可の申請などを行った。

狩猟を行うにあたって各村の猟場や、その周辺地域には強力な規制がかけられていた。この規制を、手賀沼沿岸村落では「留川《とめかわ》」と呼ぶ。それは、猟師のみならず、その村々に居住するすべての人びとを縛る規制であった。留川は具体的には、出猟する日の前後日の沼上舟航の制限や、漁撈や採集の禁止、沼岸への関係者以外の立ち入り禁止、沼周辺にある家の灯火管制、猟場での喫煙の禁止、水鳥猟の妨げとなる耕作（開墾）の禁止などと多岐にわたっていた。鳥猟営業組合では、「川番」を置いて留川に違反しないように、監視の目を光らせた。このような多くの規制が村々で承認されていたのは、水鳥猟が村で社会的に重要な営為として認知されていたことにほかならない。手賀沼における水鳥猟は、村のなかで社会的な優位性をもった生業だったのである。

自分の土地であっても立ち入り禁止

この水鳥猟の社会的な優位性の高さは、その猟場の使用状況を見ると、さらに顕著である。共同狩猟地として設定するには、その場所の所有者の同意が必須であり、それは沼の上の公有水面、また沿岸部の個人の私有地と布瀬村の共有地に跨がっていた。公有水面に関しては、沿岸町村の役場に官有地使用願を出し、村会（村議会）の同意を受け県に申請し許可を得て使用した。また私有地や共有地に関しては、それらを鳥猟営業組合がまとめて年限契約で借り上げ、猟場として使用していた。

昭和七年（一九三二）に、鳥猟組合と布瀬村とが取り交わした猟場の貸借契約証によると、猟場は私有地である「真菰《まこも》生地」と布瀬村の共有地である「原野」とに分かれていた（『布瀬区有文書』）。しかし、「真菰生地」は個人が所有する私有地であるのにもかかわらず、村による社会的な規制が強くかかっていたため、所有者の利用が大きく制約されていた。所有者は自分の土地であっても、そこを自由に使ったり、勝手に処分したりすることができなかったのである。

沼沿岸の湿地帯は私有地であろうとも、冬場ともなれば猟場として借り上げられるのが、村の慣習的な取り決めである。半ば強制的に猟場とされた。もし土地所有者が水鳥猟を行っており、自分の所有地で張切網猟をやりたいと思っても、組合が行う猟場配分の籤引きで当たらないと、そこを使うことはできなかった。夏場など猟期以外の季節には、マコモやヨシなどの採集活動や、「開墾（簡易的な水田耕作）」などに自分の場所を利用することができたが、猟期には自分の土地であっても立ち入り禁止である。昭和初頭まで、そのような土地所有者の使用権限が制限され、村の狩猟地としての慣習的な共同利用の権限の方が優先されていた。しかし、近代化が進むなかで、沼沿いの低湿地や原野を水田化しようとする圧力が徐々に高まり、結果、水鳥猟は存亡の危機に立たされることとなる。

迫り来る農地開発、圧迫される猟場

実のところ、江戸時代から手賀沼には、新田開発の波が幾度となく押し寄せていた。手賀沼は早くも近世初頭の寛永期（一六二四〜四五）に、利根川への水路の掘削が始められ、幕府代官主導の開発が着手されたが、度重なる水害によって頓挫した。次いで、寛文一一年（一六七一）には、江戸商人による請負新田開発が始まるが、これも遅々として進まなかった。享保年間には、幕府による積極的な新田開発政策によって、布瀬村の地先から対岸まで「千間堤」と呼ばれる仕切り堤を施し、下沼（沼の東側）と上沼（沼の西側）を分離し浅い下沼を干拓した。しかし、この堤が決壊し水害が頻発したため下沼の水田は年々荒廃し、住民が疲弊して生計困難に立ち至った。だが、幸運なことにこの下沼は多数の水禽類が渡来する場所となったので、その不況から脱するために沿岸住民が一致して「鳥猟ニ従事シ以テ生計ヲ補フニ至」ったという（『共同狩猟地ノ沿革慣行其他調査ニ関スル件』）。

手賀沼は地理的条件から、江戸時代には大規模開発が成功しなかったのである。その結果、手賀沼は明治の半ばまで野鳥の楽園としてあり続け、また関東随一の水鳥の猟場としてあり続けたのである。しかし、手賀沼沿岸の人びとも、日本の近代化、またそのなかで稲作に収斂《しゅうれん》していく近代農政の推移と無縁であることはできなかった。明治三三年（一九〇〇）に耕地整理法が施行され、沼沿岸の土地所有者たちによる耕地整理に法的な裏付けが与えられた。これが、従来の慣習的な村落規制――水鳥猟優先――を乗り越える、大きな根拠になったのである。手賀沼沿岸村落でも、この法律を契機に水田造成や整備が活発化した。

明治四一年（一九〇八）の共同狩猟地の更新手続きの時点で、猟場として借り上げる私有地の所有者と村との間で、土地の使用料に関して協議が不調に終わり、手続きが遅滞する事態も起きている（『共同狩猟地ノ沿革慣行其他調査ニ関スル件』）。この頃になると、従来、共同狩猟地に協力していた猟場内の土地所有者と鳥猟営業組合との利益、および感情が相反するようになった。村民のなかで、狩猟に積極的に関わる人びとと、稲作に積極的に関わる人びととに、分裂してしまったのである。このような状況下、近世から継承されてきた水鳥猟を取り巻く社会的規制は、その効力を徐々に失っていった。水辺の土地所有者の造田意欲と、それを背後で法的に保証する耕地整理法、そして稲作に比重を置いた日本の近代農政が、慣習的な村落の社会的規制、狩猟地使用慣行を弱体化させたのである。

大正二年（一九一三）には、手賀沼鳥猟営業組合は、共同狩猟地の免許更新の申請段階で、耕地整理の関係で公用水面（手賀沼の水面）の使用許可がおりず、共同狩猟地の大半を失ってしまうという由々しき事態となった。カモが米に負けたのである。

ただ、公用水面が共同狩猟地から外されても、水鳥猟自体は行うことができた。しかし、共同狩猟地の特徴である、特定の猟師（手賀沼でいえば鳥猟営業組合）だけが狩猟を営み、外来者を排除できるという制度的な下支えを失い、遊猟者の侵入を招いてしまう危険性があった。そのため、住民たちは共同狩猟地が復旧するかどうか先行きが見えないなか、猟を行う一〇月中旬から二月中旬に手賀沼を暫定的に銃猟禁止区域とすることを、とりあえず申請しどうにか認められている。

遊びの狩猟＝銃猟の圧迫

「狩猟法」制定に尽力した箕作麟祥が、手賀沼は東京に近いため、放っておくと狩りをして遊ぶ銃猟者たちが押し寄せて、在地の伝統狩猟に悪影響を及ぼし、結果、鴨雑煮が食えなくなると憂慮したことを先に紹介したが、銃猟への憂慮は手賀沼の猟師たちからも同様になされていた。

銃猟は、その銃声によって水鳥たちが逃散する原因となる。張切網やボタナなどの伝統狩猟に大きな悪影響を与えるため、鳥猟営業組合では厳しくそれを禁止した。布瀬では、祭りの日でもけっして花火を上げてはならないという禁忌が伝えられるほど、音には敏感であった。ただこの慣習的禁止や禁忌は、地元の人びとには効力があったものの、地域外の人びとには強制力はなかった。したがって、外部者にもその禁止を遵守させ、銃猟者を排除するために、銃猟禁止区域という法的制度を使ったのである。しかし、現実には野鳥の楽園に獲物を求める遊猟者たちを拒むことはできなかった。

たとえば、明治三九年（一九〇六）、地元のある者が銃猟をやりたい旨、鳥猟営業組合に申し出て三日間だけ認められた。それは特例だったようだが、銃猟を嫌うこの地で、なぜそれが認められたかというと、その者が連れてきた人物たちが特別だったからだ。

そのとき参加した銃猟者は、西園寺八郎（西園寺公望の養子、のちに貴族院議員、公爵、二五歳）をはじめとして、保科正昭（子爵、のちに貴族院議員、二三歳）、正親町季董《おおぎまちすえただ》（男爵、三二歳）、岩倉具光《ともみつ》（岩倉具視の孫、二〇歳）、四条隆英《しじょうたかふさ》（農商務省官僚、のちに男爵、三〇歳）、岩倉道倶《みちとも》（男爵、岩倉具視の四男、二五歳）、藪（高倉）篤麿（子爵、のちに貴族院議員、二六歳）といった、二〇～三二歳の若者であった（『手賀沼鳥猟沿革』）。特別に手賀沼で銃猟が認められたのは、彼らがいずれも華族の子弟であったためである。この華族の子弟たちは、撃ち落とした獲物の鳥を運送車一台に山積みにして凱旋したというから、さぞかしご満悦だったことだろう。銃猟を趣味とする名だたる良家のお坊ちゃんたちが、特権的な地位を使って手賀沼に入り込み遊猟したと邪推したくもなる。

大正二年の耕地整理に絡んで共同狩猟地の免許更新に失敗したことはすでに述べたが、これが遊猟が手賀沼で行われる一因となった。鳥猟営業組合は、自分たちの猟期には手賀沼を銃猟禁止区域として銃猟者を排除したが、その猟期が終了した後は、料金を取って銃猟などの遊猟を認めてしまったのである。手賀沼での銃猟を虎視眈々と狙っていた狩猟家たちがこの機を逃すはずもない。これを契機に、手賀沼の「川明け《かわあ》」と称して、組合員以外に有償で銃猟を認める慣習が始まり（『共同狩猟地ノ沿革慣行其他調査ニ関スル件』）、結果、自分たちの伝統水鳥猟継続の大きな障害となった。

水鳥猟の終焉

明治以降、近代化にともなう国土開発が進展するなか、各地の鳥類の生息地が脅かされ、鳥類の減少が顕著となった。また遊猟者が増加するなか、大正七年（一九一八）に「狩猟法」が全部改正され、保護鳥獣を指定することから、狩猟鳥獣を指定する制度に改められた。すなわち、狩猟鳥獣以外はすべて保護鳥獣となるということであり、狩猟できる鳥獣の種類が、大きく制限されたということである。また同時に、旧来の共同狩猟地の存続は認めるものの、新規設定は認めないという共同狩猟地制度の廃止も行われた。この改正によって、「狩猟から鳥獣保護へ」と鳥獣行政の方向が大転換された。これは日本の狩猟史上、大きな画期である。

手賀沼では、ようやく大正八年に、公有水面の使用許可が出たことにより旧来の共同狩猟地として復活することができたが、それでも徐々に伝統水鳥猟が衰退し、猟師の数も減少していった。大正一二年（一九二三）には、一〇三名の猟師がいたが、その翌年の免許更新の出願時点では、七一名と大幅に減少している。また昭和四年（一九二九）の更新時には六四名になった。一方、銃猟による鳥の捕獲や逃散、さらに耕地整理による狩猟場の減少によって捕獲数は減少し、それにともない狩猟への意欲を失った猟師は、その数を減ずることとなる。共同狩猟地が、昭和初頭には縮小し、また多くの沼岸が耕地整理されてしまい、猟場として適さなくなってしまった。結果、ついに昭和一七年（一九四二）、手賀沼鳥猟営業組合は解散されることとなった。

布瀬の香取鳥見神社の境内に現在でも残る鴨猟記念碑は、組合解散に際し過去の事績を後世に残すため建てられたものである。それには、組合解散の理由が以下のように記されている。

時世ノ推移ニ随《したが》ヒ逐年《ちくねん》猟ハ減退シ我国現下ノ国情ニ鑑ミ同猟場モ開拓シ美田トシ食糧増産確保ニ努メ国家ノ大業ヲ果サント組合一致可決茲《ここ》ニ解決シタルナリ（『手賀沼鳥猟沿革』）

第二次世界大戦のさなか、時代の流れに随って狩猟が減退してしまい、我が国のいまの国情を鑑みて、食糧増産のために猟場を開拓して美田とすることで、「国家の大業」に資することを目指し、鳥猟営業組合を解散することにしたという。この鳥猟営業組合解散後も、伝統狩猟は少数の猟師たちによって細々と継承されたが、昭和三四年（一九五九）をもってそれも終焉を迎えた。江戸時代から継承されてきた伝統的な生業も、ついにその幕を閉じた。

汚れちまった手賀沼に

昭和二一年（一九四六）には、戦後の食糧難と海外引き揚げ者の失業対策のため、手賀沼の国営干拓事業が着工された。近代工法を駆使したこの事業は、手賀沼の水害を克服して約二〇年がかりで、昭和四三年（一九六八）にようやく竣工した。これによって、沼の東半分（布瀬の面する下沼）は陸地となり、四三五ヘクタールの美田が造成された。しかし、沼の約四五パーセントが失われ、その後、手賀沼は「日本一汚い湖沼」になってしまった。

一九六〇年代、現在の千葉県柏市や我孫子市といった手賀沼流域は、急速にベッドタウン化し、その生活排水によって沼の水質汚濁が進行した。旧環境庁は、昭和四九年（一九七四）に全国の公共用水域水質測定を開始したが、その測定で手賀沼は、一リットルあたりのＣＯＤ（化学的酸素要求量）の年平均値が全国の最高値を記録した。この値が大きいほど、その水は人為的に汚染されていることを意味する。すなわち、手賀沼は日本で一番汚れた湖沼となったのである。手賀沼は、この不名誉な記録を、その調査開始から平成一二年（二〇〇〇）までの二七年間もの長きにわたって保持し続けた。

その後、下水道整備や、沼中のアオコやヘドロの浚渫《しゅんせつ》回収、流水の妨害となっていた橋脚の掛け替えなど、直接的な浄化対策がとられ、また利根川から手賀沼に水を流し込んで希釈する北千葉導水事業などにより、水質改善が若干進んだ。それによって水質汚濁日本一の座こそ、ほかの湖沼に譲ることになったものの、近年でもワースト五位内に入る汚れた湖沼の常連である。野鳥の楽園、そして狩猟の楽園といった、手賀沼の昔日の面影はいまはない。

終章

野鳥の味を忘れた日本人

千葉県北部の、柏市、我孫子市、白井市、印西市にまたがる現在の手賀沼には、スワンボートが浮かぶ。そこではかつて、白鳥をはじめとする多くの水鳥の狩猟が行われていた。

日本の鳥食文化の衰退

本書では、かつての日本に存在し、そして忘れられた驚くほど豊かな野鳥の食文化と、その野鳥をめぐる政治や経済の状況を、江戸時代を中心に掘り起こしてみた。千数百年間、いやもっと長い間、この列島に生きた人びとは、いまでは想像すらできないほどの量と種類の野鳥を頬張ってきた。しかし、いまからほんの数十年前にその食文化は廃れ、ほとんどの日本人の記憶から消え去っている。

縄文時代にすでに確認できる鳥食は、歴史の推移とともに徐々に体系化され、洗練され、室町時代後期ともなると、非常に多彩な野鳥料理が生み出された。そして、それが江戸時代の爛熟した鳥食文化の基礎となったのである。鳥食文化の形成には、その時々の権力者たちが大きな影響を与え続けてきた。鳥食文化の全盛期となった江戸時代には、江戸周辺で行われる鷹狩という儀礼行為によって、将軍の威光と社会秩序を保とうとした幕府が、江戸周辺農村の鳥猟とそこから江戸への鳥の流入、そして江戸における鳥商売を厳重に管理し、統制しようと目を光らせた。

王権による狩猟の支配は、歴史上、世界の広い範囲で見受けられるが、そのような巨視的な観点からいえば、江戸幕府の鳥猟や野鳥流通の統制は、そのような王権による自然支配の類例といえるであろう。この野鳥の統制は、将軍が住まう江戸に特有の現象であり、京阪などのほかの地域ではここまでの厳格さはなかったようである。その点で、本書で描いた江戸の鳥食文化は、天皇制を維持しながら、京の都から離れた江戸で実質的な「王権」を簒奪した徳川政権が生み出した文化だともいえる。

江戸では武士や裕福な町民たちも、料理技術を習得した専門の料理人たちによって生み出された、洗練された鳥料理に舌鼓を打っていた。野鳥は贈答にも使われる贅沢品であり、価値のある商品だった。その商売は経済的にうま味があったため、堅気の商人のみならず、侠客や詐欺師、密売人といったアウトローたちも群がった。

野鳥を江戸に供給する江戸周辺の農村地帯は、鳥商売を介して江戸と密接につながっていた。そこでは合法的な狩猟が行われていたとともに、非合法な密猟や、それを江戸へと隠して運び込む密輸も横行していた。アウトローたちのなかには、その監視の目を巧みにかい潜り、稼ぎを上げる者がいたが、一方で、あえなく捕縛され、厳罰に処される者もいた。鳥産地の村には、狩猟方法や狩猟期間を規制し、共同で狩猟を行う共的な仕組みも存在した。

日本の鳥食文化は、魚やほかの動物たちの食文化には見られないような、政治や経済、社会、儀礼などをめぐる複雑な文化複合体を形作ってきたのである。しかし、この文化複合体は、近代化の過程で崩壊し、結果、現代の日本人は野鳥の味を忘れてしまった。

それではなぜ、かつてそこまで高度に発達した野鳥をめぐる食文化が、いまここまで衰退してしまったのであろうか。

推論——野鳥の味を忘れた理由

日本で野鳥食をめぐる文化が廃れた理由として、まず考えられるのは近代以降のウシやブタ、ニワトリなど家畜や家禽の肉食の普及である。明治維新後の文明開化にともなう食文化の西洋化によって、肉食が普及した。それによって日本人は多様な肉を食べるようになり、野鳥を食べる必要性が相対的に低下したと考えられる。つまり、野鳥の肉から他の動物の肉へと置き換わったとする考え方で

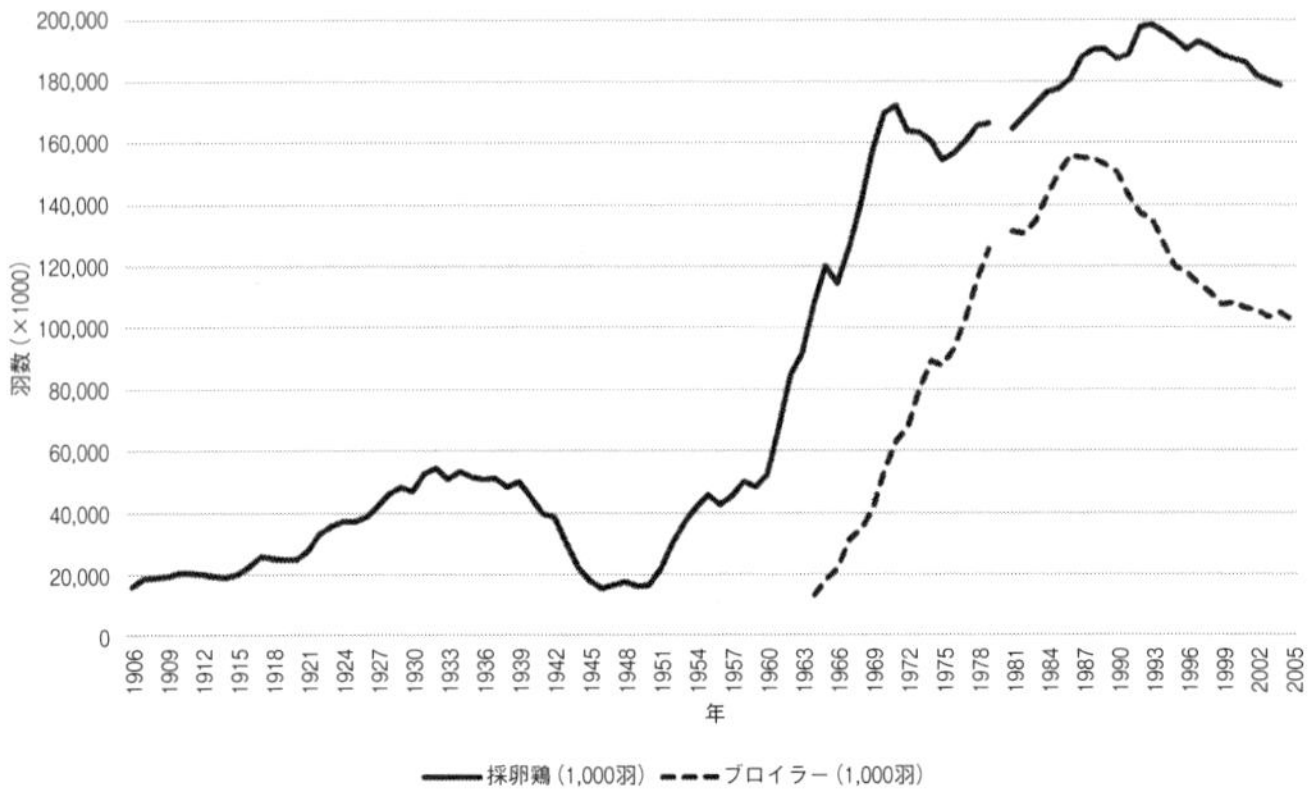

図20　1906〜2005年のニワトリ飼養羽数の推移。第二次世界大戦後（1945年以降）に、ニワトリの生産が急拡大したことがわかる（『新版日本長期統計総覧』〔総務省統計局 2006〕をもとに作成）

ある。

明治以降の近代化、西洋化の過程で、国民の体位向上や栄養改善のために肉食は推奨され（太田　二〇一六、一一七）、肉を安定して供給できる家畜、家禽飼育が推進された。西洋から優秀な家畜、家禽が導入され、肉量では見劣りのする日本の在来種は置き換えられていった。また西洋的な飼育技術も導入され、家畜、家禽の肉の生産量が拡大された。肉の味を覚え、食肉に目覚めた日本人は、着実に家畜、家禽の肉の消費量を増やしていった。

ただしそうはいうものの、現在のように肉が日常食として大衆化し、飛躍的に消費量が拡大したのは、第二次世界大戦以後のことである。たとえば戦前まで、鶏肉といえば採卵鶏（卵を産出する目的のニワトリ）で卵を産まなくなったメスが副次的に食用に供されるだけで、供給量は少なかった。そのため、牛肉よりも高級なものと意識されていた。現在のように安価で入手できるようになったのは、第二次世界大戦後に肉用鶏のブロイラーが海外から導入されてからのことであり、とくに高度経済成長期以降に、日本人は急速に鶏肉を消費するようになった（矢野　二〇一七、一六六）（図20）。

第二次世界大戦前後の鳥食文化の変化

この第二次世界大戦前後の時代は、日本の鳥食文化の大きな転換期であったといえる。野鳥食の習慣が衰退しつつあった時期に、偶然ではあるが、ちょうどそれを埋め合わせるかのごとく、家禽＝ニワトリが大衆化していったのである。もちろん、野鳥は以前から贅沢品であり、日常食ではなく、ニワトリと同じく、たまにしか食べられないご馳走であった。ところが戦後、ニワトリが数を増やし、野鳥が数を減らすなか、鳥肉といえば鶏肉という風に食習慣が変化していったのである。さらに、ほかの肉類も安価で供給されるようになり、野鳥肉はその存在感を失った。

ただし、この野鳥以外の肉食の普及や大衆化といった要因は、野鳥食を衰退させたひとつの理由として認め得るが、その衰退の決定的な理由とまでは断言できないだろう。なぜならばフランスなどでは、かつて貴族料理であったジビエ料理が、家畜、家禽の肉料理と並行して継承されているからである。本来ならば、明治維新後の肉食の普及は、野鳥食も含んだ多様な肉食文化が開花するきっかけとなり得たはずである。しかし日本では、そうはならなかった。

私たちは、日本の野鳥食を衰退させた大きな原因として、家畜、家禽の肉食の浸透とは別の直接的な要因を考慮しなければならない。それは、近代日本における野鳥の生息数の減少という要因である。

野鳥の個体数が減少すれば、当然、その捕獲数が減少する。捕獲数が減少すれば、当然、野鳥の値段が高騰したり、あるいは野鳥を入手することが困難になったりする。そういったなか、一般の都市の消費者が、野鳥を口にする機会は減少し、次第にその食習慣が忘却されていったと考えられるのである。野鳥がいなくなれば、それを食べる文化が消えるのは当然である。

鳥数減少の理由

近代において野鳥の生息数や捕獲数が大きく減少したのには、さまざまな理由が考え得る。その理由を、前章で解説した手賀沼を例に推測してみたい。

手賀沼は本来、野鳥の楽園であり、水鳥猟の楽園であり、江戸・東京への水鳥一大供給地であった。しかし、少なくとも二〇〇年以上もの長い間、継続されてきた手賀沼の水鳥猟は、近代に入って徐々に衰退し、ついに昭和三〇年代にその幕を閉じた。この手賀沼の水鳥猟消滅は、そこに生息する水鳥の減少が最大の理由であった。それではいったいなぜ、手賀沼の鳥の生息数は減少したのだろうか。

すでに述べたように、耕地整理や食糧増産など近代農政の進展にともなって水辺が開発されたことが、その理由としてまず考えられる。開発にともない水鳥の生息環境が悪化したのである。同様の環境の悪化は、手賀沼に限らず日本各地の湖沼、いや日本を越えた水鳥の生息地で起こった近代的な現象ととらえるべきであろう。手賀沼に限らず、ガン・カモ類などの渡り鳥を捕獲する日本の狩猟地は、それらが一時滞在する越冬地である。これらの鳥は、夏場にはシベリアなどで繁殖し、秋に朝鮮半島などを経由して日本にやってくる。このような国境を越えて分布する跨界性の鳥類の保全は、東アジアや東北アジアを一体としてとらえる広域な視野で考えなければならない。渡り鳥の数は、繁殖地や渡りのルート、渡来地がある領域全体の環境の良し悪しにかかっているのである。

次に、鳥の生息数減少の理由として、非職業的な銃猟者の増加という要因をあげることができる。明治時代、「自らの娯楽と名誉心のために、他人より多くの獲物、珍しい獲物を節操なく獲得することが、当時の狩猟の一つの特徴」であり、「濫猟乱獲」が行われた（久井　二〇一三、一〇）。日本人狩猟者は、植民地の朝鮮半島に渡って猟をし、タンチョウを激減させる問題なども引き起こしている。大正一〇年（一九二一）には、日本全国で狩猟者数は二一万人台に達し、昭和に入ると一時数を減らすが、食糧が不足した第二次世界大戦中後にまた数を増やして、昭和二一年（一九四六）には一七万人近くまでその数を伸ばした（林野庁編　一九六九、三〇五）。全国的な非職業的狩猟者の増加と乱獲は、手賀沼など地方の職業的狩猟者の捕獲数に悪影響を与えたことであろう。

さて、手賀沼の水鳥の生息数減少に関して、「戦争」もその理由として考慮しなければならない。第二次世界大戦による食糧難は、沼地の開発によりいっそう拍車をかけ、水鳥の生息環境を悪化させ、また密猟を助長した。加えて手賀沼周辺は、戦中、「飛行場ノ練習地ノ如クナリ且《かつ》又監視所ヨリノ探照灯《たんしょうとう》（サーチライト――引用者注）ノ射光逃去ルモ一因ナラン」（『手賀沼鳥猟沿革』）という状況でもあった。戦時下の軍隊の侵入が、鳥が逃散する原因となっていたのである。

そして手賀沼の鳥数減少の理由として、このような外的な要因に加えて、さらにこの手賀沼の水鳥猟自体が抱えてきた内的な要因についても考慮しなければならない。手賀沼の水鳥猟では、捕獲数を持続可能な適正値の範囲内に収める資源管理の仕組みが欠如していた。そのため、野鳥資源の過剰利用、すなわち水鳥の捕りすぎになった可能性がある。

資源の過剰利用――コモンズの悲劇

魚介類や鳥獣、植物などの生き物の資源は、繁殖のために適切な個体数を維持すれば、利用を継続しながら資源を再生、維持することが可能である。しかし、再生可能な個体数を上回る数を捕獲し続ければ、当然、その資源は枯渇する。手賀沼の場合、狩猟方法や出猟日時、猟場の使用に関し、厳格なルールが細かく決められていた。ただそれは猟師の狩猟機会の平等性を担保し、社会的な軋轢を防ぐための社会的な仕組みではあったが、残念なことに持続可能な資源利用量を勘案して、それぞれの猟師の捕獲数を適正値に抑制する仕組みにはなっていなかった。いわゆる「捕った者勝ち」だったのである。それでは、猟師たちが我先にと鳥を捕ることに精を出しても仕方がない。明治以降、鳥食はよりいっそう大衆化しその需要も高まったから、猟師たちは狩猟に積極的に取り組んだことだろう。

明治二五年(一八九二)に農商務省によって刊行された全国の狩猟総覧である『狩猟図説』では、当時の手賀沼の水鳥捕獲数を一シーズンに四万二二〇〇羽と推計している。そして、この推計値をもって「該沼ノ水鳥ニ富メルヲ知ルヘシ(その沼の水鳥が多いことがわかるだろう)」とも述べてある(『狩猟図説』)。いまでは想像もできないほどの、大量の水鳥が捕獲されていた。

多くの人びとが一緒に、同じ資源を共同利用する場合、資源利用量を適切に制限する組織やルールがなければ、人びとは自分の合理的な意志に従って、自分の利益のために勝手に資源を使うようになり、結果、資源の競争的な過剰利用が発生し、その資源が崩壊する。このような状況を「コモンズの悲劇」と呼ぶが、明治以降の手賀沼の水鳥猟はこの悲劇に陥った可能性がある。

損なわれた水鳥利用の持続可能性

ただし、その悲劇の責任を、手賀沼の猟師たちだけに負わせるわけにはいかない。先に述べたように、明治以降、水鳥の生息環境が悪化してきたことは明らかである。近代に入って、そもそも水鳥の資源量が外的な要因で減少しつつあった可能性がある。アジア大陸に分布する水鳥たちの夏の繁殖地や経由地、そして手賀沼などの越冬地の自然環境が良好で、鳥の生息数が豊富であった時代には、手賀沼猟師の捕獲数は、まだ鳥の再生産を阻害しない適正値の範囲内だったかもしれない。しかし、水鳥の生息地の破壊が進行し、銃を用いた遊猟がはびこって鳥が乱獲される時代には、猟師たちによる競争的な捕獲は、水鳥利用の持続可能性を損なう、さらなる原因となったことが推測される。

『狩猟図説』の記述から下ること三十数年後の昭和二～五年（一九二七～三〇）には、手賀沼の水鳥猟は一シーズンで六三〇〇～六九〇〇羽程度の捕獲数にまで減少している（『共同狩猟地ノ沿革慣行其他調査ニ関スル件』）。この値は、明治の推計値と単純には比較できないものの、その数十年で手賀沼の水鳥が大きく減少したことが推測される。

この水鳥の減少は、それで収益を上げようとする猟師の数の減少にもつながる。捕獲数が減少すれば、実入りが少なくなる猟師たちは、その狩猟から撤退する。儲からなければ、水鳥猟を辞めるというのが道理である。そうなれば、ますます鳥の捕獲数、すなわち市場への鳥の供給量が減少するという悪循環に陥ったことだろう。

そして、この猟師の減少は、水鳥のさらなる減少を誘引する原因ともなったとされる。「鳥類ノ減少ハ狩猟者減少ノ大ナル原因ナルモ狩猟者ノ減少ハ一面ニ於テ鳥類保護上ノ欠陥トナリ愈々鳥類減少期ヲ早ムルノ原因タリ」（『共同狩猟地ノ沿革慣行其他調査ニ関スル件』）、つまり、鳥の減少が猟師の減少を生み出し、猟師の減少がさらに鳥の減少を生み出すという悪循環に陥ったというのである。

猟師は水鳥を捕っていたが、一方でその渡来地を保全し、水鳥に悪影響を与えることがないよう監視し、水鳥を守っていた。猟師がいなくなり、この保全活動がなくなることで鳥がかえって減少したと、当時、考えられていた。一見、狩猟は野鳥資源を減少させる行為のようにも見えるが、その実、狩猟を背後で支えるルールを履行し、監視や猟場の整備などの適切な働きかけを行うことによって、野鳥資源の保全に寄与することができると考えられていた。このような社会的な仕組みが弱体化し、規制が弛緩したことも、水鳥の数を減少させた一因と考えられるだろう。

ただし、狩猟が資源保全に寄与するという側面は、あくまで無意識、かつ偶然の結果であった。それは個体数維持のためのモニタリングや捕獲数調整を意識的に行うような、効果を見越した資源保全ではない。このような偶然の資源保全は、さまざまな外的要因で自然が破壊された近代社会において、やはり脆弱であったと結論づけるしかない。

絶滅危惧文化——野鳥の伝統狩猟と食文化

このような近代の鳥類の減少は、狩猟をめぐる法的規制の強化を促すこととなった。そしてその強化が、伝統狩猟継続のさらなる妨げとなった。明治以降、狩猟に関する法律が徐々に強化され、狩猟が制限されてきたことはすでに述べた。鳥数減少の原因のすべてが伝統狩猟を行う猟師にあったわけではないのにもかかわらず、新しく参入した遊猟者とまとめて、その活動が大きく制限されたのである。狩猟をめぐる法的な規制強化の流れは、第二次世界大戦後、決定的となる。連合国軍占領下において、アメリカの鳥獣保護や狩猟に関する制度思想が、GHQ天然資源局野生生物課長であった、鳥類学者オリバー・オースティンの主導によって日本にもち込まれた。密猟に用いられることがあるかすみ網が禁止猟具となり、いまではその保有も禁止された。手賀沼のように合法な狩猟で用いられていた、固定的な張切網や黐縄も禁止された。現在では、伝統的な水鳥猟は、網を投げてカモを捕る投げ網（坂網）、カモの通過時だけに張り網を上げる谷切《やつきり》網、そして無双網に限定されている。

さらに、「狩猟法」が昭和三八年（一九六三）に「鳥獣保護及狩猟ニ関スル法律」へ改正された際には、鳥獣保護の精神が謳われた。また昭和四六年（一九七一）七月に発足した環境庁へ、林野庁から鳥獣行政が移管されたが、それに先立つ六月二八日に「鳥獣保護及狩猟ニ関スル法律施行令の一部を改正する政令および鳥獣保護及狩猟ニ関スル法律施行規則の一部を改正する省令の施行」に関して、各都道府県知事あてに農林事務次官通達がなされた。それによって生息数の減少が著しく、学術上の観点からも保存を要すると考えられる鳥獣の保護の目的で、狩猟鳥獣が大幅に削減されている。

具体的には、従来、オシドリを除くカモの仲間すべてが、狩猟可能な狩猟鳥とされていたが、このときツクシガモ、カンムリツクシガモ、アカツクシガモ、トモエガモ、オカヨシガモ、アメリカヒドリ、シマアジ、オオホシハジロ、アカハジロ、メジロガモ、アカハシハジロ、ケワタガモ、コケワタガモ、アラナミキンクロ、シノリガモ、ホオジロガモおよびヒメハジロが、狩猟鳥から除外された。また、ガンの仲間はヒシクイ、マガンも含めすべてが狩猟鳥から除外されたのである（環境省 https://www.env.go.jp/hourei/18/000261.html　アクセス日、二〇二〇年一〇月一五日）。

かつて江戸っ子がこよなく愛し、そして夏目漱石や森鷗外などの明治の文豪たちが愛した雁鍋を、日本で賞味することが、ここで不可能となったのである。

現在、世界の人びとの動物観を大きく変容させている動物愛護思想も、狩猟を行う上で大きな逆風となっている。また、人間中心主義的自然観が修正され、動物などの非人間的存在に行為主体性《エージェンシー》を認める思考の転回が行われつつある。もはや現代日本人にとって野鳥は舌ではなく、目や耳で賞玩する対象となっている。あるいは語り合う、対等なパートナーになっている。多くの現代日本人が、かわいらしく愛らしい野鳥を食べることを残酷だと感じ、それを口にすることを忌避、あるいは嫌悪するであろう。野鳥を食べることも、野鳥を愛でることも、ともに人間の文化なのであるから、両者とも尊重されてしかるべきである。ただ残念なことにこの二つの文化は根本で相容れない両立不可能な関係にある。両者は、時代の推移のなかで拮抗してきたが、いまでは食べる文化は劣勢である。

さらに、カモなどの野生の水禽類が、鳥インフルエンザの原因となるA型インフルエンザウイルスの自然宿主であり、そのウイルスが家禽で感染を繰り返して高病原性のウイルスに変異するという科学的知識が普及することにより、今後、野鳥に近づくことすら忌避されるようになるかもしれない。そういったなか、日本の地方でわずかに継承されているカモなどの野鳥を食べる文化は、近い将来、完全に姿を消してしまうことが予想される。そのとき、日本人は野鳥の味ばかりでなく、野鳥を食べてきた長い歴史も完全に忘れ去ってしまうことだろう。

野鳥の味を忘れた日本人

新しい御馳走の発見は人類の幸福にとって天体の発見以上のものである。（ブリア－サヴァラン一九六七、一二三）

これはフランスの美食家として名を残すジャン・アンテルム・ブリア＝サヴァランが、その著書『美味礼讃』（原標題『味覚の生理学』）で残した有名な格言《アフォリスム》である。美味しいものを食べることは、まさに人類の至福。新しいご馳走を発見することは、新しい天体を発見すること以上の価値があると、至高のグルマンは考えた。これまで人類は、その創意工夫によって新しい一皿を生み出し、多くの人びとを幸福にしてきた。そしてこれからも、新しい食材、新しい料理法によって生み出される新しい一皿は、人びとの味覚的好奇心をくすぐり、幸福へと導いてくれることだろう。

ところがである。私たち日本人といえば、野鳥が載った一皿、いや多くの皿を失ってしまった。ブリア＝サヴァランが、もしそれを見たならば、人類の不幸、そして人類の悲劇だときっと嘆くに違いない。文化の多様性を重んじる筆者もまた、日本に存在した多様な食文化のひとつであった野鳥食が、消滅の危機に瀕している現状を目のあたりにして、同じく嗟歎するばかりである。その文化が消え去ることを、心底惜しむしかない。そのため筆者は、脂がのった野生のマガモの美味しさと、それを口にしたときの愉悦と幸福感を、どうにかして後世に伝えたいと念じ、この鳥の美食学《ガストロノミー》を著した。

しかし、ここで誤解がないように述べておかねばならない。筆者は、いま、この時代に、野鳥を食べる文化を再興させるべきだなどと、本書で主張しているのではない。ましてや未だ根絶できていない、かすみ網などによる密猟を容認するものでもない。たとえどんなに野鳥が美味であろうとも、また野鳥の食利用や愛玩利用がどんなに歴史的価値のある「伝統」であろうとも、その利用が持続可能でなければ、そのような「伝統」は滅んでもしかたがないし、自ずと滅ぶのである。もちろん筆者は、わずかに命脈を保っている合法的な伝統鳥猟の行く末を案じてはいるが、ただ「伝統」という価値のみで、その存続の正統性を主張する懐古主義に同調するつもりはない。

滋味にあふれた豊かな野鳥料理を大々的に蘇らせるには、いまの日本の空を飛翔する野鳥の数は、あまりにも少なすぎる。日本の野鳥食文化を再生させるには、まずもって日本の野鳥を保護し、その数を格段に増加させるしかない。しかし、その増加が困難であるばかりでなく、もし増加が可能だとしても、いまの日本人の多くは、かつて日本列島に住まう人びとが「おいしい鳥を食べたい！」と願ったその味を、すっかり忘れてしまった。そして、野鳥の味を忘れた日本人は、野鳥を味わいたいと願うこともなければ、野鳥を食べられなくても不便を感じることもなく、また口惜しがることもない。そのような現代日本人に、野鳥を食べる幸福と愉悦とを、筆者が改めて教え直す必要性はまったくない。

しかしその消滅が、食文化の問題にとどまらず、人類にとってもっと大きな不幸、そして人類の危機と一端でつながっているとしたら、その悲劇シナリオをもとに警鐘を鳴らすことは、あながち無駄ではなかろう。私たち日本人は、かつて、あれほどまでに愛した野鳥の味を、なぜいま、これほどまでに忘れてしまったのだろうか。私たちが、野鳥の味を忘却する背景で、いったい何が起こっていたのだろうか。そこに私たちは思いを馳せねばならない。

日本の野鳥の食文化消滅から学ぶべき教訓

そこでは環境破壊や、資源管理の不十分さなどに起因する野鳥資源の枯渇が引き起こされていた。それは野生動物たちのみならず、人類にとっても由々しき事態である。野鳥を食べないことは、本来は、日本人が望んで自発的に選択した結果ではない。それは、日本人を取り巻く自然環境の悪化によって、徐々に追い込まれた結果なのである。

多様な生き物を食べることができるのは、多様な生き物が存在して初めて可能となる。自然の生き物を食する文化は、生物多様性を基盤とする生態系から得られる恵み、すなわち生態系サービスによって支えられている。生き物をめぐる食文化が多様であることは、とりもなおさず生物の多様性が健全で豊かであることの証しでもある。そうだとすれば、野鳥を食べられなくなったことは、多様な生き物の存在が脅かされていることの証しだともいえよう。私たちは、環境破壊や資源の過剰利用によって、身近にあった食文化が消し去られてしまった悲劇を、そのような生物多様性の喪失の教訓として受け止めなければならない。

野鳥以外にも、その食文化が消滅の危機に直面している生き物が、いまの日本に数多く存在する。たとえば、ウナギ。夏の風物詩で、土用丑の日が近づくとうな丼やうな重、蒲焼きが恋しくなる日本人は少なくない。しかし近年、養殖用のシラスウナギ（ウナギの稚魚）が、大不漁となっている。これまでの乱獲にともなう資源枯渇、さらに河川など生息環境の悪化が、その大きな原因とされている。

天然ウナギの成魚の採捕量は一九七一年をピークに減少しており、いまでは天然ウナギの漁獲はほとんどない。天然ウナギが消えたのと入れ替わりに、シラスウナギを成魚まで育てる養殖ウナギがその生産を伸ばしたが、これもまた一九八九年をピークに減少に転じた。さらに、一九七〇年代からウナギの輸入が開始され、国内養殖ウナギを遥かに凌駕する大量のウナギが海外からもたらされた。安価な供給が可能となり、ウナギが身近な存在になったが、日本人の止めどない食欲の結果、その供給元の海外でもウナギの枯渇を招き、二〇〇〇年をピークに輸入量も激減している。

シラスウナギに関し、江戸時代の野鳥と同じように密漁、密売が横行しているとされ、適切な資源管理がなされていない。結果、ニホンウナギは国際自然保護連合（ＩＵＣＮ）から絶滅危惧種に指定され、今後、世界規模で流通規制がなされるのは必至である。ニホンウナギを代替していたヨーロッパウナギは、すでに二〇〇九年からワシントン条約の対象になって流通規制がなされている。

こういった状況下、当然、シラスウナギの取引価格は高騰し、それを養殖して大きくしたウナギの成魚の価格も高騰した。うな重やうな丼の値段が上がりすぎて、いまの一般庶民は、うなぎ屋の暖簾をくぐるのに二の足を踏むことだろう。野鳥と同じくこのウナギもまた、その生息環境の破壊、および資源管理の不備が原因で資源が枯渇し、その食文化消滅の危機に直面しているのである。ウナギの価格が高いままだと、うなぎ屋の客離れがもっと進むに違いない。そして、その状態が長らく続くと、多くの日本人がウナギの味を忘れてしまい、ウナギを食べられないことに、もう痛痒を感じなくなる……。この悲劇シナリオは、数十年前の日本で起こった野鳥の食文化消滅の悲劇シナリオを彷彿とさせる。

さらに、この悲劇シナリオを、ウナギ以上により忠実になぞっているのがクジラである。日本での鯨肉の食用は地域差があり、それが全国に浸透したのは近代と比較的新しい。しかし、野鳥と同じくそれは有史以前から食されているし、中世には野鳥と同じく美物に数えられ、近世には野鳥と同じく多くの料理書に、その料理が記載されご馳走とされていた。第二次世界大戦後の食糧難に、日本人の重要なタンパク源としての役割を果たしたクジラは、その資源量を減らしたことにより国際捕鯨委員会（ＩＷＣ）といった国際的枠組みのなかで捕獲が縮小され、日本などの捕鯨国が批判の矢面に立っていることは周知の通りである。いまでは、単なる資源量の問題ではなく、環境保護や動物愛護思想の問題に絡め取られ、捕鯨は否定視されている。そういったなか、クジラの食用は日本人のナショナリズムを高揚する一方で、多くの日本人からその必要性に対し疑問が投げかけられている。クジラを食べない日本人が、いま着実に増えつつあるのである。残念なことに、日本において鯨食文化消滅の悲劇は、その最終章にさしかかっているのではないだろうか。

近年では、クロマグロしかり、サバしかり、サンマしかり。食卓で慣れ親しんだ数多くの魚類が野放図な漁獲のために、その数を減らしている。そしてその減少は、その食文化の衰退の大きな危険因子になっている。日本料理の代表ともいえる鮨のねたから、近い将来、いくつかの定番の魚たちが姿を消すことすらあり得るだろう。いままで見向きもしなかった魚で、たとえ代用できたとしても、またそれを食い尽くしてしまう。日本の魚食文化の衰退も、魚類の生息環境の変化やその資源管理の不備によってもたらされる。もうすでに、天然魚を食べる日本の食文化の衰退という悲劇の幕が切って落とされたのかもしれない。

このような多様な生き物たちの食文化を根絶やしにしないために、そしてその多様な生き物たちと人間がともに存在する地球を破滅に導かないために、日本人が経験した野鳥の食文化消滅の悲劇を教訓としなければならないのである。

最後に、美食家ブリア＝サヴァランの格言を捩《もじ》った警句を弄して、本書を締めくくろう。

昔からある一皿の料理を失うことは、人類の幸福にとって一つの星を失うよりも、はるかに大きな損失である。

あとがき

江戸時代の野鳥の統制は、二〇世紀初頭、アメリカ禁酒法時代の酒の統制を彷彿《ほうふつ》とさせる。アメリカ連邦議会は酒類の生産・販売・輸送を禁じたが、いっこうに効果が上がらなかった。それどころかそれに乗じてアル・カポネをはじめとするギャングたちが暗躍し、酒の密造や密売などの闇取引を行い、肥え太ったのは有名な話だ。政治家や警察の取締官のなかには賄賂をもらってギャングに内通したり、密売に加担したりする裏切り者もいた。もちろん、まじめな取締官もいたが、その努力の甲斐もなく非合法の酒の取引を根絶することはできなかった。最終的に禁酒法は廃止されることとなる。

一方、江戸では、野鳥の捕獲・流通・消費が江戸幕府によって厳密に統制された。しかし、野鳥を食べたいと思う江戸の美食家《グルマン》たちの食欲を抑え込むことはできなかった。野鳥の密猟・密輸・密売が横行し、幕府は躍起となってそれを取り締まったが、闇の鳥商売を根絶することはできなかった。儲かる野鳥は、取り締まる側の役人たちまでもが、闇取引に手を染めてしまう危ない「ブツ」であった。限定的に許された実入りの良い合法の鳥商売には多くの人びとが群がり、その利権を争った。禁酒法時代の密造酒と同じく、江戸時代の野鳥は多くの人びとを惹きつけてやまなかった。

本書には、野鳥に関わった多くの人びとが登場する。そのなかで、もっとも興味をそそられたのが、侠客の鳥商人東国屋伊兵衛である。気っ風の良いその男伊達の名は江戸中で知られ、通り者（侠客や博徒）や芝居者、芸者などに慕われていた。侠客でありながら、鷹将軍徳川吉宗の側近とも親密に交わった。後年、その末裔《まつえい》は江戸の鳥商売を一手に握り、大正初頭までその商売を続けることとなる。若い頃は喧嘩口論し、鬼のような者どもに一度も後れを取ったことがない豪快な東国屋伊兵衛は、なぜか野鳥のそばに常に身を置いていた。もしかしたらこの侠客は、無類の鳥好きだったのかも知れない。もちろんその鳥は観賞用ではなく、食用である。色々と想像をかき立ててくれるこの粋な男は、時代小説や時代劇の主人公になってもおかしくないくらい面白く、カッコイイ男である。

東国屋伊兵衛の名前に私が最初に出会ったのは、三十数年前の大学院生の頃である。手賀沼に面する千葉県沼南町（現・柏市）布瀬での民俗調査中のことだった。フィールドワークの最中、神社の石碑のなかに、この村へ百両もの寄付をした東国屋伊兵衛という人物の名前を見つけた。その寄付を行った江戸の者とはいったい何者なのか？　なぜこの僻陬《へきすう》の村に多額の寄付を行ったのか？　さまざまな疑問が沸き起こった。その後、文献を漁ると、布瀬という村がかつて江戸・東京へのカモの一大供給地であったこと、東国屋が二〇〇年にもわたってそのカモを売りさばいた江戸屈指の水鳥問屋であったこと、そして寄付をした東国屋伊兵衛の何代か前に、侠客として名を馳せた東国屋伊兵衛がいたことがわかった。フィールドワークで「謎」を発見し、文献で裏付けをとってその「謎」を解くという、単純だが面白い歴史民俗学的な「謎解き」の醍醐味を、そこで味わうことができた。

この「謎解き」の醍醐味を味わわせてくれたのは、布瀬の調査に私を誘ってくれた立教大学の山浦清さんであった。調査の設営から種々の資料収集に関し便宜をはかっていただき、それによって私は鳥の食文化研究の出発点に立つことができた。山浦さんをはじめとする立教大学文学部学校・社会教育講座や沼南町役場の方々のご協力なしに、私はこの研究に取り組むことはできなかっただろう。

また、この「謎解き」の成果を深めることができたのは、大学院を中退して勤めた国立歴史民俗博物館の同僚であった塚本学さんのおかげである。塚本さんには、その編著書で東国屋伊兵衛に関して発表する機会を与えていただいた。そして、歴史学の門外漢の私が、現代の聞き書きから近世の史料に飛躍し江戸の鳥商人を描き出すという、かなり無謀な挑戦をお許しいただいた。この挑戦がなければ、東国屋伊兵衛の事績の究明、そして、そこから発展した日本の野鳥をめぐる美食学《ガストロノミー》へと手を広げることはできなかったことだろう。とても残念なことに、お二人はすでに鬼籍に入られ本書をお読みいただくことがかなわないが、その学恩に心より感謝して本書をお二人に献じたい。

また、（公財）日本野鳥の会自然保護室室長の田尻浩伸さんには、草稿に目を通していただき、多くのご助言をいただいた。野鳥の保護を行う団体に所属し、その保全活動の第一線で活躍する田尻さんにとって、野鳥を食べることを主題とした本など、本来ならばもってのほかだ。しかし、本書が野鳥食を礼讃するのではなく、かつて豊かだった野鳥食が衰退した歴史から、生物多様性や適切な資源管理の重要性を読み取ろうとしていることをご理解いただき、ご協力いただいた。そのほかにも、写真をご提供いただいたフロリダ州立大学のアニカ・A・カルバーさん、桑名市博物館の杉本竜さん、石川県加賀市の河本一男さん、写真掲載をご快諾いただいた築地の鳥肉卸専門店・鳥藤さん、資料整理を助けてくれた川野裕一朗さん、カモ猟とカモの味の真髄を長年にわたって伝授し続けてくれている、石川県加賀市片野鴨池の坂網猟師と坂網猟保存会のみなさんなど、本書執筆にあたって実に多くの方々のご協力を賜った。心より感謝申し上げる。

しかし、鳥の食文化研究の出発点に立ってから、なんとも長い年月が経ってしまった。もっと早くにまとめあげるべきであったが、ただ、一方で三十数年間も温め続けたおかげで、その間に本書の主題に関連した優れた研究が数多く発表されたことは、私にとってとても幸運であった。本書で考究した時代の中心は江戸時代であるが、関連して扱った歴史は先史時代から現代まで跨がる。また食文化史や料理史にとどまらず、経済史や政治史、儀礼史、環境史、資源管理史といった、日本の多様な局面の歴史に跨がっている。とかく断片的に扱われがちなその多様な局面をつなぎあわせて、その食文化の全体像を多面体として描出する美食学《ガストロノミー》を目指した本書は、そのような優れた先行研究を礎としている。示唆を受け、また教示を賜った論考があまりにも多いため、その執筆者の方々のお名前をここにすべて記すことはできない。是非とも本書の引用・参考文献をご覧いただきたい。すべての執筆者のみなさんに、重ねて謝意を表したい。

さらに、本書の脱稿を根気強く待ってくれた、講談社の編集者梶慎一郎さんに、御礼と労いの言葉を捧げたい。梶さんには叱咤激励をいただき、積極的に構成・内容・タイトルに関してアイディアを出して、私の執筆をリードしていただいた。また、梶さんを紹介してくれた、大学時代からの旧友であり、また、『美少女戦士セーラームーン』の担当編集者「おさBU」としてその名を轟かす小佐野文雄さんにも感恩の意を表したい。いつの日か『美少年侠客トーゴクヤイヘー』を、講談社で時代劇漫画にして欲しいと念願する次第である。とにもかくにも校閲も含め、しっかりと編集していただいた梶さんをはじめとする講談社のみなさんのお仕事に敬意を表するとともに、心より感謝申し上げる。

そして最後に、いつも笑顔で励ましてくれる妻の佐季子に、感謝の言葉を。ありがとうございます。

二〇二一年五月一五日

菅　豊

鳥食の日本史　略年表

時代	西暦	和暦	おもなできごと
縄文時代	一万年前		遺跡から鳥の骨が出土
弥生時代	BC三〇〇〜AD二五〇		遺跡から出土する鳥骨が少なくなる。ニワトリの伝来
古墳時代	六世紀後半		オクマン山古墳（群馬県太田市）などから鷹匠埴輪が出土
平安時代	九〇〇年代初頭	延喜〜延長	ニワトリ食用後の物忌みの記事
	九一一	延喜一一	キジ、ハト、ウズラ、カモ、タカベ等が山城・大和・河内・近江の国々から貢進（『六箇国日次御贄』）
	一一一四	永久二	白河法皇の殺生禁断策。洛中で小鳥を飼う者に放生を強制、鳥を捕らえる者を逮捕
鎌倉時代	一二七四	文永一一	鎌倉中期、御厨子所が鳥を進献する鳥供御人を管轄
	一二九五頃	永仁三	鳥醬、干鳥、生鳥（鳥の刺身）、鳥臛汁などの野鳥料理（『厨事類記』）
	一三三三	元弘三	鳥供御人が内蔵寮に「毎年四十鳥」献納（『内蔵寮領等目録』）、鎌倉幕府滅亡
	一三九四〜一四二八	応永年間	キジ、ガン、カモ、トキ、ハクチョウなど九種類以上の野鳥が食用。鳥醬、干鳥、生鳥、平茸雁煎などの野鳥料理（『庭訓往来』）
	一四三一	永享三	将軍・足利義教、伏見宮貞成親王の妻へ、「鵠（ハクチョウ）一、雁三、雉十」を贈り、貞成親王へ車一両分の美物を贈る
	一四八五	文明一七	山城国守護伊勢貞陸、東山殿（足利義政）の精進解のために多くの野鳥を贈る
	一四八九	長享三	皮煎、鳥の引垂焼、串焼、刺身、キジやヤマドリの荒巻などの野鳥料理。鳥を食べる作法を規定（『四條流庖丁書』）

時代	西暦	和暦	事項
室町時代	一五〇〇	明応九	ハクチョウを最上の鳥とする 大内義興、山口に落ちた足利義材を一三種類の野鳥料理を含む豪華料理でもてなす
	一五二八	享禄元	古河公方・足利晴氏の元服の儀で家臣にハクチョウを振る舞う
	一五三二～五五	天文年間	京都に三条座、五条座、七条座という鳥商売を行う「鳥三座」、犀鉾神人と鳥三座の鳥商売営業権をめぐる訴訟
	一五三五	天文四	羽節あえ、鴫壺、醤煎、ハクチョウの磯辺和え、ガンのももぎ煎り、ガンの生皮と肝の和え物などの野鳥料理（『武家調味故実』）
	一六世紀中期か		初雁の料理（『大草殿より相伝之聞書』）
	一五六八	永禄一一	朝倉義景、一乗谷で足利義昭を「御汁白鳥」で饗応
	一六世紀後期か		青がち汁（キジの内臓の汁もの）などの野鳥料理（『庖丁聞書』）
	一六世紀末		織田信長、安土の町人たちに「御鷹の雁・鶴」を下賜
安土桃山時代	一五七三～九二	天正年間	摂津国から移住した佃の漁民らによって白魚市が現在の日本橋周辺に開かれる。後に魚河岸として発展 徳川家康、秀忠が家臣たちへ「鷹鶴ノ振舞」「御鷹雁之御振舞」「白鳥之御振舞」「御たかのつるの御ふる舞」
	一五八二	天正一〇	信長による徳川家康の饗応。多彩な鳥料理でもてなす。饗応司・明智光秀
	一五八七	一五	関白・豊臣秀吉、宮中に鷹狩で捕らえたツルを献上
	一五九三	文禄元	下総国手賀沼から豊臣秀吉へマガモ二つがいとハクチョウを献上したとの口碑
	一五九八	慶長三	徳川家康が天皇家へ「御鷹之鶴」を進献
	一六〇九	一四	江戸市中に鳥売買の場所あり（『ドン・ロドリゴ日本見聞録』）
	一六一二	一七	江戸幕府から天皇家への「御鷹之鶴」献上が恒例行事化
	一六二八	寛永五	江戸五里四方を鷹場指定し禁猟

江戸時代		
一六四三か	二〇	一八種類もの鳥、数十品目の野鳥料理が記載（『料理物語』）
一六五一	慶安四	ガンやカモの肝臓を取って詰め物をして「手くろう（人をごまかす）」する商売を禁止（『正宝事録　一』）
一六五四	承応三	越後高田藩、口留番所にて江戸へ送る鳥荷を検問
一六五七	明暦三	鳥を売買する「鳥棚」が江戸に存在（『正宝事録　一』）
一六六一〜八一	寛文・延宝期	四季にわたる野鳥料理、鳥の塩蔵（『古今料理集』）
一六八七	貞享四	徳川綱吉の生類憐れみの令により食用鳥の飼育、売買の禁止。鳥商人が急いで処分に走る
一六八九	元禄二	塩鳥の作り方（『合類日用料理抄』）
一六九〇	三	江戸市中で鳥黐を職猟者以外へ販売禁止（『正宝事録　一』）
一六九二	五	尾張藩士・朝日重章キジ一羽、カモ一羽を「煮て喰」った（『鸚鵡籠中記』）
一六九三	六	大名の鷹狩禁止。朝日重章、年に一一回以上野鳥を食べる（『鸚鵡籠中記』）
一六九八	一一	猟師以外の殺生の禁を再確認し、殺生道具（狩猟道具）の猟師以外への販売を禁止（『正宝事録　一』）
一六九九	一二	江戸曲輪内（城郭内）の町々の店で鳥商売禁止
一七〇〇	一三	江戸曲輪内（城郭内）の町々での振売による鳥商売禁止
一七〇三	一五	赤穂浪士、討ち入り前に「カモ肉入りの卵かけご飯」を食すとの俗説（池波正太郎の創作か）
一七〇五	宝永二	飼鳥、塩鳥商売を含む江戸でのすべての鳥商売を禁止
一七〇八	五	江戸の鳥商売の完全な禁止
一七〇九	六	綱吉の死にともない江戸中での鳥商売が解禁。鳥獣管理の弛緩にともない江戸および江戸周辺で鳥の乱獲
一七一四	正徳四	四条流の料理人たちが食用の野鳥を細かく分類（『当流節用料理大全』）

江戸時代		
一七一六	享保元	徳川吉宗、鷹場御法度、鷹場制度の復興。鷹狩のために野鳥資源保全を強化
一七一八	三	餌差の一部民営化（餌鳥請負人）。乱獲による野鳥減少にともない、鳥の食用、贈答利用、鳥商売を時限付きで制限。鳥問屋を一〇軒に制限
一七一九	四	加賀藩の庖丁人・舟木伝内『ちから草』著
一七二〇	五	享保三年の制限の緩和、鳥問屋自由開業が許可
一七二二	七	公儀餌差の廃止、餌鳥確保の民営化
一七二五	九	江戸町奉行大岡忠相、下総国での密猟の摘発。水鳥問屋を一八軒、岡鳥問屋を八軒に制限。小左衛門が水鳥問屋へ加えられる
一七二五	一〇	水鳥問屋を六軒に制限。東国屋伊兵衛、水鳥問屋の権利を剥奪され餌鳥請負人を務める
一七三〇	一五	鳥料理の多様化。ツル、ガン、ハクチョウ、カモ、アオサギなど二三種類の野鳥を料理に使用（『料理網目調味抄』）
一七三二	一七	舟木伝内『料理方故実伝略』著
一七三七	元文二	享保一〇年に権利剥奪された元・鳥問屋ら復権を願うが取り上げられず
一七四〇	四	山田屋小左衛門、不埒これありにつき水鳥問屋の権利剥奪。その後任を巡る競争
一七四〇	五	東国屋伊兵衛「巣鷹十居、巣廻り鷹一居」を差し上げることにより水鳥問屋への復帰を願い出る
一七四一	六	御側衆・渋谷和泉守の尽力で東国屋伊兵衛、水鳥問屋へ復帰
一七四四	延享元	すべての水鳥荷物を会所で荷改めし、水鳥問屋が売買する仕組みが開始
一七五一～六四	宝暦年間か	食用鳥の畜養による年間供給（『当流料理献立抄』）
一七五一～八九	宝暦～天明期	江戸に料理茶屋が出現、野鳥料理の大衆化が大きく進展
一七五六	宝暦六	俠客・東国屋伊兵衛の豪胆ぶりが巷談集に描かれる（『当世武野俗談』）
一七六五	明和二	手賀沼周辺村の名主代が江戸の水鳥問屋に密猟に関する一札を入れる

江戸時代		
一七八一	安永一〇	東国屋伊兵衛弟、俳名東之没
一七八二	天明二	深川洲崎の高級料亭・升屋祝阿弥で煎鳥鴨を出す
一七八五	五	野鳥料理の隆盛。百種類以上の卵料理、二九品目もの鳥料理（『万宝料理秘密箱』）
一七八六	六	東国屋と浅草寺との餌差をめぐる悶着
一八〇四～三〇	文化・文政期	外食文化の発達、野鳥料理の大衆化の完成。八百善や駐春亭田川屋など鳥料理を食わせる高級料亭が出現。馬喰町笹屋が鴨南蛮発明
一八〇六	文化三	加賀より京都までワサビを詰めてカモを運搬（『筆のすさび』）
一八〇九	六	小林一茶、本小田原町の鳥問屋の様子について記す
一八一七	一四	加賀藩の庖丁人五代舟木伝内光顕が京の四条流宗家・高橋家の門人となる
一八二二	文政五	江戸第一の料亭・八百善主人『料理通』初編を著し、江戸の野鳥料理を記載。武家方払鳥（武家から払い下げを受けたと称する鳥）を禁ずる町触
一八二七	一〇	曲亭馬琴、馬喰町で鴨南蛮を食べる。蝦夷松前藩八代藩主・松前道広、コガモなどを馬琴に贈る
一八二〇年代末	文政末年	山下の雁鍋開店
一八三五	天保六	東国屋が下総国布瀬村に神社再建費用として一〇〇両の寄付を行う
一八四一	一二	問屋組合停止、水鳥問屋制度が終了。会所が改所になり自由売買
一八四六	弘化三	手賀沼沿岸集落、水戸藩から水鳥猟の許可を受ける
一八四七	四	手賀沼での密猟に関し江戸町奉行による詮議
一八五一	嘉永四	山下の雁鍋と思われる挿絵（『琴声美人録』）
一八五四	安政元	ペリーによる野鳥狩猟許可の要求
一八五五	二	手賀沼の狩猟の記事（『利根川図志』）
一八五九	六	東国屋横浜出店。『即席会席御料理』番付の行司に山下の雁鍋、勧進元にサギ料

			理の田川屋、八百善、番外に馬喰町鴨南蛮
江戸時代	一八六〇	万延元	紀州和歌山藩士酒井伴四郎、山下の雁鍋を食べる
	一八六一	文久元	武蔵国忍藩士尾崎貞幹、鶏ねぎ鍋を食べる（『石城日記』）
	一八六二	二	御鷹之鳥の大名への下賜が取り止め
	一八六三	三	将軍の鷹狩が終焉
	一八六六	慶応二	鷹匠や鳥見役人に退役命令。御鷹之鶴の献上を御免願いたい旨、幕府が朝廷に申し出る
	一八六七	三	鷹場廃止、江戸幕府の鷹場制度と鳥商売取り締まりが終焉。大政奉還
明治	一八七三	明治六	「鳥獣猟規則」を定める
	一八七九	一二	諏訪流一四代鷹師の小林宇太郎が宮内省に出仕
	一八八一	一四	明治政府によって鷹匠が正式に設置
	一八九二	二五	「狩猟規則」を制定。保護鳥獣（ツルやツバメ、ヒバリなど鳥一四種類）を全面捕獲禁止。銃猟、網や鷹狩、鳥黐等の猟法を全般的に管理、私人による猟区設定を許可。手賀沼の年間水鳥捕獲数を四万二二〇〇羽と推計
	一八九三	二六	「狩猟法」審議の貴族院で委員が「鴨雑煮」が食えなくなると憂慮
	一八九四	二七	東国屋の女主人・伊東延が本小田原町で鳥問屋を営む
	一八九五	二八	日本初の狩猟関係法律「狩猟法」制定。私人による猟区設定を廃止。「共同狩猟地」の設定、手賀沼も指定
	一九〇〇	三三	耕地整理法施行、水辺開発が進行し野鳥の生息地が減少
	一九〇五	三八	手賀沼の鳥捕獲数如何で東京の鳥相場が大きく変動するとする記事（『風俗画報』）
	一九〇六	三九	山下の雁鍋廃業。華族の子弟が手賀沼で銃猟
	一九一八	大正七	「狩猟法」の全部改正、保護鳥獣指定から狩猟鳥獣指定する制度へと大きく転換

大正			全国で三〇ヵ所の「共同狩猟地」以外の新設を不許可
	一九二三	一二	関東大震災。この少し前に鳥問屋東国屋が廃業
昭和	一九二七～三〇	昭和二～五	手賀沼の年間水鳥捕獲数が六三〇〇～六九〇〇羽に減少
	一九三五	一〇	魚市場が日本橋から築地に移転
	一九四二	一七	手賀沼鳥猟営業組合解散。江戸・東京への水鳥供給地での狩猟が終焉
	一九四五	二〇	浜離宮が東京都へ下賜。第二次世界大戦後に公的な鷹狩が廃絶
	一九四六	二一	手賀沼国営干拓事業開始
	一九六三	三八	「狩猟法」が「鳥獣保護及狩猟ニ関スル法律」に改正、鳥獣保護の精神を謳う
	一九六八	四三	手賀沼国営干拓事業竣工
	一九七一	四六	ヒシクイやマガンなどガンの仲間の狩猟禁止。鳥獣行政が林野庁から環境庁へ移管
平成	一九七四～二〇〇〇	昭和四九～平成一二	二七年間、手賀沼が日本で最も水質汚染の進んだ湖沼となる
令和	現在		大多数の日本人が野鳥を食べてきた歴史と野鳥の味を忘れ去る

引用・参考文献

青木直己　二〇〇五『幕末単身赴任　下級武士の食日記』日本放送出版協会
芦原修二　一九七七『毛吹草――利根町の鶴殺し伝説』崙書房
渥美國泰　一九九五『亀田鵬斎と江戸化政期の文人達』芸術新聞社
池波正太郎　二〇〇三『池波正太郎のそうざい料理帖』平凡社
江後迪子　二〇〇七『信長のおもてなし――中世食べもの百科』吉川弘文館
榎本博　二〇一六「捉飼場と餌差・鳥猟の展開――関東の鳥をめぐる広域支配と生活をめぐって」『関東近世史研究』七八、五五―八七
大久保洋子　二〇一二『江戸の食空間――屋台から日本料理へ』講談社
太田美穂　二〇一六「食の近代化と栄養学」、相愛大学総合研究センター編『近代化と学問――総合研究センター報告書』相愛大学総合研究センター、一一七―一三三
大友一雄　一九九九『日本近世国家の権威と儀礼』吉川弘文館
大友信子・川瀬康子・陶智子・綿抜豊昭編　二〇〇六『加賀藩料理人舟木伝内編著集』桂書房
大山喬平　一九八八「供御人・神人・寄人」、朝尾直弘他編『日本の社会史第6巻　社会的諸集団』岩波書店、二四九―二八四
岡崎寛徳　二〇〇九『鷹と将軍――徳川社会の贈答システム』講談社
奥野高廣　二〇〇四『戦国時代の宮廷生活』続群書類従完成会
画報生（著者不明）　一九〇五「手賀沼の鴨狩」『風俗画報』三三〇、四
苅米一志　二〇一五『殺生と往生のあいだ――中世仏教と民衆生活』吉川弘文館
キャンベル、ロバート　一九八七「天保期前後の書画会」『近世文藝』四七、四七―七二

熊倉功夫　二〇〇七『日本料理の歴史』吉川弘文館
河野龍也　二〇一六「講演録 二人の夏子――樋口一葉と伊東夏子」『実践女子大学文芸資料研究所 年報』三五、一六〇―二二九
斎藤月岑編　一九一二『増訂武江年表』国書刊行会
三遊亭円朝　一八八七『鶴殺疾刃庖刀』薫志堂（小相英太郎速記）
三遊亭円朝　一九二八『圓朝全集 巻の十三（三題噺）』春陽堂（鈴木行三校訂編纂）
志賀直哉　二〇〇五『小僧の神様・城の崎にて』新潮社
篠田鉱造　一九九六『明治百話 下』岩波書店
週刊朝日編　一九八八『値段史年表』朝日新聞社
正田陽一編　二〇一〇『品種改良の世界史・家畜編』悠書館
陶智子・綿抜豊昭　二〇一三『包丁侍 舟木伝内――加賀百万石のお抱え料理人』平凡社
菅豊　一九八八「手賀沼の漁業・鳥猟」、千葉県沼南町教育委員会・立教大学博物館学研究室編『千葉県沼南町における民俗学的調査 V』千葉県沼南町教育委員会・立教大学博物館学研究室、四〇―一〇六
菅豊　一九九〇「『水辺』の生活誌――生計活動の複合的展開とその社会的意味」『日本民俗学』一八一、四一―八一
菅豊　一九九五「都市とムラの水鳥」、塚本学編『朝日百科・日本の歴史別冊・歴史を読みなおす 一八 ひとと動物の近世――つきあいと観察』朝日新聞社、三五―五一
菅豊　一九九五「『水辺』の技術誌――水鳥獲得をめぐるマイナー・サブシステンスの民俗知識と社会統合に関する一試論」『国立歴史民俗博物館研究報告』六一、二二五―二七二
菅豊　二〇〇一「コモンズとしての『水辺』――手賀沼の環境誌」、井上真・宮内泰介編『コモンズの社会学』新曜社、九六―一一九
総務省統計局　二〇〇六『新版日本長期統計総覧 二』（財）日本統計協会
髙橋満彦　二〇〇八「『狩猟の場』の議論を巡って――土地所有にとらわれない『共』的な資源利用管理の可能性」『法

学研究——法律・政治・社会』八一—一二、二九一—三一二
竹内誠　一九九三「浅草寺境内における『聖』と『俗』——天明の餌鳥殺生一件と寛政の乞胸一件」『史海』四〇、一三—二八
田辺家資料を読む会　一九九七『伊東夏子関係田辺家資料』田辺家資料を読む会
谷川健一　一九八五『白鳥伝説』集英社
千葉県環境生活部自然保護課　二〇一九『千葉県レッドリスト動物編　2019年改訂版』千葉県環境生活部自然保護課
塚本学　一九八三『生類をめぐる政治——元禄のフォークロア』平凡社
塚本学　一九九五「解説」、朝日重章『摘録　鸚鵡籠中記 下』岩波書店、三四一—三五三
東京大学埋蔵文化財調査室編　二〇〇五『東京大学埋蔵文化財調査室発掘調査報告書　5　東京大学本郷構内の遺跡　医学部附属病院外来診療棟地点』東京大学埋蔵文化財調査室
豊田武　一九八二『座の研究　豊田武著作集一』吉川弘文館
中里介山　一九三九『大菩薩峠　第三冊』第一書房
中澤克昭　二〇一八『肉食の社会史』山川出版社
夏目漱石　一九〇六『吾輩ハ猫デアル・中』大倉書店
夏目漱石　一九一三『虞美人草』春陽堂
新美倫子　二〇〇八「鳥と日本人」、西本豊弘編『人と動物の日本史1　動物の考古学』吉川弘文館、二二六—二五二
西原柳雨　一九二六『川柳江戸名物』春陽堂
西村慎太郎　二〇一二『宮中のシェフ、鶴をさばく——江戸時代の朝廷と庖丁道』吉川弘文館
「日本の食生活全集 千葉」編集委員会編　一九八九『日本の食生活全集　一二　聞き書　千葉の食事』農山漁村文化協会
「日本の食生活全集 栃木」編集委員会編　一九八八『日本の食生活全集　九　聞き書　栃木の食事』農山漁村文化協会
「日本の食生活全集 岐阜」編集委員会編　一九九〇『日本の食生活全集　二一　聞き書　岐阜の食事』農山漁村文化協会

根崎光男　一九九九『将軍の鷹狩り』同成社
根崎光男　二〇一六『犬と鷹の江戸時代――〈犬公方〉綱吉と〈鷹将軍〉吉宗』吉川弘文館
野林厚志編　二〇一八『肉食行為の研究』平凡社
服部勉・進士五十八　一九九四「浜離宮庭園における鴨場についての研究」『造園雑誌』五七―五、一―六
花見薫　二〇〇二『天皇の鷹匠』草思社
原田信男　一九八九『江戸の料理史』中央公論社
原田信男　二〇〇九『江戸の食生活』岩波書店
春田直紀　二〇〇〇「『看聞日記』のなかの美物贈与」、森正人編『伏見宮文化圏の研究――学芸の享受と創造の場として』熊本大学文学部、六八―七九
春田直紀　二〇一八『日本中世生業史論』岩波書店
久井貴世・赤坂猛　二〇〇九「タンチョウと人との関わりの歴史――北海道におけるタンチョウの商品化及び利用実態について」『酪農学園大学紀要　人文・社会科学編』三四―一、三一―五〇
久井貴世　二〇一三「近代日本におけるタンチョウの狩猟――日本および朝鮮半島の事例を中心に」『野生生物と社会』一―一、七―二〇
人見必大　一九七七『本朝食鑑　二』平凡社
平石直昭　二〇一一「補注」、荻生徂徠『政談――服部本』平凡社、三二九―四一三
平野雅章訳　一九八八『料理物語』教育社
福田千鶴・武井弘一編　二〇二一『鷹狩の日本史』勉誠出版
ブリア－サヴァラン　一九六七『美味礼讃　上』（関根秀雄・戸部松実〔訳〕）岩波書店
堀内讃位　一九八四『写真記録　日本伝統狩猟法』出版科学総合研究所
正岡子規　一九四七『病牀六尺』清文堂文化教材社
松下幸子　二〇一二『江戸料理読本』筑摩書房

三田村鳶魚　一九九七『江戸ッ子』中央公論社
村上直・根崎光男　一九八五『鷹場史料の読み方・調べ方』雄山閣
明治教育社編　一九一四『下谷繁昌記』明治教育社出版部
森林太郎（鷗外）　一九一五『雁』籾山書店
森林太郎　一九四九a『鷗外選集〈第8巻〉渋江抽斎』東京堂
森林太郎　一九四九b『鷗外選集〈第4巻〉花子』東京堂
森鷗外　二〇一六『寿阿弥の手紙』ゴマブックス
盛本昌広　一九九七『日本中世の贈与と負担』校倉書房
盛本昌広　二〇〇八『贈答と宴会の中世』吉川弘文館
安田寛子　二〇〇四「江戸鳥問屋の御用と鳥類流通構造」『日本歴史』二〇〇四年一一月号（六七八）、五五―七四
安田寛子　二〇二〇『幕末期の江戸幕府鷹場制度――徳川慶喜の政治構想』ザ・ブック
矢野晋吾　二〇一七『ニワトリはいつから庭にいるのか――人間と鶏の民俗誌』ＮＨＫ出版
山下重民編　一九一一『大日本名所図会　九二　東京近郊名所図会　一七（『風俗画報』臨時増刊）』東陽堂
横倉譲治　一九八八『湖賊の中世都市　近江国堅田』誠文堂新光社
吉原健一郎　一九九六「上野山下の遊興空間（下）」『日本常民文化紀要』一九、一九一―二〇八
林野庁編　一九六九『鳥獣行政のあゆみ』林野弘済会
若月紫蘭　一九一一『東京年中行事　下』春陽堂
綿抜豊昭　二〇〇六「加賀藩〈お抱え料理人〉舟木伝内とその周辺」、大友信子・川瀬康子・陶智子・綿抜豊昭編『加賀藩料理人舟木伝内編著集』桂書房、二五七―二七一

引用・参考史料

『赤穂義士伝一夕話』（山崎美成　一八八八『赤穂義士伝一夕話』岡島宝文館）

『赤穂精義参考内侍所』（著者不詳　一八八七『赤穂精義参考内侍所』金松堂）
『うつほ物語』（中野幸一〔校注・訳〕　一九九九『新編 日本古典文学全集 一四　うつほ物語（1）』小学館）
『江戸切絵図（日本橋北神田浜町絵図）』（国立国会図書館デジタルコレクション https://dl.ndl.go.jp/info:ndljp/pid/1286645）
『江戸高名会亭尽（大をんし前）』（『広重画帖』、国立国会図書館デジタルコレクション https://dl.ndl.go.jp/info:ndljp/pid/1308391）
『江戸図屛風』（国立歴史民俗博物館WEBギャラリー https://www.rekihaku.ac.jp/education_research/gallery/webgallery/edozu/layer4/l246.jpg）
『江戸見草』（国書刊行会〔編〕　一九一六『鼠璞十種 二』国書刊行会）
『江戸名所図会』（松濤軒斎藤長秋〔著〕、長谷川雪旦〔画〕　一八三四『江戸名所図会七巻一』須原屋伊八、国立国会図書館デジタルコレクション https://dl.ndl.go.jp/info:ndljp/pid/2559040?tocOpened=1）
『江戸名物詩 初編（江戸名物狂詩選）』（方外道人（木下梅庵）〔作〕　一八三六『江戸名物詩 初編（江戸名物狂詩選）』楽木書屋）
『鸚鵡籠中記 一』（名古屋市教育委員会〔編〕　一九六五『名古屋叢書続編 九 鸚鵡籠中記（一）』名古屋市教育委員会）
『鸚鵡籠中記 三』（名古屋市教育委員会〔編〕　一九六八『名古屋叢書続編 十一 鸚鵡籠中記（三）』名古屋市教育委員会）
『大草殿より相伝之聞書』（塙保己一〔編〕　一九五九『群書類従 第十九輯 管絃部 蹴鞠部 鷹部 遊戯部 飲食部』続群書類従完成会）
『御触書天保集成 下』（高柳真三・石井良助〔編〕　一九四一『御触書天保集成 下』岩波書店）
『御料理献立競』（東京都立図書館TOKYOアーカイブ https://archive.library.metro.tokyo.lg.jp/da/detail?tilcod=0000000014-00040929）
『柏市史資料編五　布施村関係文書・中』（柏市史編さん委員会〔編〕　一九七二『柏市史資料編五　布施村関係文書・

中』柏市役所）

『甲子夜話 三』（松浦静山、中村幸彦・中野三敏〔校訂〕 一九七七『甲子夜話 三』平凡社）

『がんなべ神埼清吉』（梅素薫 一八九六 『「東京自慢名物会」「桜川笑樂」「がんなべ 神埼清吉」「新よし原仲の町 大吉 内かま 今泉ひさ」「見立模様下谷五條天神染」』東京都立図書館ＴＯＫＹＯアーカイブ https://archive.library.metro.tokyo.lg.jp/da/detail?tilcod=0000000003-00020413）

『看聞日記』（塙保己一〔編〕、太田藤四郎〔補〕 一九五八―五九『続群書類従 補遺二 看聞御記 上下』続群書類従完成会）

『旧儀式図画帖 三一』（東京国立博物館 https://image.tnm.jp/image/1024/E0037063.jpg）

『嬉遊笑覧』（日本随筆大成編輯部〔編纂〕 一九三二『嬉遊笑覧 下』成光館出版部）

『共同狩猟地ノ沿革慣行其他調査ニ関スル件』（千葉県沼南町教育委員会・立教大学博物館学研究室〔編〕 一九八八『千葉県沼南町における民俗学的調査 Ｖ』千葉県沼南町教育委員会・立教大学博物館学研究室）

『曲亭馬琴日記』（柴田光彦〔新訂増補〕 二〇〇九『曲亭馬琴日記 一』中央公論新社）

『魚鳥料理仕方角力番附』（東京都立図書館ＴＯＫＹＯアーカイブ https://archive.library.metro.tokyo.lg.jp/da/detail?tilcod=0000000014-00041088）

『近世俳句集』（雲英末雄・山下一海・丸山一彦・松尾靖秋〔校注・訳〕 二〇〇一『新編 日本古典文学全集 七二 近世俳句俳文集』小学館）

『琴声美人録』（早稲田大学古典籍総合データベース https://archive.wul.waseda.ac.jp/kosho/he13/he13_03024/he13_03024_0003/he13_03024_0003_p0009.jpg）

『蜘蛛の糸巻』（岩本佐七〔編〕 一九〇七『燕石十種 一』国書刊行会）

『内蔵寮領等目録』（宮内庁書陵部〔原所蔵〕、国文学研究資料館〔蔵〕、ＡＲＣ古典籍ポータルデータベース https://kotenseki.nijl.ac.jp/biblio/100179260/viewer/13）

『慶長見聞集』（三浦浄心 一九〇六『慶長見聞集』富山房）

『合類日用料理抄』（吉井始子〔編〕 一九七八『翻刻 江戸時代料理本集成 一』臨川書店）
『古今料理集』（吉井始子〔編〕 一九七八『翻刻 江戸時代料理本集成 二』臨川書店）
『献立競』（東京都立図書館TOKYOアーカイブ https://archive.library.metro.tokyo.lg.jp/da/detail?tilcod=0000000014-00041647）
『雑事紛冗解』（細川重賢〔著〕、細川護貞〔監修〕 一九九〇『雑事紛冗解』汲古書院）
『三十二番職人歌合』（伴信友〔写〕 一八三八『職人歌合画本 四』、国立国会図書館デジタルコレクション https://dl.ndl.go.jp/info:ndljp/pid/2551815）
『地方凡例録』（大石久敬〔原著〕、大石信敬〔補訂〕、大石慎三郎〔校訂〕 一九六九『地方凡例録 上』近藤出版社）
『四條流庖丁書』（塙保己一〔編〕 一九五九『群書類従 第十九輯 管絃部 蹴鞠部 鷹部 遊戯部 飲食部』続群書類従完成会）
『七番日記』（信濃教育会〔編〕、宮脇昌三・矢羽勝幸〔校注〕 一九七六『一茶全集 三 句帖Ⅱ』信濃毎日新聞社）
『酒飯論』（一条兼良〔詞書〕 国立国会図書館デジタルコレクション https://dl.ndl.go.jp/info:ndljp/pid/2542602）
『狩猟図説』（農商務省 一八九二『狩猟図説』東京博文館、国立国会図書館デジタルコレクション https://dl.ndl.go.jp/info:ndljp/pid/993625/8）
『正宝事録 一』（近世史料研究会〔編〕 一九六四『正宝事録 一』日本学術振興会）
『正宝事録 二』（近世史料研究会〔編〕 一九六五『正宝事録 二』日本学術振興会）
『正宝事録 三』（近世史料研究会〔編〕 一九六六『正宝事録 三』日本学術振興会）
『素人庖丁』（吉井始子〔編〕 一九八〇『翻刻 江戸時代料理本集成 七』臨川書店）
『真書太閤記』（栗原柳庵〔原編〕、大橋新太郎〔編〕 一八九三『校訂真書太閤記 二』博文館）
『政談』（荻生徂徠〔原著〕、平石直昭〔校注〕 二〇一一『政談―服部本』平凡社）
『赤城義臣伝』（大野武範〔原著〕、片島深淵子〔編〕 一九〇九『赤城義臣伝』日吉丸書房）
『浅草寺日記』（金竜山浅草寺 一九八一『浅草寺日記 五』金竜山浅草寺）

『撰要類集 三』（辻達也〔校訂〕 一九七九『撰要類集 三』続群書類従完成会）

『川柳江戸名物』（西原柳雨 一九二六『川柳江戸名物』春陽堂）

『川柳評万句合』（吉田精一・浜田義一郎〔評釈〕 一九六一『古典日本文学全集 三三 川柳集・狂歌集』筑摩書房）

『宗五大草紙』（塙保己一〔編〕 一八九四『群書類従 第十五輯 武家部巻』経済雑誌社）

『即席会席御料理 安政六初冬新板』（東京都立図書館ＴＯＫＹＯアーカイブ https://archive.library.metro.tokyo.lg.jp/da/detail?tilcod=0000000014-00041109）

『第五回帝国議会貴族院議事速記録第五号』（帝国議会会議録検索システム https://teikokugikai-i.ndl.go.jp/minutes/api/emp/v1/detailPDF/img/000503242X00518931208）

『第五回帝国議会貴族院議事速記録第七号』（帝国議会会議録検索システム https://teikokugikai-i.ndl.go.jp/minutes/api/emp/v1/detailPDF/img/000503242X00718931211）

『ちから草』（大友信子・川瀬康子・陶智子・綿抜豊昭〔編〕 二〇〇六『加賀藩料理人舟木伝内編著集』桂書房）

『千葉県東葛飾郡誌』（千葉県東葛飾郡教育会〔編〕 一九二三『千葉県東葛飾郡誌』千葉県東葛飾郡教育会）

『厨事類記』（塙保己一〔編〕 一九五九『群書類従 第十九輯 管絃部 蹴鞠部 鷹部 遊戯部 飲食部』続群書類従完成会）

『千代田之御表 鶴御成』（楊洲周延 一八九七『千代田之御表』福田初次郎、国立国会図書館デジタルコレクション https://dl.ndl.go.jp/info:ndljp/pid/1302616）

『庭訓往来』（石川松太郎〔校注〕 一九七三『庭訓往来』平凡社）

『手賀沼鳥猟沿革』（千葉県沼南町教育委員会・立教大学博物館学研究室〔編〕 一九八八『千葉県沼南町における民俗学的調査 Ⅴ』千葉県沼南町教育委員会・立教大学博物館学研究室）

『天正十年安土御献立』（塙保己一〔編〕、太田藤四郎〔補〕 一九五九『続群書類従 第二十三輯 下 武家部』続群書類従完成会）

『東京一目新図』（国際日本文化研究センター所蔵地図データベース https://lapis.nichibun.ac.jp/chizu/map_detail.php?id=002876597）

『東京市史稿 産業篇 一五』（東京都〔編〕 一九七一『東京市史稿 産業篇 一五』東京都）
『東京諸営業員録』（賀集三平〔編〕 一八九四『東京諸営業員録』賀集三平）
『東京年中行事 下』（若月紫蘭 一九一一『東京年中行事 下』春陽堂）
『当世武野俗談』（岩本佐七〔編〕 一九〇七『燕石十種 二』国書刊行会）
『東都高名会席尽』（駐春亭田川屋、味の素食の文化センター錦絵ギャラリー https://www.syokubunka.or.jp/gallery/nishikie/touto-koumei/）
『東都流行三十六会席』（「大音寺前 白井権八」、早稲田大学文化資源データベース https://archive.waseda.jp/archive/detail.html?arg={"subDB_id":"52","id":"164534;1"}&lang=jp）
『当流節用料理大全』（吉井始子〔編〕 一九七九『翻刻 江戸時代料理本集成 三』臨川書店）
『当流料理献立抄』（吉井始子〔編〕 一九八〇『翻刻 江戸時代料理本集成 六』臨川書店）
『徳川実紀 三』（経済雑誌社〔編〕 一九〇二『続国史大系 一一』経済雑誌社）
『利根川図志』（赤松宗旦、柳田国男〔校訂〕 一九三八『利根川図志』岩波書店）
『ドン・ロドリゴ日本見聞録』（ドン・ロドリゴ、ビスカイノ、村上直次郎〔訳註〕 一九二九『ドン・ロドリゴ日本見聞録 ビスカイノ金銀島探検報告』駿南社）
『長崎海軍伝習所の日々』（カッテンディーケ、水田信利〔訳〕 一九六四『長崎海軍伝習所の日々』平凡社）
『新潟県史 資料編七 近世二 中越編』（新潟県〔編〕 一九八一『新潟県史 資料編七 近世二 中越編』新潟県）
『日本（*Nippon*）』（Philipp Franz von Siebold 1832 *Nippon; Archiv zur Beschreibung von Japan, und dessen Neben- und Schutzländern: Jezo mit den südlichen Kurilen, krafto, Koorai und den Liukiu-Inseln, nach japanischen und europäischen Schriften und eigenen Beobachtungen. Atlas. 7-8.* Leyden: C.C. van der Hork. 九大コレクション http://hdl.handle.net/2324/1906471）
『日本財政経済史料 七』（大蔵省〔編〕 一九二三『日本財政経済史料 七』財政経済学会）
『日本山海名産図会』（法橋関月〔画図〕 一八〇〇『日本山海名産図会 二』、国立国会図書館デジタルコレクション

https://dl.ndl.go.jp/info:ndljp/pid/2575827?tocOpened=1)
『日本風俗備考 二』(フィッセル、庄司三男・沼田次郎〔訳注〕 一九七八『日本風俗備考 二』平凡社)
『寧府紀事』(大塚武松〔編〕 一九三三『川路聖謨文書 二』日本史籍協会)
『誹風柳多留』(吉田精一・浜田義一郎〔評釈〕 一九六一『古典日本文学全集 三三 川柳集・狂歌集』筑摩書房)
『幕末御触書集成 二』(石井良助・服藤弘司〔編〕 一九九二『幕末御触書集成 二』岩波書店)
『秘伝千羽鶴折形』(桑名市博物館〔編〕 二〇一六『桑名叢書Ⅲ 連鶴史料集――魯縞庵義道と桑名の千羽鶴』岩崎書店)
『武家調味故実』(塙保己一〔編〕 一九五九『群書類従 第十九輯 管絃部 蹴鞠部 鷹部 遊戯部 飲食部』続群書類従完成会)
『武江年表』(斎藤月岑〔編〕 一九一二『増訂武江年表』国書刊行会)
『布瀬区有文書』(千葉県沼南町教育委員会・立教大学博物館学研究室〔編〕 一九八八『千葉県沼南町における民俗学的調査 Ⅴ』千葉県沼南町教育委員会・立教大学博物館学研究室)
『筆のすさび』(日本随筆大成編輯部〔編〕 一九二九『日本随筆大成 第三期 一』日本随筆大成刊行会)
『文化句帖』(信濃教育会〔編〕、宮脇昌三・矢羽勝幸〔校注〕 一九七七『一茶全集 二 句帖Ⅰ』信濃毎日新聞社)
『文化六年句日記』(信濃教育会〔編〕、宮脇昌三・矢羽勝幸〔校注〕 一九七七『一茶全集 二 句帖Ⅰ』信濃毎日新聞社)
『庖丁聞書』(塙保己一〔編〕 一九五九『群書類従 第十九輯 管絃部 蹴鞠部 鷹部 遊戯部 飲食部』続群書類従完成会)
『放鷹』(宮内省式部職〔編〕 一九三二『放鷹』吉川弘文館)
『本朝俠客伝』(酔多道士(増田繁三)〔編〕 一八八四『本朝俠客伝』旭昇堂)
『本朝食鑑』(人見必大 一九七七『本朝食鑑 二』平凡社)
『万宝料理秘密箱』(吉井始子〔編〕 一九八〇『翻刻 江戸時代料理本集成 五』臨川書店)
『深山実家文書』(千葉県沼南町教育委員会・立教大学博物館学研究室〔編〕 一九八八『千葉県沼南町における民俗学

的調査 Ｖ』千葉県沼南町教育委員会・立教大学博物館学研究室）
『明応九年三月五日将軍御成雑掌注文』（山口県〔編〕 一九九六『山口県史 史料編 中世一』山口県）
『守貞謾稿』（喜田川守貞 一九九六『近世風俗志 一』岩波書店）
『八百善御料理献立』（東京都立図書館ＴＯＫＹＯアーカイブ https://archive.library.metro.tokyo.lg.jp/da/detail?tilcod=0000000014-00041101）
『山内料理書』（塙保己一〔編〕 一九三二『続群書類従 第十九輯 下 遊戯部 飲食部』続群書類従完成会）
『柳営婦女伝叢』（国書刊行会〔編〕 一九一七『柳営婦女伝叢』国書刊行会）
『流行料理包丁 献立競』（東京都立図書館ＴＯＫＹＯアーカイブ https://archive.library.metro.tokyo.lg.jp/da/detail?tilcod=0000000014-00041116）
『料理方故実伝略』（大友信子・川瀬康子・陶智子・綿抜豊昭〔編〕 二〇〇六『加賀藩料理人舟木伝内編著集』桂書房）
『料理献立集』（吉井始子〔編〕 一九七八『翻刻 江戸時代料理本集成 一』臨川書店）
『料理通』（吉井始子〔編〕 一九八一『翻刻 江戸時代料理本集成 十』臨川書店）
『料理早指南』（吉井始子〔編〕 一九八〇『翻刻 江戸時代料理本集成 六』臨川書店）
『料理網目調味抄』（吉井始子〔編〕 一九七九『翻刻 江戸時代料理本集成 四』臨川書店）
『料理物語』（吉井始子〔編〕 一九七八『翻刻 江戸時代料理本集成 一』臨川書店）

［ナ・ハ］

［マ・ヤ・ラ・ワ］

［サ］

［タ］

鳥名

料理名

[ア]

[カ]

［ナ・ハ］

［マ・ヤ・ラ］

索引

事項・人名

［ア］

［カ］

［サ］

［タ］

菅　豊（すが・ゆたか）

一九六三年長崎県生まれ。筑波大学大学院博士課程歴史・人類学研究科中退。博士（文学）。国立歴史民俗博物館民俗研究部助手、北海道大学文学部助教授、東京大学大学院情報学環・学際情報学府教授などを経て、現在、東京大学東洋文化研究所教授。専門は民俗学。著書に『修験がつくる民俗史――鮭をめぐる儀礼と信仰』（吉川弘文館、二〇〇〇年）、『川は誰のものか――人と環境の民俗学』（吉川弘文館、二〇〇六年）、『「新しい野の学問」の時代へ――知識生産と社会実践をつなぐために』（岩波書店、二〇一三年）、編著書に『人と動物の日本史3――動物と現代社会』（吉川弘文館、二〇〇九年）、『パブリック・ヒストリー入門――開かれた歴史学への挑戦』（北條勝貴と共編著、勉誠出版、二〇一九年）ほか。

筆者と愛牛の天神。筆者は、新潟県小千谷市の牛の角突き（闘牛）に参加しながら、ヒトと動物の関係史について研究をしている。大塚登撮影

鷹将軍《たかしょうぐん》と鶴《つる》の味噌汁《みそしる》
江戸《えど》の鳥《とり》の美食学《ガストロノミー》

二〇二一年　八月一〇日　第一刷発行

著　者　菅《すが》　豊《ゆたか》

発行者　鈴木章一

発行所　株式会社 講談社
東京都文京区音羽二丁目一二―二一　〒一一二―八〇〇一
電話（編集）〇三―三九四五―四九六三
（販売）〇三―五三九五―四四一五
（業務）〇三―五三九五―三六一五

装幀者　奥定泰之

本文データ制作　講談社デジタル製作

本文印刷　株式会社新藤慶昌堂

カバー・表紙印刷　半七写真印刷工業 株式会社

製本所　大口製本印刷 株式会社

KODANSHA

ISBN978-4-06-524587-3　Printed in Japan　N.D.C.210　285p　19cm

講談社選書メチエの再出発に際して

講談社選書メチエの創刊は冷戦終結後まもない一九九四年のことである。長く続いた東西対立の終わりはついに世界に平和をもたらすかに思われたが、その期待はすぐに裏切られた。超大国による新たな戦争、吹き荒れる民族主義の嵐……世界は向かうべき道を見失った。そのような時代の中で、書物のもたらす知識が一人一人の指針となることを願って、本選書は刊行された。

それから二五年、世界はさらに大きく変わった。特に知識をめぐる環境は世界史的な変化をこうむったとすら言える。インターネットによる情報化革命は、知識の徹底的な民主化を推し進めた。誰もがどこでも自由に知識を入手でき、自由に知識を発信できる。それは、冷戦終結後に抱いた期待を裏切られた私たちのもとに差した一条の光明でもあった。

その光明は今も消え去ってはいない。しかし、私たちは同時に、知識の民主化が知識の失墜をも生み出すという逆説を生きている。堅く揺るぎない知識も消費されるだけの不確かな情報に埋もれることを余儀なくされ、不確かな情報が人々の憎悪をかき立てる時代が今、訪れている。

この不確かな時代、不確かさが憎悪を生み出す時代にあって必要なのは、一人一人が堅く揺るぎない知識を得、生きていくための道標を得ることである。

フランス語の「メチエ」という言葉は、人が生きていくために必要とする職、経験によって身につけられる技術を意味する。選書メチエは、読者が磨き上げられた経験のもとに紡ぎ出される思索に触れ、生きるための技術と知識を手に入れる機会を提供することを目指している。万人にそのような機会が提供されたとき初めて、知識は真に民主化され、憎悪を乗り越える平和への道が拓けると私たちは固く信ずる。

この宣言をもって、講談社選書メチエ再出発の辞とするものである。

二〇一九年二月　　野間省伸